Gérard Collignon

COMMENT LEUR DIRE…

LA PROCESS COMMUNICATION

3e édition

Préface de Taibi Kahler

INTERÉDITIONS

Du même auteur

Coacher avec la Process Communication – Le Process Com coaching (en collab. avec P. Legrand), InterEditions, 2006.

Création graphique de la couverture :
Hokus Pokus Créations

Illustration de la couverture :
© Bizvector-Fotolia.com

ISBN 978-2-7296-1798-1
InterEditions est une marque de
Dunod Éditeur, 11 rue Paul Bert, 92240 Malakoff

Sommaire

Si tu cherches du bois
Tu trouveras du bois
Si tu cherches l'amour
Tu trouveras l'amour
Si tu cherches la haine
Tu trouveras la haine

Proverbe touareg

À Antéo

Remerciements

À toutes celles et ceux qui, tout au long de ces 30 dernières années ont contribué à faire de la Process Communication ce qu'elle est aujourd'hui.

Préface

La Process Communication évolue depuis plus de quarante ans. La mise en point de cet outil remonte à l'époque où je poursuivais mes études à l'université de Purdue. J'étais alors interne dans un hôpital psychiatrique local. En observant les patients, je remarquai que juste avant d'adopter de façon évidente des comportements inadaptés, ils employaient des gestes, attitudes corporelles et expressions du visage qui formaient un ensemble très spécifique et unique pour le diagnostic.

L'un des modèles cliniques que j'étudiais à l'époque, l'Analyse Transactionnelle, se prêtait facilement à l'inter-prétation de ces observations. Juste avant qu'une personne adopte un comportement tel que «Je suis OK, tu n'es pas OK» ou «Je ne suis pas OK, tu es OK», elle a recours à la même gamme de comportements (mots, ton, gestes, attitude corporelle, visage).

Les travaux que j'ai effectués à partir de ces observations ont abouti à l'identification et à la classification de cinq groupes de comportements que j'ai nommés: Sois parfait, Fais effort, Sois fort, Fais plaisir et Dépêche-toi. J'ai appelé ces comportements «drivers» dans la mesure où ils apparaissent comme «conduisant» à une détresse plus profonde. Cette recherche initiale a révélé des corrélations significatives, particulièrement utiles pour prédire des comportements d'échec dans les situations de détresse. J'ai appelé ces séquences des «mini-scénarios».

Quelques années plus tard, ces travaux ont été récompensés par le prix scientifique Eric Berne, décerné par vingt mille de mes collègues.

Par la suite, je me suis intéressé aux aspects positifs aussi bien que négatifs de la personnalité. Dans un souci de transparence, j'ai traduit les termes techniques et cliniques décrivant la communication et la mécommunication en langage de tous les jours.

En 1978, le docteur Terry MacGuire, psychiatre chargé du recrutement et de l'entraînement des astronautes de la NASA, m'a demandé de l'assister. Dans le but de faciliter et de standardiser le processus de la sélection, j'ai validé un questionnaire fondé sur les éléments suivants : la structure de la personnalité, les types de personnalité (Travaillomane, Empathique, Rebelle, Rêveur, Promoteur et Persévérant), les points forts du caractère, les parties de la personnalité (les États du Moi), les canaux de communication, les perceptions, les environnements préférentiels, les styles de management, l'éventail de contrôle, les motivateurs psychologiques et les séquences et patterns de détresse personnels et professionnels.

Durant cette étude de validation, j'ai commencé à comprendre l'importance des corrélations significatives entre les besoins psychologiques et les types de personnalité, les comportements types d'échec et les problèmes non résolus. En effet, si un individu ne peut satisfaire ses besoins psychologiques de façon positive, il montre constamment les mêmes séquences de détresse dans la mesure où il cherche à satisfaire ces mêmes besoins, mais de façon négative. C'est la clé d'un comportement prévisible. De plus, les comportements de stress de longue durée sont souvent corrélés avec un problème non résolu. La résolution de ce problème a pour résultat « le changement de phase » vers une autre partie de sa structure de la personnalité. Ce changement de phase entraîne à son tour l'apparition d'un nouveau besoin psychologique et donc d'une nouvelle source de motivation.

À l'heure actuelle, plus de cinq cent mille personnes ont expérimenté la Process Communication aux États-Unis – que ce soit à titre professionnel ou privé. Parmi les bénéficiaires de cet outil, on ne saurait oublier la première dame du pays, Hillary Rodham Clinton, ainsi que son époux, le président Bill Clinton, pour qui j'ai eu le plaisir de conduire un séminaire spécial de trois jours. Les recherches en cours dans différentes universités visent l'utilisation du modèle dans les plus grandes entreprises, ainsi que son application dans les écoles et au sein de la famille.

J'ai eu la chance d'être entouré de gens compétents, talentueux et fidèles à qui je peux passer le flambeau. Une de ces personnes et ami est Gérard Collignon, dont le livre que vous êtes sur le point de lire éclaire de nouveaux horizons sur l'utilisation de la Process Communication. Son style est lumineux, frais, ouvert et direct. Il aide le lecteur à découvrir ce modèle en lui donnant des exemples de la vraie vie, et rend le processus vivant en invitant le lecteur à partager la vie de tous les jours de six types de personnalité. C'est à la fois un documentaire et un roman, un rapport statistique et un manuel de bord sur la façon de donner de la qualité à la vie avec soi-même, sa famille, ses amis et ses collègues.

De toutes les perles de la sagesse et de la merveilleuse – perspicacité sur la nature humaine et les dynamiques de la personnalité qu'Eric Berne nous a fournies dans ses nombreux écrits, je chéris particulièrement celle-ci : une théorie n'est jamais complète avant qu'on n'ait pu la traduire dans le langage d'un enfant de huit ans. Pour ma part, si je puis ajouter quelque chose, je dirai qu'un modèle n'est jamais complet avant qu'il ne puisse être utilisé par un enfant de huit ans.

Gérard Collignon, lui, est arrivé à ce degré de simplicité et d'application. Notre futur ne repose pas seulement sur notre compréhension de nous-mêmes. Il faut aussi que nous sachions communiquer et démontrer aux autres qui nous sommes et ce que nous sommes. Cela vaut tout particulièrement pour nos enfants, qu'il s'agit de mettre sur le meilleur chemin possible. Le savoir est essentiel, la sagesse est indispensable. Merci à toi, Gérard.

Taibi Kahler, Ph.D.
Little Rock, États-Unis

Introduction

« Nous sommes continuellement atteints et mis en question par la communication. Pour se comprendre soi-même on a besoin d'être compris par l'autre ; pour être compris par l'autre on a besoin de comprendre l'autre[1]. »

Thomas Hora

L'auteur – Dans un monde où la communication prend de plus en plus de place, où les exigences d'adaptation à l'environnement sont de plus en plus fortes, et les invitations au stress de plus en plus puissantes, l'enjeu majeur devient la capacité à comprendre et à se faire comprendre…

Joëlle – Psst…

L'auteur – *Quoi ?*

Joëlle – C'est pompeux…

L'auteur – Bon… (soupir) Je recommence. De la femme de ménage au PDG, de l'homme politique à ses enfants, de son conjoint à sa belle-mère, les enjeux de la communication et ses pièges sont multiples. À des fins managériales ou commerciales, politiques ou publicitaires, familiales ou amicales, chacun rencontre tôt ou tard le désir d'être à l'écoute ou de faire passer son message. En somme, de se trouver sur la même longueur d'ondes que son interlocuteur… C'est mieux ?

---

1. Cité par P. Watzlawick, J. Beavin et D. Jackson, *Une logique de la communication,* Seuil, 1979.

Joëlle – Ben oui...

L'auteur – Un des obstacles majeurs à ce souci légitime est que nous attendons, voire espérons que l'autre réagisse comme nous et de façon acceptable par nous, alors que, finalement, nous ne sommes pas tous « câblés » pareillement. Comprendre les différentes sortes de « câblages » et s'y adapter permet de mettre du sens là où il y avait incompréhension et de l'efficacité là où il y avait démotivation.

Joëlle – Super !

L'auteur – Chut ! Je continue... Dans les années 70, un psychologue américain, Taibi Kahler a l'idée d'observer de nombreuses séries d'interactions entre individus afin de voir comment et pourquoi elles bénéficient d'une issue positive générant de la motivation, ou d'une issue négative générant de la démotivation. Il élabore alors un modèle utilisant certains concepts de l'Analyse Transactionnelle (les besoins, le scénario de vie, le triangle dramatique, les positions de vie, les drivers etc.) et en créant d'autres[1]. Ce modèle, pour lequel il reçoit le prix Eric Berne en 1977, s'appelle le mini-scénario[2]. Taibi Kahler répond ainsi, à une remarque faite par Eric Berne quelques années auparavant : « Le clinicien qui trouvera comment identifier le scénario d'un patient en une séance fera un apport capital en termes de connaissance de l'homme et de son fonctionnement psychologique. »

Parallèlement, Taibi Kahler s'aperçoit de l'intérêt qu'il y a à accompagner les individus en insistant sur les parties positives de leur personnalité et non seulement sur leurs problèmes. Suite aux travaux de Shapiro[3] il cherche à définir des types de personnalité sous l'aspect non seulement pathologique de comportements « anormaux », mais aussi de comportements positifs et quotidiens, hors du champ de la pathologie.

De ces deux observations, le mini-scénario et l'étude des comportements positifs, sont issus les « types de personnalité », fondement de la Process Communication. Ils sont au nombre de six, définis par Taibi Kahler comme des familles de comportement, possédant chacune leurs points forts et leurs points faibles. Un individu peut présenter

1. Ces différents concepts vous sont présentés tout au long de cet ouvrage.
2. À propos du mini-scénario, voir *Actualités en Analyse Transactionnelle*, n° 4.
3. D. Shapiro, *Les Structures Névrotiques*, PUF.

les caractéristiques de plusieurs types à la fois, néanmoins l'un d'entre eux constitue sa dominante.

Connaître les types de personnalité fournit trois informations essentielles : la source principale de motivation de chaque individu, son mode de communication préférentiel et sa façon très personnelle de générer du stress.

Jacques – Comment connaître la source de motivation d'un individu ?

L'auteur – À chaque type de personnalité correspondent des *« besoins psychologiques »* spécifiques. Or tout individu recherche, de façon systématique, la satisfaction de ces besoins. Cette recherche est pour lui d'ordre vital. Elle se traduit par des micro-comportements mis en œuvre hors du champ de la conscience. S'il n'obtient pas de satisfaction positive à ses besoins, il la recherchera de façon négative, adoptant alors des comportements inefficaces, voire dommageables, dans sa vie personnelle comme professionnelle, et ceci hors du champ de la conscience. *La satisfaction des besoins psychologiques conditionne la motivation d'un individu. Inversement, son absence est source de stress et de démotivation.*

Chaque type de personnalité utilise également un mode de communication préférentiel. *Le canal de communication* représente la longueur d'onde permettant de relier de façon efficace deux interlocuteurs. La Process Communication définit cinq canaux de communication. Les connaître et savoir les utiliser permet d'assurer la qualité et l'efficacité de la communication. Comme l'ont démontré les chercheurs de l'école de Palo Alto, *« nous ne pouvons pas ne pas communiquer »*[1]. En revanche, nous pouvons communiquer dans l'incompréhension, hors des canaux de communication, et c'est ce que Taibi Kahler appelle la *mécommunication*.

Jacques – Comment définir les « types de stress » ?

L'auteur – Le niveau de stress se trouve habituellement lié à la qualité de la communication et à la satisfaction des besoins psychologiques d'un individu. Taibi Kahler a identifié trois « degrés » de stress entraînant les individus dans des situations plus ou moins dommageables de *mécommunication*. Au « premier degré de stress », la prise de conscience

1. Watzlawick, Beavin et Jackson, *op. cit.*

de ce comportement négatif permet de revenir dans une énergie positive. Il suffit de se demander: *«De quoi ai-je besoin?»* Il s'agit de choses simples: avoir un ami au téléphone, passer à une nouvelle tâche, aller boire un verre avec un collègue, etc. Au deuxième degré de stress, nous activons des *mécanismes d'échec* dont nous ne sommes pas forcément conscients. Leurs conséquences peuvent créer de sérieux problèmes tant dans notre vie professionnelle que personnelle. Un manager, par exemple, constatant que «rien ne va plus» réalise qu'il *surcontrôle*, provoquant ainsi de la démotivation dans son équipe. Ou bien il *part en croisade* maniant la carotte et le bâton, oscillant entre la menace et la morale, suscitant chez ses collaborateurs de la *suradaptation* ou de la *rébellion*. Un père de famille complètement absorbé par sa vie professionnelle devient indisponible pour ses enfants, un mari devient rigide sur l'organisation du budget ou des vacances, un enfant refuse le travail scolaire...

Le troisième degré de stress est heureusement plus rare et aisément repérable car il correspond en général à un état de crise profonde, dépression, *burn out*, désespoir voire tentatives de suicide.

Taibi Kahler a identifié le phénomène de changement de phase qui éclaire de façon particulièrement pertinente la dynamique individuelle, permettant de mieux comprendre son *chemin de vie* et l'origine de nos choix et de nos grandes décisions.

Chaque individu possède en lui les six types de personnalité, mais l'un d'entre eux constitue sa dominante, dite «base». Il a recours aux autres familles de comportements de façon moins continue et moins caractéristique. Toutefois il arrive que des individus manifestent de façon très marquée les caractéristiques d'un autre type que celui de leur base. Ce changement s'effectue souvent à la faveur d'un événement marquant de leur vie. C'est ce phénomène que Taibi Kahler a nommé «changement de phase». Ce concept permet d'identifier les changements spontanés et durables d'un individu et de suivre l'évolution correspondante de ses sources de motivation. Il fait de la Process Communication un modèle qui autorise à – anticiper les nouvelles sources de motivation et donc de comportements qu'un individu peut développer dans le futur, en observant les opportunités de changement de phase présentées par sa structure de personnalité.

Jacques – Qui a utilisé en premier la Process Communication ?

L'auteur – La NASA, afin de sélectionner des astronautes. Il s'agissait d'évaluer la compatibilité des équipes et de prévoir leur comportement lorsqu'elles se trouveraient confinées dans un vaisseau spatial au beau milieu de l'espace. Dans ces conditions extrêmes, mieux vaut réunir des profils psychologiques soigneusement étudiés, dont la capacité de communication et les risques de perte de contrôle ont été évalués… Taibi Kahler et son équipe ont étudié à cette fin des populations variées sous l'angle de la satisfaction de leurs besoins psychologiques, et de leurs positions de vie, c'est-à-dire de la démarche mentale qui présidait à leur approche des problèmes et à leur résolution. Ils ont mis au point une méthode capable de prédire le type de réaction des astronautes dans des situations de stress léger et sévère.

La « Process Com » propose *une philosophie de la communication*. L'un de ses tout premiers bénéfices est de mettre un autre sens là où le comportement de l'autre avait bien souvent une signification négative. Au lieu de dire *« C'est un incapable, un idiot, un flemmard »*, il est beaucoup plus efficace de comprendre ce que signifie son attitude en termes de type de personnalité sous stress… Il s'agit, en Analyse Transactionnelle, de la position « +/+ ». Dans cette position chaque individu reconnaît sa valeur et celle de son interlocuteur. La Process Communication facilite l'apprentissage du +/+ parce qu'elle fournit des repères simples pour la compréhension des situations de communication. Or, beaucoup de problèmes relationnels proviennent de ce que les interlocuteurs ne se comprennent pas entre eux et instaurent un système en fonction de leur représentation de la réalité de l'autre. Système souvent renforcé, en entreprise, par la culture de celle-ci.

Le modèle est simple, mais ne constitue en aucun cas un gadget pouvant être « plaqué » sans avoir été intégré au préalable. L'utilisation du modèle équivaut à un réel changement de l'individu, qui décide de devenir plus souple et d'accroître son adaptabilité. Il bénéficie pour cela d'un véritable tableau de bord de son fonctionnement interne : son inventaire de personnalité[1]. Outil individuel, réalisé à partir d'un questionnaire,

1. Voir chapitre 8.

l'inventaire de personnalité est conçu afin de donner à la personne un ensemble de repères sur ses comportements quotidiens, ses besoins, son mode de communication, et ses moyens d'éviter ou de remédier au stress.

Joëlle – Alors, et le livre ?

L'auteur – Les pages qui suivent répondent tout d'abord à un objectif pratique. On y retrouve l'individu dans ses dimensions professionnelle et personnelle, dans tout ce qui fait sa vie psychologique et sociale. Un grand nombre d'aspects sont abordés au travers de cas concrets qui permettent au lecteur de se repérer ou de se reconnaître. Dans la première partie de l'ouvrage, ce sont les fondements du modèle qui sont abordés : les types de personnalité, la structure de personnalité et les changements de phase, les canaux de communication, les besoins psychologiques et la mécommunication. Dans la seconde partie sont proposées plusieurs applications du modèle, notamment dans les domaines du management, de la cohésion d'équipe et de la vente, ainsi que dans la sphère familiale. Chaque chapitre est conçu de façon à ce que le lecteur puisse s'y référer en fonction de son intérêt, indépendamment des autres parties. Cet ouvrage permet également de faire connaissance avec six personnages : Isabelle qui a une base Empathique, Jacques, Travaillomane, Joëlle, Rebelle, Pierre Persévérant, Anne, Rêveur et Yves, Promoteur. Ils illustrent les six types de personnalité, travaillent tous dans la même entreprise, la Sofia's & Cie, et ont décidé eux aussi, de se former et d'utiliser la Process Communication...

Partie

I LES FONDEMENTS DE LA PROCESS COMMUNICATION

1

LES TYPES DE PERSONNALITÉ

«Il est 12h45, ce jour de grand départ vers les plages du sud. Un restaurant d'autoroute. À quelques tables de nous, une jeune femme, la trentaine environ, souriante et détendue, entourée de deux fillettes. Elles se ressemblent trait pour trait, sont habillées de façon identique et présentent tous les signes apparents de jumelles monozygotes.
Nous observons avec intérêt et amusement leur manège. L'une court de table en table, cherche les clients prêts à jouer avec elle et sa mère a bien du mal à la faire asseoir pour terminer son repas. Sa sœur, au contraire, reste très proche de sa maman. Elle aime faire des câlins, ne s'éloigne pas de la table, ne cherche pas la compagnie ni le jeu de sa sœur. La première des deux fillettes a un comportement caractéristique du type «Rebelle», la seconde correspond au type «Empathique».

Les qualificatifs de «Rebelle» et d'Empathique» font référence à deux des six types de personnalité identifiés par Taibi Kahler: *Empathique, Travaillomane, Rebelle, Promoteur, Persévérant et Rêveur*[1]. Nous avons tous les caractéristiques de ces 6 types de personnalité mais à des niveaux différents. Chaque personne fonctionne de façon préférentielle selon un ou deux d'entre eux. Ce qui permet de comprendre pourquoi, tout en étant unique, nous partageons de grandes caractéristiques avec d'autres individus.

À chaque type de personnalité correspondent:

- des *caractéristiques comportementales* (attitude, mode d'action préférentiel, tenue vestimentaire, style d'environnement, etc.);
- un mode principal de perception du monde;

1. Les termes Travaillomane, Rebelle et Rêveur ne comportent aucune des connotations négatives qu'on leur attribue couramment. Voir portraits ci-après.

- des *besoins psychologiques* dont la satisfaction conditionne l'énergie, la motivation et la bonne humeur de chaque individu et, inversement, sa façon très personnelle d'entrer sous stress et de chercher à en sortir ;
- un *« canal de communication »* privilégié, qui permet de se régler sur *la bonne fréquence* pour communiquer et d'éviter les « portes piégées », qui mènent au conflit ou à la passivité.

Aucun type n'est meilleur ou pire qu'un autre. Ils possèdent tous leurs points forts et faibles et le modèle Process Communication ne comporte aucun jugement de valeur. Il permet à chaque personne :

- d'identifier de façon simple les différentes facettes de son propre comportement ;
- de comprendre comment ses interlocuteurs « fonctionnent » et d'agir en conséquence, afin de garantir la qualité de la communication.

Le modèle Process Communication est utilisé depuis 1988 dans les entreprises françaises. Les statistiques établies sur l'échantillon de référence – essentiellement managers et commerciaux – ont permis de vérifier la validité de la méthode pour la France. Elles font état des mêmes proportions qu'aux États-Unis (sur un même public) : le type Persévérant est le plus fréquent suivi des types Travaillomane, Empathique, Rebelle, Promoteur et Rêveur[1].

LE TYPE EMPATHIQUE

– Isabelle, tu viens au cours de gym ?
– Non...
– Bizarre, tu étais si contente de faire un peu d'exercice...
– Oui, je ne sais pas pourquoi je ne me résous pas à y retourner. Peut-être que cela tient au lieu : cette vieille salle d'école, glauque et mal chauffée... Et puis cette prof qui ne sourit jamais. On dirait qu'elle ne s'intéresse pas aux gens. Je sens que j'aimerais trouver un lieu chaleureux, près de chez moi, ce qui me permettrait de ne pas trop empiéter sur les soirées en famille. De toutes manières, je n'ai pas la forme aujourd'hui. Je rêve d'un bain chaud et d'un thé...

Nous pourrions continuer à échanger avec Isabelle. Elle nous parlerait volontiers de ce qui la concerne personnellement. De base Empathique,

1. 300 000 personnes ont fait leur inventaire de personnalité (chiffres cumulés en France, 1,3 million dans le monde, fin 2018).

elle attache beaucoup d'importance aux sensations, à la qualité des relations humaines. Son côté «grand cœur», son souci de l'image que les autres ont d'elle-même prendraient probablement une place importante dans cet échange.

Isabelle perçoit le monde au travers du filtre de ses émotions. Elle intègre les choses et les personnes par le ressenti. L'un des principaux traits de sa personnalité : elle aime qu'on l'aime…

N'est-ce pas le cas de tout le monde ? Très certainement. Mais il est possible de distinguer des nuances : certains individus préfèrent qu'on aime leurs idées, voire leur charme ou leurs actes de bravoure, ou encore qu'on reconnaisse ce qu'ils ont accompli.

Pour Isabelle, être aimée pour elle-même, voilà l'important. Elle cherche donc à plaire, et dispense autour d'elle les mêmes signes de reconnaissance que ceux dont elle a besoin.

L'amour inconditionnel ? C'est le sens de sa vie.

Son apparence physique est soignée. Elle s'habille souvent de couleurs pastel accordées de façon harmonieuse. Elle apprécie les bijoux et les séances régulières chez le coiffeur : arriver à une réunion de travail non maquillée et en tenue négligée serait le signe de quelque catastrophe familiale.

Les objets ont aussi une grande importance dans la vie d'Isabelle. Ils sont choisis en tant que souvenirs d'une histoire émotionnelle, et utilisés pour créer l'ambiance d'un lieu. Son bureau, par exemple, est équipé de quelques photos de famille, plantes vertes et autres rappels que la vie n'est pas tout entière résumée dans les dossiers. Bref, «priorité à l'humain».

De façon générale, son environnement est confortable, du style «petit nid». À son domicile, musique douce et parfums discrets sont aussi de la fête. Elle sait créer l'harmonie et est attentive aux besoins d'autrui. Des attributs tels que compatissante, sensible, chaleureuse la décrivent à merveille. Lors d'une pause, au cours d'un séminaire, ce sera souvent elle qui, spontanément, servira les boissons aux autres membres du groupe, l'intérêt des autres étant toujours prioritaire sur le sien propre. D'ailleurs il arrive qu'elle ait du mal à s'affirmer, à «prendre sa place». Dans ce cas, elle semble manquer de sûreté, ponctue ses phrases de «peut-être», «si je ne me trompe», le tout d'une voix souvent douce et haut perchée. Une de ses – principales difficultés : dire non, savoir situer ses limites.

Ses collaborateurs trouvent parfois qu'elle en fait trop, et se laisse déborder par des sollicitations diverses.

Une de ses grandes peurs ? Vieillir. Qui équivaut à ne plus plaire. Pourtant elle a tendance à faire moins que son âge, même si son visage se marque de charmantes rides d'expression. Celles dues aux soucis prennent parfois la forme d'arcs de cercle au-dessus des yeux (elle a tendance à hausser les sourcils). Sa question existentielle étant « Suis-je aimable ? », son stress le plus sévère proviendra de la rupture d'une relation affective significative.

Elle a besoin de « se sentir bien » dans son travail, le fin du fin étant naturellement d'avoir un chef chaleureux et de se trouver dans une équipe où règne une bonne ambiance. Sous stress, Isabelle a tendance à se dévaloriser, à croire que tout est de sa faute et à commettre des erreurs involontaires et « stupides ». Il lui arrive aussi de compenser par la nourriture : elle est grande cliente des régimes… les jours de repentir.

Son meilleur ressourcement : des signes de reconnaissance positifs concernant sa personne, un environnement agréable sur le plan sensoriel (« comme chez soi », restaurant sympa, hammam, massage). Son appartement idéal ? Elle l'imagine équipé d'un jardin d'hiver, de baies ensoleillées et de voisins… empathiques.

Caractéristiques du type Empathique

Points forts	Compatissant, sensible, chaleureux.
Caractéristiques	Capacité d'être « donnant », attentif aux besoins d'autrui. Doué pour créer l'harmonie.
Expression des émotions	Aisée. L'utilise pour communiquer.
Apparence extérieure	Aspect soigné, couleurs douces et coordonnées.
Domaine d'activité préférentiel	Communication. Relations publiques. Professions d'aide. Activités de service.
Environnement	Accueillant, chaud, confortable, personnalisé, à la maison comme au bureau.
Mode de perception	Ressent d'abord. Perçoit les personnes et les situations à travers les sentiments éprouvés à leur égard.
Comportement en équipe	Cherche à créer et encourager les relations harmonieuses. Déteste les conflits.
Besoins psychologiques	Reconnaissance en tant que personne. Environnement nourrissant les besoins sensoriels.

Environ 30 % de la population occidentale est de base Empathique, dont les trois quarts sont des femmes. Ces êtres de communication exercent souvent dans le domaine de la – relation d'aide : médecins, travailleurs sociaux (professions à partager avec le type Persévérant), infirmiers, psychothérapeutes… ou en tant qu'hôtesses de l'air, hôtesses d'accueil, chargés de relations publiques, serveurs ou serveuses de restaurant…

LE TYPE TRAVAILLOMANE

Lorsque Isabelle est arrivée au bureau ce matin, elle a croisé Jacques dans les couloirs : trois dossiers sous le bras, le front barré d'une ride soucieuse… Bref, l'air d'avoir démarré sa – journée depuis longtemps. Il n'est pas rare, en effet, que Jacques commence avant l'heure et finisse après tout le monde. On dirait qu'il lui est impossible d'arrêter tant qu'il n'a pas bouclé tous les dossiers en cours. Or, comme il y en toute l'année…

Isabelle – Bonjour ! Comment vas-tu ? Tu m'as l'air un peu fatigué, non ?

Jacques – Non, non, mais j'ai beaucoup à faire… Nous devons nous voir pour l'organisation de la journée du 26. J'ai besoin d'un point clair et précis. Je te propose ce matin… entre 11 h 45 et 12 h 30. À moins que nous fassions cela à l'heure du déjeuner…

Isabelle – Heu… je me sentirais mieux avec la première solution. Je t'offre un café ?

Jacques – Non, merci. Je n'ai pas le temps. Et je trouve cette cafétéria de plus en plus sale et bruyante…

Isabelle poursuit son chemin, légèrement frustrée, comme de coutume, par les réponses de son collègue : « Celui-là, pour qu'il parle d'autre chose que de boulot… »

Jacques a une base Travaillomane ce qui, pour des personnes comme Isabelle, peut faire l'effet d'une rencontre avec un ordinateur…

La question existentielle de Jacques est « suis-je compétent ? » Par conséquent, il travaille dur, et ne compte pas ses heures.

C'est tout d'abord quelqu'un de sérieux. Il commence par penser, cherche les faits, les informations afin de les classer, les hiérarchiser et en tirer des conclusions.

La logique est son leitmotiv, l'organisation son péché mignon et le sens des responsabilités son pain quotidien (à force d'en porter, il a facilement mal au dos).

Ce qui frappe de prime abord chez lui, c'est son côté « clean » : une mise impeccable et soignée, les cheveux parfaitement taillés. Avec lui, pas de sourire engageant ou de blague du jour au premier contact. Il ne témoigne spontanément ni chaleur humaine, ni sympathie et s'intéresse directement aux faits à traiter. Sa vie personnelle ne passe pas la porte de son bureau et il comprend difficilement qu'il puisse en être différemment pour les autres. Une secrétaire de type Empathique, avec un tel patron, risque de se retrouver rapidement en plein désert de reconnaissance avec, de surcroît, l'impression d'être considérée comme une machine. Il faut dire qu'aller droit au but, pour Jacques, est aussi synonyme de gain de temps. Le temps... son maître. Il est le roi de la planification, au bureau comme en vacances. Son équilibre psychologique en dépend. D'ailleurs, il évite soigneusement l'improvisation et pèse longuement chacune de ses décisions. Son budget annuel est un chef-d'œuvre en la matière.

Lors d'une émission de télévision sur le couple et l'argent, un mari de base Travaillomane expliquait qu'il était rassuré une fois qu'il avait organisé le budget de toute l'année, en planifiant toutes les recettes et dépenses. Sa femme, en revanche, en phase Rebelle, multipliait les achats impulsifs et les justifiait en disant : « Tu te rends compte, cette petite robe, je l'ai eue à 50 %... » ce qui occasionnait bien sûr, quelques discordes dans le couple...

Son environnement est à l'image de son « look » : organisé, fonctionnel. L'ordre règne, ou bien le désordre est soigneusement structuré. Jacques s'y retrouve en une fraction de seconde... Attention à la femme de ménage si elle intervient ! Chaque chose est à sa place et s'y maintient, comme par miracle. Le style du mobilier est plutôt contemporain.

Nous l'avons vu, ses préoccupations tournent autour de la compétence, de l'organisation et du travail bien fait. Le plus important pour lui est d'être reconnu pour sa réflexion et ses réalisations. Il dépense beaucoup d'énergie pour satisfaire ces besoins ; si ceux-ci ne sont pas satisfaits, il entre sous stress. Il vit alors plus ou moins douloureusement le doute et tente, par un comportement littéralement boulimique de travail, de résoudre ce conflit interne. Il cesse peu à peu de déléguer, pêche par excès de contrôle et a de plus en plus de mal à fermer la porte de son bureau. Il peut montrer des gestes d'impatience et devenir rigide sur l'organisation et le respect du timing.

Il n'est pas rare, de toute façon, que Jacques rentre chez lui avec quelques dossiers sous le bras, ce que sa famille ne manque pas de lui reprocher.

Pourtant, il croit sincèrement faire tout ce qui lui est possible pour le bonheur de ses proches. Avec l'âge, ces soucis tracent sur son front quelques rides horizontales. Son grand risque : oublier qu'il existe autre chose que le travail dans la vie. Pour Jacques, se détendre sans rien faire, c'est perdre son temps…

S'il n'est pas satisfait de sa vie professionnelle, s'il est démotivé pour différentes raisons (ne plus apprendre, des décisions prises illogiquement, l'incohérence du management, etc.), il pourra alors, comme tout un chacun, désinvestir son job. Il est fort probable qu'il investisse un autre secteur de sa vie sociale et se remette à fonctionner comme au bon vieux temps. Il pourra alors faire de la boulimie de bricolage, de jardinage et, bien sûr, ne prendra que quelques jours de vacances car il faut terminer la maison, veiller sur le potager, etc. « Travaille d'abord, tu profiteras plus tard », telle est sa devise partagée habituellement par les personnes dont la base est Travaillomane. Ils forment environ 25 % de la population occidentale dont les trois quarts sont des hommes.

Caractéristiques du type Travaillomane

Points forts	Logique, responsable, organisé.
Caractéristiques	Inconditionnel de la pensée logique.
Expression des émotions	Rare. Considérée comme inappropriée dans le travail.
Apparence extérieure	Classique et soignée, en fonction des situations.
Domaines d'activité préférentiels	Technique. Comptabilité. Administration. Tâches demandant organisation, méthode et précision.
Environnement	Fonctionnel, ordonné, contemporain.
Mode de perception	Pense d'abord. Classe les gens et les choses par catégories.
Comportement en équipe	Recherche les échanges d'informations. Préfère la relation à deux au groupe.
Besoins psychologiques	Reconnaissance pour son travail et la qualité de sa réflexion. Structuration du temps.

LE TYPE REBELLE

« Pouah ! Cette bibine est de plus en plus effroyable, s'exclame Joëlle, le nez dans son café. Elle vient d'entrer dans le bureau de Jacques et enchaîne d'un trait, l'ayant aperçu derrière son bureau : « Ouah, ma biche, quelle cravate ! Super ! En revanche, les valises sous les yeux, c'est moins décoratif… »

Jacques se rétracte intérieurement. « Comment peut-on faire autant de bruit sur un lieu de travail ? » pense-t-il. « Elle ne tient pas en place, cette fille. Pas étonnant qu'elle ne rende jamais ses projets à la date prévue... » Joëlle s'est installée sur un coin de table. « Oh là là, ce café, pense-t-elle, faut-il en avoir besoin... Et ces têtes d'endormis qu'ils ont tous... ! Pourtant c'est moi qui me suis couchée à quatre heures du mat pour boucler ce fichu scénario. Bon, où est-ce qu'on peut rire ici, ce matin ? »

Joëlle a une base Rebelle, c'est sûr. Jacques la tolère : il aime son sens de l'humour, elle lui rappelle sa femme mais... il ne la supporte qu'à petite dose prescrite... Malheureusement, le type Rebelle se situe, par définition, hors des normes prévisibles. Quelle que soit sa manière de l'exprimer : vêtements originaux, horaires élastiques, tendance à rechercher l'amusement partout et à toute heure.

Fondamentalement individualiste, Joëlle a néanmoins besoin de contact. Jouer toute seule ne la motive guère. Son expression spontanée et ludique fait d'elle l'animatrice recherchée d'un groupe, celle qui fait sourire et stimule le côté « enfant » de chacun. Comptez sur elle pour ponctuer vos séances de travail d'une blague toutes les 10 minutes... Elle vit volontiers à la lisière de plusieurs groupes, dans lesquels elle fait des passages éclairs et néanmoins appréciés.

Créative née, elle bouillonne d'idées et de désirs même si elle a parfois des difficultés à les concrétiser et est peu motivée par le développement et la gestion d'un projet (le métier de PDG ne l'a jamais fait rêver). Il est important pour elle de pouvoir exprimer librement ses idées et de sentir que sa créativité est appréciée. Elle fonctionne mal à partir d'exigences et supporte mal la directivité. En revanche, elle redouble d'énergie dès qu'on lui propose... de proposer. Mais dès que la tâche devient monotone ou répétitive, son niveau de motivation commence à baisser dangereusement et il est important pour elle de prévoir des changements d'activités réguliers.

Affiches, couleurs vives, musique, mobilier original et objets inhabituels peuplent son bureau et sa maison. Bref, tout ce qui peut satisfaire son besoin de stimulation (elle a besoin de « bonnes vibrations », comme elle dit) et son goût du jeu (dans lequel elle s'investit totalement, puisqu'elle y puise son énergie). Ses tenues vestimentaires sont également conçues pour attirer l'attention... négative si besoin. « Tout mais pas l'indifférence... »

Joëlle perçoit les personnes et les choses en réagissant à ce qu'elle ressent : elle adore, ou elle déteste, c'est tout et d'ailleurs ceux à qui cela ne plaît pas n'ont qu'à aller voir ailleurs ! Elle vit dans l'instant présent. Elle a du mal à se projeter dans le passé ou dans l'avenir et à envisager, en cas de stress, les conséquences de ses actes et de ses décisions. En cas de désaccord avec un supérieur hiérarchique, elle peut escalader très fort et pousser ce dernier à bout, au risque d'être licencié. Dans ce cas, elle cherche « jusqu'où elle peut ne pas aller », sa question existentielle étant : « Suis-je acceptable ? ».

Inutile de préciser que Jacques la considère comme faisant partie de ce que certains managers appellent des « inmanageables ». Il est vrai que les plus beaux conflits qu'il ait pu observer en entreprise concernaient un manager de base Persévérant et un collaborateur de type Rebelle. En effet, ce dernier réagit très mal à la contrainte, il se braque et devient très rapidement désagréable et blâmeur. Ce sont ses signes de détresse habituels. Or, les managers de base Persévérant, comme nous le verrons ci-dessous, ne possèdent pas forcément la gamme de communication qui leur permet de rétablir aisément le contact avec les collaborateurs de type Rebelle. Plus celui-ci se démène pour attirer l'attention, plus son chef trouvera ce comportement inconvenant et ridicule. La stratégie efficace dans ce cas sera de commencer par satisfaire son besoin d'interaction ludique, en plaisantant quelques secondes avant de passer aux choses sérieuses.

Caractéristiques du type Rebelle

Points forts	Spontané, créatif, ludique.
Caractéristiques	Capacité de jouer et apprécier l'instant présent : « *Carpe diem* ».
Expression des émotions	Souvent aisée. Sous forme d'émotions qui « sortent » de façon spontanée.
Apparence extérieure	Style original.
Domaines d'activité préférentiels	Création artistique, animation, tâches faisant appel à sa créativité.
Environnement	Amusant, plein de stimulations, gadgets…
Mode de perception	Réagit aux personnes et aux choses en aimant ou en détestant.
Comportement en équipe	Aime l'ambiance de groupe. Ne crée pas le contact, mais saisit les moindres occasions de le vivre, surtout si elles se présentent sous une forme ludique…
Besoins psychologiques	Contact ludique.

Les personnes de base Rebelle peuplent généralement les professions artistiques et tous les métiers qui font appel à de la créativité personnelle (le secteur informatique, par exemple, « regorge » de ce type de personnalité). Elles ont aussi fréquemment un goût prononcé pour les activités de détente (animation de loisirs, par exemple). On estime à 20 % leur population dont 60 % sont des femmes.

LE TYPE PERSÉVERANT

Pierre, supérieur hiérarchique d'Isabelle, de Jacques et de Joëlle commence habituellement par les choses sérieuses... « Celui-là, murmure Joëlle, quand il a une idée dans la tête... C'est Jacques, avec les convictions en plus... » « Et cette façon qu'il a de me scruter », fait remarquer Isabelle qui, par ailleurs, apprécie beaucoup chez Pierre sa fidélité à des valeurs humanistes et – éthiques qui constituent les piliers de l'entreprise. Elle l'appelle « l'ours au grand cœur ». Elle redoute simplement, les jours de tempête, ses airs d'apôtre impitoyable qui vous donnent l'impression d'avoir commis toutes les fautes du monde. Non content de les insuffler dans l'entreprise, Pierre porte aussi ses convictions à l'extérieur : il occupe un poste important dans un syndicat patronal.

Ce qui frappe chez Pierre, c'est d'abord le regard. Perçant, attentif, qui peut sembler sévère. Son don d'observation est grand, et il en fait usage pour évaluer ce qui l'entoure. Attitude pas toujours confortable pour les proches, car Pierre a un haut niveau d'exigence, tant pour les autres que pour lui-même.

C'est un être d'engagements, dans la vie professionnelle comme dans la vie sociale. De nombreuses personnes de type Persévérant se sentent investis d'une mission pour laquelle ils se dévouent entièrement, qu'il s'agisse de transmettre leurs valeurs à leurs enfants (comme ils les ont eux-mêmes héritées de leurs parents) jusqu'à soulager la misère dans le monde, en passant par des combats politiques... Se sentir reconnu pour leurs opinions, voilà qui est motivant : pour l'orateur, il s'agira de convaincre, pour le militant, d'avoir la conscience du devoir accompli, pour l'homme politique, d'être élu.

La référence de Pierre, c'est *ce qu'il croit*. Il constitue donc un pôle de stabilité pour l'entreprise dont il partage les valeurs, mais peut aussi devenir un infatigable opposant et contradicteur. Il est réputé dans l'équipe pour sa… persévérance : il se fixe un objectif et a besoin d'aller au bout de ses projets. C'est ainsi qu'il déteste être interrompu, tant dans ses activités que dans ses discours (et il aime discourir…) On lui trouve beaucoup de points communs avec Jacques de base Travaillomane mais, alors que ce dernier est d'abord motivé par la recherche de faits, Pierre cherche d'abord à connaître l'opinion de son interlocuteur, ou à exposer la sienne. Il perçoit le monde à travers le filtre de ses convictions. Il est d'ailleurs plus naturel pour lui d'interpréter que d'analyser.

Lors d'une journée de formation, alors qu'il s'agissait de regarder un film vidéo et d'en tirer des commentaires sur le mode de l'observation descriptive, il a eu beaucoup de difficultés à ne pas interpréter ce qu'il avait vu selon sa grille de lecture : « il fait cela pour telle raison… », « il veut que… », etc.

Son point faible ? L'écoute… car sa motivation naturelle c'est d'abord d'être entendu. C'est fréquemment lui qui coupe la parole parce qu'il poursuit son idée et n'aura pas écouté son interlocuteur. Dans un séminaire, il n'est pas rare qu'il reste silencieux dans les premiers temps, tout occupé à évaluer ce qui se passe et la qualité de l'animateur. Il ne prendra la parole qu'une fois qu'il aura situé l'événement à l'intérieur de son propre système de valeurs.

Pierre est une personne de tradition, et qui agit pour le maintien de celle-ci, ce qui lui vaut parfois d'être considéré comme passéiste. Il s'habille dans un style classique. Son environnement fait preuve du même fonctionnalisme et de la même organisation que celui de Jacques avec, en plus, une pointe de classicisme et de culture (meubles d'époques, antiquités, bibliothèque de famille…). Pierre est très motivé par tout ce qui a trait aux racines et à l'histoire. Il pousse les recherches très loin pour constituer l'arbre généalogique familial.

Il arrive qu'il ait des colères « coup de gueule » aussi violentes que brèves. Ce que certains appellent son côté « soupe au lait ». Ces orages ne portent souvent pas à conséquence. Ils passent. Mais si ses foudres tombent sur Isabelle, il est possible que cette dernière mette plusieurs jours à s'en remettre… Autre sujet de mésentente entre ces deux personnalités : Pierre aura tendance à ne voir que ce qui ne va pas, Isabelle ne sélectionnant que ce qui va bien… Elle soupire fréquemment : *« Il me fait toujours remarquer ce qui ne va pas, jamais ce qui est bien fait*». Pierre considère, pour sa part, que ce qui est bien fait est normal et que souligner les erreurs est important et fait partie de sa mission. Il félicitera plus facilement Isabelle à propos de ses engagements humanitaires, ou de son projet associatif, que pour la qualité de son travail.

Quant à changer d'opinion: il est d'un naturel méfiant. Il aime les échanges d'opinions, et aura besoin de beaucoup d'informations pour changer sa conviction...

Si Pierre ne se sent pas reconnu pour ce qu'il défend, il entre sous stress d'une façon facilement repérable par l'entourage: focalisé sur les erreurs des autres, il devient de plus en plus rigide. Pour ce qui est d'affirmer ses convictions, il endosse le costume du croisé jusqu'à devenir intolérant et faire fuir ses auditeurs.

Sa question existentielle est «Suis-je digne de confiance?» et, ce qui peut paraître paradoxal, il a besoin de temps pour accorder sa confiance.

On trouvera beaucoup de personnes de base Persévérant aux postes de responsabilité, dans l'entreprise comme dans la vie publique, politique, religieuse ou syndicale. Ils constituent environ 10 % de la population, dont 75 % d'hommes.

Caractéristiques du type Persévérant

Points forts	Engagé, observateur, consciencieux.
Caractéristiques	Exprime des opinions, convictions et jugements.
Expression des émotions	Réservée. Jugée inappropriée dans le travail. Cache souvent une grande sensibilité.
Apparence extérieure	Sillon entre les yeux, regard perçant, style classique.
Domaines d'activité préférentiels	Milieu entrepreneurial. Affaires sociales. Politique. Religion. Domaine associatif. Tous postes à responsabilités. Métiers de la sécurité.
Environnement	Fonctionnel, traditionnel, meubles anciens...
Mode de perception	Juge, évalue les gens et les choses en fonction de ses propres opinions.
Comportement dans l'équipe	Aime prendre les commandes. Cherche à échanger sur des opinions. Pour ce faire, recherche plus volontiers la relation à deux que le groupe, sauf en tant que leader.
Besoins psychologiques	Être reconnu pour ses convictions, apprécié pour le travail accompli.

LE TYPE PROMOTEUR

À l'heure du déjeuner: Pierre et Jacques s'installent devant leur plateau-repas, dans la salle de réunion lambrissée que Pierre affectionne tout particulièrement. Instant de détente. Pierre interroge Jacques: «Vous vous souvenez d'Yves Renaud?
– Oui, l'homme à la BM rouge...
– Eh bien, il vient de déposer son bilan. Incroyable, son histoire. Ce type n'a pas son pareil pour dénicher des marchés porteurs. Il s'est intéressé il y a quelques années à la recon-version et est passé en trois ans de l'association loi 1901 à la création de 17 sociétés! Une boulimie créatrice s'était – emparée de lui. Naturellement, ses besoins en fonds propres ont considérablement augmenté et les banques sont devenues réticentes. Mais dès que l'argent rentrait, il continuait à créer au lieu de payer ses fournisseurs. Drôle d'homme, cet Yves. Un aventurier. Il n'y a que les défis qui l'intéressent. Et les gains rapides. S'il voulait venir chez nous, j'en ferais un directeur commercial, tout en gardant une main ferme sur les décisions importantes... Mais je ne serais pas étonné qu'il soit déjà sur un nouveau plan. En fait, il ne sait pas s'arrêter.»
Jacques, qui s'intéresse depuis peu à Process Commu-nication, sourit: «Il ne serait pas un peu Promoteur, votre Renaud?»

«Jacques, pour le diagnostic, vous êtes parfait.» Une telle analyse correspond tout à fait au tableau de chasse du type Promoteur.

Donnez-lui un défi, des moyens pour le relever, la pers-pective de gains substantiels... et il a déjà démarré, au volant de sa voiture de sport de préférence. Ces trois *ingrédients* suffisent à sa motivation. D'ailleurs, Pierre s'est souvent demandé, en pensant à Yves: «Mais, où sont ses valeurs?»

La valeur d'Yves... c'est l'action! Il ne tient pas en place plus de deux heures sans montrer des gestes d'impatience, voire d'agitation. Ses moyens: l'adaptabilité, le charme, la séduction, et une bonne énergie vitale. Ses plaisirs: les objets de luxe, les vêtements chers, les conquêtes, la vitesse, le jeu. Souvent bronzé (c'est mieux pour le look et c'est souvent un sportif), il vous accoste avec un sourire quelque peu enjôleur, genre play-boy.

Yves est un fonceur, aiguillonné par la question existentielle du type Promoteur: «Suis-je vivant?» Il se jette dans l'action se fiant à son instinct sans passer par la case «Réflexion», ce qui le place à mille lieues de Jacques. En les caricaturant, nous pourrions dire que l'un va sauter dans le train au risque de s'apercevoir ensuite que la direction n'est pas la bonne tandis que l'autre prendra le temps de choisir et analysera tellement que le train risque de partir sans lui... Néanmoins, ils peuvent former une bonne équipe, car si le premier saura, par exemple, redresser une entreprise, l'intervention du second, sera indispensable pour assurer la continuité... Un participant de base Travaillomane m'avait interrompu lorsque j'évoquais cette possibilité au cours d'un séminaire: « ce n'est pas vrai ce que tu dis, Gérard. Nous, les Travaillomanes, ne ratons jamais notre train car nous prévoyons toujours suffisamment de temps pour l'avoir même s'il y a des imprévus. »

Ce qu'Yves cherche, c'est « l'adrénaline », c'est-à-dire une forte dose d'excitation dans une courte période de temps. Il n'a pas son pareil pour saisir les opportunités. En revanche, il a du mal à fournir un travail régulier pendant une longue période. Comme les personnes de base Rebelle, il vit dans l'instant.

Deux choses ont le don de l'irriter: les sentiments (*« ça fait gonzesse »*, pourrait-il dire avec mépris) et la dépendance (*« je me suis fait tout seul, les autres n'ont qu'à faire comme moi... »*). Bref, il « ne fait pas dans la dentelle », et la prise en compte des problèmes humains ne figure pas parmi ses passe-temps favoris. C'est un solitaire-né. S'il se fait des copains partout où il passe, il garde peu d'amitiés durables, à moins que les autres ne prennent l'initiative d'entretenir la relation. Sous son charme et sa persuasion affleure le côté manipulateur. Ce qui le stimule le plus : tout ce qui résiste. Mais une fois la bataille gagnée, il se désintéresse rapidement ; il a besoin de nouveaux défis.

Si Yves ne peut pas agir et mettre sa combativité à l'œuvre, il se défoulera volontiers en créant des tensions autour de lui. Semer la zizanie constitue son symptôme habituel de stress. En tant que salarié, il apprécie d'avoir un « chef fort », qui balise son champ d'action tout en le laissant évoluer à sa guise. Si tel n'était pas le cas, il entrerait facilement en compétition négative et se laisserait tenter par l'intrigue... Qu'on use avec lui d'un ton ferme et direct ne l'a jamais dérangé, au contraire. De même, s'il traverse une passe difficile, inutile de lui marquer de la compassion : pour notre Rambo, elle équivaut à de la faiblesse.

Son environnement obéit à la règle du luxe et du jeu : tapis épais, fauteuils rembourrés, trophées, tons rouges et noirs... Quand il veut quelque chose c'est tout et tout de suite. Il vit donc fréquemment à crédit, ce qui a pour effet de créer plus de tension et d'excitations négatives. Certains promoteurs se voient d'ailleurs qualifiés des doux noms de « flambeur », « tête brûlée », « tombeur »...

Comme vous avez pu le deviner, leur population fournit d'excellents commerciaux aux entreprises. Ils font partie des « oiseaux rares » : environ 5 % de la population, dont 60 % d'hommes.

Caractéristiques du type Promoteur

Points forts	Adaptable, persuasif et charmeur.
Caractéristiques	Capacité d'être ferme et direct.
Expression des émotions	Rare. Souvent considérée comme un signe de faiblesse.
Apparence extérieure	Vêtements et bijoux chers et voyants.
Domaines d'activité préférentiels	Vente. Lancement de projet. Sport. Animation. Business à évolution rapide. Défis.
Environnement	Luxueux, aime les couleurs rouge et noire.
Mode de perception	Orienté vers l'action.
Comportement en équipe	La traverse... Aime agir seul. Et s'il est en groupe, que ce soit pour de l'action plus que de la discussion.
Besoins psychologiques	Forte dose d'excitation dans un minimum de temps.

LE TYPE RÊVEUR

« Où est passée Anne ? On ne l'a pas vue ce matin... » demande Pierre. « Vous savez bien qu'on ne voit pas forcément Anne », plaisante Joëlle. À mon avis, elle est dans son bureau, tout simplement. » Pierre se dirige vers le bureau d'Anne. Porte fermée... Il lui arrive souvent d'ouvrir sans frapper. Mais devant celle-là, il a toujours une espèce de retenue. Comme si quelque chose forçait son respect. Il frappe, donc.

Il est venu parler à Anne d'un document qu'elle lui a remis la veille. Un texte réfléchi, profond, et inattendu. Pourrait-elle en parler devant un large public ? À cette question, il semblerait qu'Anne s'enfuit. Qu'elle est ailleurs : « ... tu sais... oui, bien sûr... (silence)... ce serait sûrement intéressant... (silence)... il me faudrait du temps pour préparer... (long silence)... et puis, développer toute cette réflexion à l'oral... je ne sais pas... C'est curieux, je ne sais pas si tu as écouté les infos ce matin, ce brusque engouement du public pour le prix Nobel de Physique... »

Pierre se tortille sur sa chaise. Il a compris. Pas la peine de demander son avis à Anne. Il vaut mieux lui dire qu'elle aura à commenter ce document et lui laisser le temps de s'y préparer. Et surtout, ne pas la sortir trop vite de son laboratoire...

Une fois de plus, son intuition a rendu service à Pierre. Anne a une base Rêveur. La manager, c'est savoir respecter ses besoins en termes de temps et de solitude, et ne pas l'obliger à discuter de tout...

Anne est calme, imaginative et réfléchie. Ce qui frappe au premier abord, c'est son côté absent. Elle recherche peu l'interaction et l'on pourrait penser parfois qu'elle l'évite plutôt.

Elle vit une intense vie intérieure, dont rien ne transparaît en surface. Son visage est lisse, très peu marqué par les rides, même avec l'âge. Elle choisit ses vêtements selon le temps qu'il fait, ou pour leur confort, sans tenir compte des éléments esthétiques, des couleurs ou des styles. L'aspect d'ensemble reste « nature ».

Son lieu de travail comme son lieu de vie sont également simples, sans sophistication. L'environnement n'a pas grande importance pour elle : il suffit qu'il lui permette de s'isoler : « Pour vivre heureux, vivons cachés »... Son retrait ne signifie en rien un manque d'intérêt pour les personnes qui l'entourent. Il s'agit simplement de sa façon de fonctionner. La sécurité d'Anne, c'est son monde intime. Elle y puise une grande capacité d'introspection et de réflexion.

C'est ainsi qu'elle s'est comportée lors d'un récent séminaire : elle s'est peu exprimée et ne s'est pas proposée pour les jeux de rôles et autres animations. En revanche, ses rares interventions témoignaient d'une écoute très en profondeur et d'une grande compréhension de la méthode. Toujours vêtue de la même façon plutôt passe-partout, elle a profité de tous les moments de pause pour s'installer dans un coin et s'absorber dans la lecture d'un journal. Dans l'entreprise, elle n'affectionne pas particulièrement les réunions, et préfère recevoir ses collaborateurs un par un dans son bureau. Ce qui n'empêche pas qu'elle soit considérée comme quelqu'un de « facile à vivre ». La petite équipe dont elle a la responsabilité dispose d'un haut niveau d'autonomie et d'initiative et apprécie chez elle le sérieux avec lequel elle fait circuler l'information et accueille toutes les suggestions. En revanche, les discussions à bâtons rompus ne sont guère de mise. Quant à lui poser des questions sur sa vie personnelle... Isabelle a essayé parfois, elle en a toujours gardé la sensation étrange d'avoir passé quelques minutes en compagnie d'un hiéroglyphe.

Anne est à l'aise dans les tâches concrètes, les travaux manuels, qui lui permettent de poursuivre ses voyages intérieurs et nécessitent peu de communication. Elle a besoin de recevoir des directives précises et de rester libre des moyens. Laissée à elle-même, elle ne prend guère d'initiative. L'action n'est pas vitale pour elle, elle se « met en route » sur des impulsions extérieures.

Elle préfère sa tranquillité à la recherche du pouvoir. Les personnes de base Rêveur, nous disait l'un deux lors d'un séminaire, ont *horreur de se mettre en avant ou de se faire remarquer.* D'autre part, ils sont parfois mal compris par leurs supérieurs hiérarchiques qui n'ont pas tous saisi, comme Pierre, leurs besoins essentiels :

> Lors d'un séminaire, un manager nous parlait d'un de ses collaborateurs qu'il avait surnommé « la brouette ». Il en parlait avec colère, se plaignant qu'il ne prenne aucune ini-tiative et s'arrange pour faire faire son travail par les autres. Toutefois, en nous décrivant la situation, ce manager se rendait compte que, lorsqu'il donnait des tâches précises à ce collaborateur, elles étaient bien faites. Le diagnostic de la base Rêveur était facile à faire et le manager a pu établir aisément un plan d'action et de motivation comportant des directives précises, en arrêtant d'attendre que le collaborateur prenne des initiatives.

Anne fait partie de ces personnes dont il est difficile d'identifier le type de personnalité. Dans le but de protéger son intimité, elle adopte en effet des comportements « de couverture ». Il arrive qu'elle montre beaucoup son côté Empathique, parce qu'elle cherche à « faire plaisir » pour ne pas provoquer de vagues, ou encore qu'elle adopte le comportement neutre du type Travaillomane.

Caractéristiques du type Rêveur

Points forts	Réfléchi, imaginatif, calme.
Caractéristiques	Doué pour l'introspection et l'analyse approfondie des personnes ou des situations. Aime les tâches concrètes. Habilité manuelle.
Expression des émotions	De rare à inexistante.
Apparence extérieure	Style naturel, vêtements pratiques et confortables.
Domaines d'activité préférentiels	Tous travaux permettant solitude et approfondissement, recherche, écriture, psychologie, travail manuel.
Environnement	Simple, sobre, propice à la vie intérieure.
Mode de perception	Motivé pour l'action par des éléments extérieurs. Ne prend pas l'initiative de la relation.
Comportement en équipe	Attitude réservée.
Besoins psychologiques	Du temps et de l'espace pour soi-même.

Sa question existentielle : « Suis-je voulue ? » Vous comprenez maintenant pourquoi vos amis qui ont une base Rêveur ne prennent habituellement pas l'initiative du contact, ne vous appellent pas spontanément pour prendre de vos nouvelles et combien ils sont contents si vous leur en donnez...

Le type Rêveur forme environ 10 % de la population, dont 60 % de femmes.

Chroniques de la lune ou témoignage d'une base rêveur

Plusieurs réflexes ou remarques entendues ces dernières années suscitent chez moi l'envie de clarifier certains points concernant le type Rêveur. Étant moi-même de base Rêveur, je me suis parfois sentie offusquée par des affirmations auxquelles je ne m'identifiais pas du tout. Question de formulation sans doute, mais nous savons bien que le message est souvent desservi par le process !

Alors bien sûr la base ne fait pas tout, et une autre base Rêveur que la mienne pourrait ressentir les choses très différemment. Je livre donc ici ce qui n'est qu'un témoignage personnel, mais qui pourra j'espère en éclairer quelques-uns, autour de trois thèmes : **prise de parole, travail en équipe et besoin de solitude.**

Un ami formateur, et certifié PCM, m'a un jour demandé *« Mais comment fais-tu, Céline, pour faire ce métier (formatrice), toi qui as une base Rêveur ? »* ?!

Il avait à peine prononcé cette phrase qu'il la regrettait déjà. Néanmoins, ça m'a donné envie d'en parler. Alors voilà comment ça marche pour moi :

J'aime, et depuis toujours, prendre la parole devant un groupe et j'adore le résultat et les succès engendrés dans ce domaine. Mais dans cet exercice, il n'y a pas ou peu de réel engagement dans la relation, et je n'ai pas besoin d'initier la relation : les participants sont déjà là pour ça !

C'est mon métier qui me met devant le fait accompli du groupe qu'il faut animer, capter, captiver, etc., et j'y excelle (même si je manque parfois de créativité !).

Et bizarrement, alors que mon étage Rebelle est tout en haut de l'immeuble, je le visite spontanément, fréquemment et avec beaucoup de plaisir quand j'anime une formation.

En revanche, la pause avec le participant qui s'attarde pour bavarder... me pèse. Et celui qui, en fin de journée, s'avère prendre le même chemin que moi jusqu'au métro et qui, gloup's, prend la même ligne (et ça lui fait plaisir le bougre).

Mon ami formateur disait aussi : *« Oui mais, et ton besoin de solitude ? »*

Eh bien, je dirais que je n'en éprouve pas le besoin lorsque je suis en train d'animer une formation. Mais je suis ravie que ce métier me donne aussi

l'occasion de fréquents déplacements en province, et donc l'opportunité (même si j'aime ma petite famille) d'être seule à l'hôtel.
Quel bonheur de dîner seule au restaurant, d'aller seule au cinéma ou me balader en ville, et sans parler à quiconque de la soirée ! (non je ne suis pas une extra-terrestre).
Maintenant, mettez-moi dans une manifestation genre cocktail ou dîner/buffet/debout, et je vis un cauchemar. Car là, si je ne veux pas faire tapisserie, je *dois* initier la relation ! Généralement, je bois beaucoup et/ou je rentre tôt et/ou je fais tapisserie... et je suis vraiment transparente... et personne ne me veut... bouh hou hou.
Bref l'horreur. Bon je vous rassure, avec les années ça va beaucoup mieux, mais il m'arrive parfois encore d'inventer des excuses bidon pour éviter ce type d'événements.
Passons maintenant à un autre type de relations : **le travail en équipe.**
Travailler en équipe ? Oui sans problème s'il s'agit d'écouter, donner de l'info, interagir, partager, être solidaire, prendre la parole, argumenter...
En revanche réfléchir à plusieurs en même temps, concevoir un projet à plusieurs, ça c'est difficile pour moi parce que je ne peux pas réfléchir et être en même temps en interactivité avec quelqu'un. Ou alors je n'arrive pas à réfléchir et ma contribution sera bien pauvrette.
Ce n'est pas non plus une question de lenteur comme je l'ai déjà entendu dire. Pour ma part, je serais plutôt Speedy Gonzalez (rapide, productive), mais je préfère faire de mon côté, et ensuite seulement comparer, confronter, échanger.

Einstein et le professeur Tournesol

J'ai souvent remarqué que les formateurs donnaient comme exemple de métier pour le type pur Rêveur « Chercheur » (parfois même génial ou un peu fou), comme s'il fallait nous rassurer en donnant un exemple ultra flatteur.
Ben pour moi qui ne me sens pas l'âme d'un chercheur, et qui n'ai jamais rien trouvé de génial, l'effet est plutôt désagréable. Capable d'introspection, oui, de réflexion approfondie, oui, d'écoute et d'analyse des situations et des relations, oui.
Alors, *please*, gardons l'exemple du chercheur, mais contre-balançons avec écrivain, artisan, architecte peut-être...
Quant au Professeur Tournesol, il peut effectivement m'arriver de dire des choses sans réfléchir parce que j'ai l'esprit ailleurs (il paraît que je suis une grosse gaffeuse), mais de là à errer dans un magasin en ayant oublié ce que je suis venue y faire, alors non.
Je vais peut-être en décevoir certains mais je suis très structurée, très cartésienne et les pieds bien sur terre, même si je rêve de la lune.

Matrice d'identification, bizarre, bizarre...

J'ai eu un jour en main une affiche créée par un formateur Process Com, qui montrait la matrice d'identification avec quelques explications

repères. J'ai bondi (et j'espère que vous aussi) en voyant écrit en haut de l'axe vertical «*autonome*» et au bas du même axe «*besoin de suivi*».
Pour ma part (et là encore je ne prétends pas représenter toutes les personnes qui ont le type Rêveur en base), je n'ai besoin d'aucun suivi. Je sais ce que j'ai à faire, et je le fais avec une grande détermination. Mais c'est vrai que le but doit être très clair. Si c'est le cas, je n'ai pas besoin, et prendrais mal, qu'on vienne voir où j'en suis.
Petite anecdote: à l'âge de 25 ou 26 ans (dans une autre vie professionnelle), mon boss est venu me voir un jour en me disant quelque chose du genre «*Écoute Céline, tu as toujours le nez dans le guidon, faut que tu prennes de la hauteur. Propose-nous des choses, fais-nous avancer! Ce qui serait bien, c'est que, par exemple, le lundi matin, tu t'enfermes dans ton bureau, tu n'es là pour personne, tu réfléchis et tu nous proposes des trucs*».
Quel cauchemar ces lundis où, durant quelques semaines, j'ai brassé du papier et soufflé sur du vent. Vous imaginez? Personne ne m'avait dit à quoi réfléchir! De la confiture aux cochons!
J'étais jeune, et aujourd'hui, l'expérience aidant, je saurais quoi faire de mes lundis matins! Néanmoins, sur de nouvelles activités, dans des domaines moins maîtrisés, ou sur des champs d'investigation trop larges, j'ai besoin d'objectifs bien clairs! Et auquel cas, nul besoin de suivi!
D'ailleurs cette formulation «*besoin de suivi*»... je ne suis pas sûre non plus qu'elle fasse très plaisir à nos amis du cadran Sud-Ouest...
Alors pas de zèle: gardons les appellations consacrées *déclencheur interne* et *déclencheur externe*. Elles correspondent beaucoup mieux à ce qui se passe dans la réalité.

2

LA STRUCTURE DE LA PERSONNALITÉ

« Cela ne t'ennuierait pas de monter à ton étage Rebelle ? Pour nous faire des vacances... » souffle Joëlle. Jacques lève les yeux au ciel : « Alors toi, depuis que tu as fait le séminaire Process Com, tu n'en loupes pas une... » « Normal, j'apprends, MOI » rétorque Joëlle. « Si je me souviens bien de ton "immeuble de personnalité", ton étage Rebelle n'est pas si loin de ta base. Allez, un petit effort. Tu veux des piles neuves pour ton ascenseur ? »

Non, Joëlle n'est pas en train de « disjoncter »... Elle intègre simplement – à sa manière – ses connaissances concernant la *structure de personnalité*...

À CHACUN SON IMMEUBLE

Chaque individu possède, dans des proportions variables, sa « dose » d'Empathique, de Travaillomane, de Rebelle, de Persévérant, de Promoteur et de Rêveur. Néanmoins, il présente généralement les caractéristiques dominantes d'un ou deux types seulement. Et ceci même s'il lui arrive, dans la même journée, d'utiliser son énergie Travaillomane et d'analyser un problème avec son intelligence raisonnante, ou bien de ressentir comme une personne de base Empathique et de recevoir l'un de ses amis en lui donnant des manifestations d'amitié et de réconfort, ou de se détendre comme quelqu'un de base Rêveur en effectuant un retour sur lui-même, d'utiliser les ressources de son étage Persévérant en se scandalisant sur un problème lu dans le journal, enfin de plaisanter comme si sa base était Rebelle...

En Process Communication, la structure de personnalité de chaque individu est représentée par un immeuble à six étages, un par type de personnalité. À chaque niveau, correspond une quantité d'énergie disponible. Le taux maximum se trouve au rez-de-chaussée, suivi des autres par ordre décroissant. Considérons les exemples de la figure 2.1.

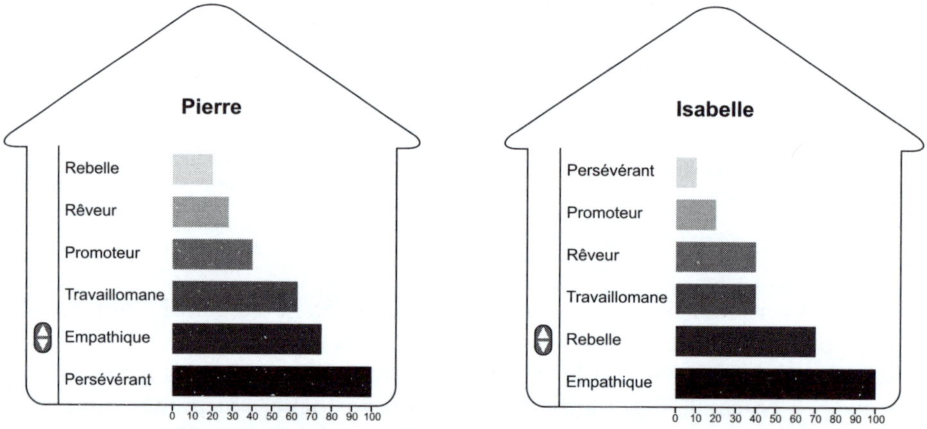

Les pourcentages indiquent la quantité relative d'énergie disponible à chaque étage. Plus le score est bas, moins l'individu a tendance à montrer les caractéristiques propres à ce type de personnalité et plus il devra « mettre de l'énergie » pour communiquer de façon positive avec les individus porteurs de ces caractéristiques.

Figure 2.1 : Pierre et Isabelle ;
deux structures de personnalité bien différentes

Nous avons là deux personnalités particulières parmi toutes les personnalités particulières possibles. Le nombre de structures réalisables est de 720 (c'est-à-dire 6 × 5 × 4 × 3 × 2). Si l'on ajoute à ce chiffre toutes les variations possibles en taux d'énergie par étage, on le démultiplie à l'infini... l'infinie complexité des personnalités.

Le premier type de personnalité (rez-de-chaussée de l'immeuble) est dit de « base ». D'après les observations réalisées, il apparaît que cette « base » est innée ou acquise dans les premiers mois de la vie de l'enfant et ne change plus ensuite. On dira donc d'un individu qu'il est « de base Empathique », ou « de base Travaillomane » et surtout pas qu'il **est** Travaillomane ou Empathique, car un individu est unique et ne peut, en aucun cas se réduire à son type de personnalité. L'ensemble de l'immeuble, c'est-à-dire les six étages, est structuré vers les sept ans et l'ordre de ceux-ci semble stable.

La base détermine *les besoins psychologiques les plus profonds de l'individu*, sa façon d'être au monde, les lignes de force de sa vie.

Si nous conservons l'analogie avec l'immeuble, nous pouvons dire que chaque personne dispose d'un ascenseur avec lequel elle peut s'y déplacer. Plus l'étage est élevé, moins elle s'y rend spontanément (de même qu'un ascenseur atteint plus vite le premier étage que le sixième). C'est ainsi que la plupart des gens occupent le plus facilement les deux ou trois premiers niveaux de leur immeuble. Le secret de la communication, quel que soit son objectif (situation de vente, relation de travail, conversation amicale...), résidera dans la capacité des interlocuteurs à se « mettre en phase » l'un avec l'autre donc à savoir appuyer sur le bouton de l'étage adéquat.

Imaginez qu'un individu pose la question suivante : « Pour quelle raison représente-t-on ce modèle sous la forme d'un immeuble ? » et que la réponse qu'il reçoive soit la suivante : « Ouah ! J'adore la façon dont vous me posez cette question ! » Le premier interlocuteur va probablement ouvrir grand les yeux en se disant : « il est bizarre ce type... et pas très sérieux ». Que s'est-il passé ? La première personne se trouvait à son étage Travaillomane, à la recherche d'informations et la seconde à son étage Rebelle, à la recherche de contact ludique. Pour être efficace, il aurait fallu que l'un des deux « monte à l'étage » de l'autre, afin de communiquer en Rebelle avec son interlocuteur dont c'est la base, ou en Travaillomane avec son interlocuteur de base Travaillomane.
Autre scène, même problème : un collaborateur entre dans le bureau de son collègue : « Ce qu'on s'ennuie ici, et si on rigolait ? ! » Il s'entend répondre : « Avant de penser à rire, terminez donc votre travail... » Le collaborateur cherchait du contact ludique, mais son interlocuteur lui a répondu de son étage Persévérant. Si chacun reste sur ses positions, « bonjour l'ambiance » dirait-on en langage Rebelle...

En faisant connaissance avec les différents types de personnalité, en particulier ceux dont nous avons peu de caractéristiques, si nous nous entraînons à nous déplacer dans notre « immeuble », alors plus nous serons aptes à communiquer avec notre entourage professionnel et personnel sur tous les registres. Dans le cas contraire, si nous restons sur nos propres étages de « confort », il nous sera plus difficile d'entrer en relation avec les personnes qui ont un autre type de personnalité. Nous aurons alors l'impression de ne rien avoir à dire, que la communication avec cette personne manque de fluidité ou que notre interlocuteur débarque vraiment d'une autre planète... *« Décidément, on n'est pas câblé pareil... »* disait un stagiaire informaticien de base Persévérant... Reprenons « l'immeuble » de Pierre (figure 2.1).

Ses trois « étages de confort » sont : Persévérant (sa base), Empathique et Travaillomane. Il a donc la capacité de commu-niquer naturellement avec les personnes présentant ces caractéristiques et recherchera volontiers leur compagnie. Pour communiquer avec les personnes de type Promoteur, Rêveur et ou Rebelle, il devra « mettre de l'énergie ».

On peut interpréter également ces chiffres en pourcentages relatifs de temps : Pierre communique aisément avec les personnes de type Rebelle durant environ 20 % du temps de l'interaction. Ensuite, cette communication lui demande de mettre de l'énergie et, s'il n'y prend garde, il peut entrer sous stress. S'il est attentif à cet aspect, il est probable qu'il trouve alors ses propres solutions afin de ne pas interrompre la communication comme ce fut le cas pour ce dirigeant :

À l'époque où j'ai connu la Process Communication, je venais de racheter une entreprise comportant un département d'informatique. Je n'avais jamais travaillé avec des informaticiens... J'ai découvert un monde à part, fait d'artistes, de poètes, avec lesquels j'ai eu toutes les peines du monde à communiquer. Quand j'ai pris connaissance de mon Inventaire de personnalité, j'ai compris : le type Rebelle se trouve au dernier étage de mon immeuble, avec 10 ou 15 %... Ce qui expliquait mes difficultés de communication. Je me souviens être revenu du stage avec un regard neuf sur mes « ostrogoths » de la recherche-développement. À partir de ce jour, tout s'est remarquablement bien passé.

En termes de réunion, j'ai veillé à ne pas passer plus de 10 à 15 % de mon temps d'affilée avec eux. Et puis je les voyais le matin, quand je me sentais de l'humeur la plus joyeuse. Je commençais par quelques plaisanteries, ce qui mettait tout le monde dans de bonnes dispositions et puis, au bout d'une heure environ, quand je sentais le stress arriver, je le gérais et quand je ne pouvais plus le gérer, je partais. Par la suite, ils se sont managés tout seuls. Quant à moi, en « gérant le processus », j'avais évité des escalades qui auraient pu nous mener jusqu'au conflit.

Nous percevons avec la base et, comme nous le montre Pascal Legrand dans ce témoignage de formateur Process Com, il nous est habituellement plus *naturel* de percevoir les caractéristiques positives des types de personnalité les plus proches de nous et inversement de percevoir les caractéristiques négatives des types de personnalité qui nous sont les plus étrangers.

Attention à la marche du 6^e^

« Ce matin-là, j'ai devant moi une dizaine de managers opérationnels d'une entreprise industrielle. Le thème de la formation est "Individualisez votre management et votre communication".

☞

☞

Les inventaires de personnalité des participants indiquent, avec une bonne validité statistique, qu'ils sont tous de base ou de phase Persévérant/ Travaillomane. Le 5e et le 6e étage de leur immeuble est Promoteur ou Rêveur. Un classique du genre en milieu industriel...

Arrive le moment de la présentation des 6 types de personnalité, avec le support vidéo que les formateurs certifiés connaissent bien. Et voici ce que je constate :

- à l'issue des présentations des types Empathique, Travaillomane et Persévérant, les commentaires spontanés des participants portent essentiellement sur les caractéristiques positives de ces trois types ;
- en revanche, les premières observations et remarques concernant les types Promoteur et Rêveur sont de primes abords critiques et ironiques. Pour le type Promoteur j'entends : « il se la joue, c'est un arriviste, il ne pense qu'à son image, il baratine, etc.» Pour le type Rêveur : « elle est déjantée !... elle n'est pas connectée... on dirait qu'il lui manque des neurones, etc. ».

Quelles conclusions tirer de cette anecdote ?

Certains me disent que le type Promoteur et surtout le type Rêveur sont représentés de manière trop caricaturale, voire dévalorisante. Ceci expliquerait les commentaires négatifs des clients...

Quant à mes clients, dans les milieux de l'industrie et du BTP, ils m'affirment que ces deux types de personnalité ne peuvent pas être des managers... La preuve ? Il n'y en a pas chez eux ! Ce à quoi je leur réponds que je croise des managers de type Promoteur dans la grande distribution et des managers de type Rêveur dans le milieu de la recherche.

Que dire de ces deux autres anecdotes ?

J'anime une formation Process Com pour une structure dont la mission consiste à réinsérer socialement et professionnellement des jeunes en difficulté. Les deux groupes de participants sont constitués d'hommes et de femmes de base Empathique ou Rebelle. Leur 5e ou 6e étage de leur immeuble est Persévérant. Je leur présente la même vidéo et j'entends les commentaires suivants :

- pour les type Promoteur et Rebelle : « on a beaucoup de nos jeunes qui ont ce profil... Ils ont tout à fait ce type de comportements... » ;
- pour le type Persévérant, les premières remarques sont : « qu'est-ce qu'il est coincé !... Il est parano... C'est un mec chiant, on ne pourrait pas travailler avec lui... Il est pas fun ! »

Dans cette autre entreprise de Services, les participants à la formation sont de type Promoteur et Rebelle. Leur 5e ou 6e étage est Empathique. Là, les commentaires négatifs s'adressent surtout au type Empathique : « Chez nous, elle ne tiendrait pas le coup longtemps !... C'est une assistante sociale, c'est pas une DRH !... Elle a des états d'âme qui n'ont pas lieu d'être !... »

La conclusion que je vous propose est la suivante : nous voyons d'abord les caractéristiques négatives du type de personnalité que nous avons le moins (ce qui correspond au 5e ou au 6e étage de notre immeuble).

☞

☞

Prenons garde aux clichés en provenance de notre 6e étage...
J'ai une base Travaillomane. Mon Promoteur est au 5e étage. Ma croyance a été longtemps que les personnes de type Promoteur étaient toutes manipulatrices, arrivistes, n'avaient pas de valeurs et ne s'attachaient pas durablement.
Jusqu'au jour où j'ai eu un – collègue de base Promoteur, qui a des valeurs, une vie professionnelle et personnelle stable et qui sait faire preuve d'empathie et de chaleur humaine. Son 5e étage est Empathique et son 6e étage est Persévérant...
Une de mes amies, de base Empathique, a l'idée que les personnes de type Persévérant sont « chiantes ». Son dernier étage est Persévérant... Alors pour conclure, afin de ne pas trébucher en prenant l'ascenseur, faisons attention à la marche... du 6e étage ! »

ENTRE BASE ET PHASE

Nous avons vu plus haut que chaque personne a un type de personnalité donné, appelé *« base »* et va développer au cours de son enfance les caractéristiques des cinq autres types.

Lorsque, de façon durable, un individu présente les caractéristiques d'un autre type de personnalité que celui de sa base nous disons alors qu'il a changé de phase. Ce changement de phase provoque un changement de motivation

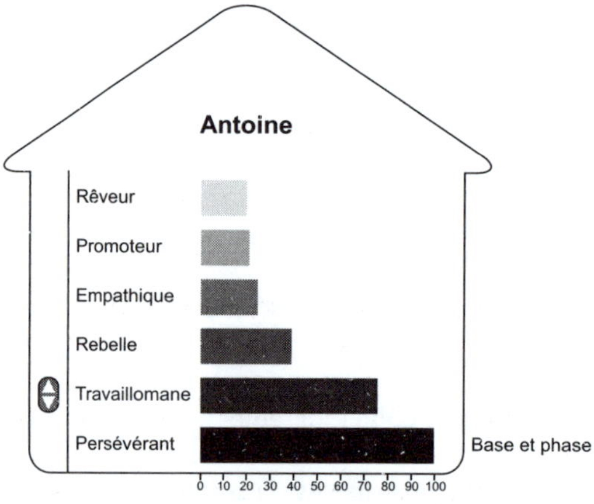

Figure 2.2 : L'immeuble d'Antoine

Prenons un exemple. Antoine, responsable des ventes de la société Acosix, PME spécialisée dans la mécanique de précision, a une base Persévérant. C'est un homme d'opinion à forte personnalité, qui n'hésite pas à défendre pied à pied ses convictions sur la façon dont les choses devraient être menées. Il est souvent perçu comme quelqu'un de froid et autoritaire, ayant un sens du devoir développé et avec un haut niveau d'exigence, tant pour lui-même que pour les autres. Antoine a 39 ans, il est marié, père de quatre enfants, catholique pratiquant et milite pour Amnesty International.

Depuis quelque temps, son entourage observe chez lui des changements de comportement. Il semble plus intéressé par la recherche de faits, d'informations. Parfois on lui fait remarquer qu'il pose des questions alors qu'autrefois, il avait plutôt tendance à affirmer directement ses *opinions*. Il développe également une bonne capacité d'écoute (qualité relativement rare chez les personnes de base Persévérant). Bref, de plus en plus, il montre les caractéristiques du type Travaillomane.

Les opinions semblent passées pour lui au second plan et il veille désormais à étayer celles-ci par des données concrètes aussi souvent que possible. Désormais, sa structure de personnalité se présente ainsi :

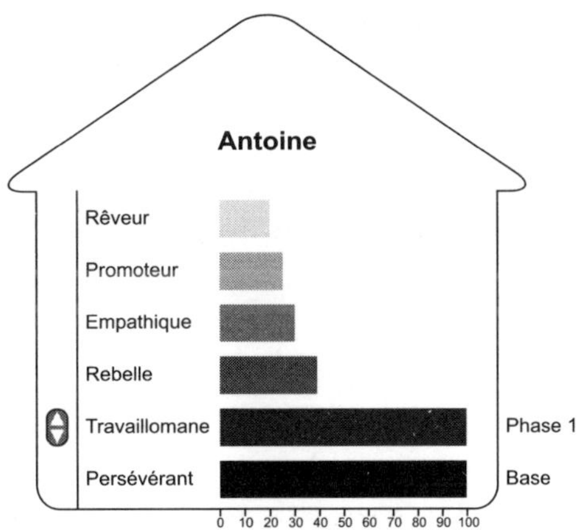

Figure 2.3 : L'immeuble d'Antoine après un changement de phase

Antoine a une base Persévérant. Il est en phase Travaillomane.

Cinq années passent : nous retrouvons Antoine que nous avions perdu de vue. Ce qui nous frappe de prime abord, c'est son changement de look.

Il a laissé pousser ses cheveux et sa moustache, qui était coupée de façon très stricte, a un aspect désormais beaucoup plus naturel. Il arbore une chemise colorée et une cravate très originale. Sa tenue est plutôt inhabituelle et, en tout cas, diffère sensiblement de ce que nous avions connu de lui.

Il nous aborde avec un grand « Salut » chaleureux et décontracté et commence par nous proposer un café, raconte une anecdote... Visiblement, alors qu'autrefois il arborait un air sérieux, il invite désormais à la plaisanterie et au jeu.

Antoine a changé à nouveau de phase, il est maintenant en phase Rebelle, développant les points forts et la motivation de ce type de personnalité.

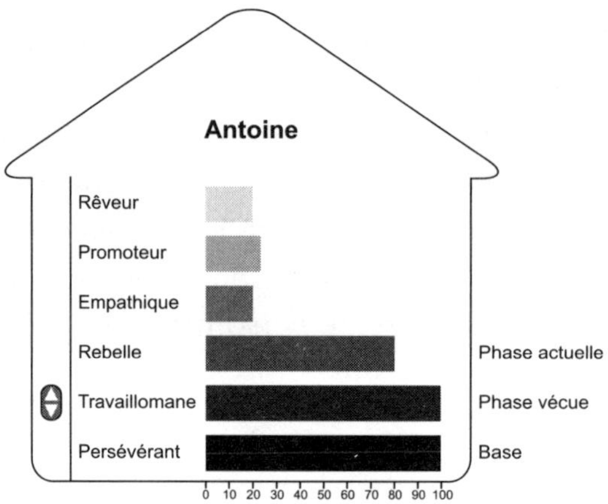

Figure 2.4 : L'immeuble d'Antoine après un deuxième changement de phase

Ce qu'il cherche désormais dans ses contacts sociaux ? Commencer par avoir du plaisir, s'amuser, plaisanter, avant de passer aux choses sérieuses. Ses grands enfants le décrivent comme beaucoup plus « cool » qu'auparavant. Ils lui trouvent même une certaine ressemblance avec Keating, le professeur de littérature du *Cercle des Poètes Disparus* ! Naturellement, derrière son aspect ludique, on perçoit toujours ses opinions et convictions.

Antoine a une base Persévérant, ayant vécu une phase Travaillomane, actuellement en phase Rebelle. Ce que nous pouvons prédire, c'est que, s'il change à nouveau (une phase dure de deux ans à toute la vie), il passera alors en phase Empathique et développera les points forts et les sources de motivation du type Empathique.

L'ordre des phases est toujours le même : du bas vers le haut de l'immeuble, la phase suivante étant située immédiatement au-dessus de la précédente.

À chaque changement de phase, les besoins psychologiques immédiats, les motivations, les sources de stress et leurs manifestations deviennent ceux de cette nouvelle phase, ceux de la base réapparaissant en cas de stress profond.

Il est important, pour la compréhension du modèle, de faire la différence entre « adaptation » et « changement de phase ». Dans le premier cas, il s'agit d'un processus journalier qui a lieu à chaque fois qu'une personne « prend son ascenseur » pour répondre aux sollicitations de son environnement, ce qui est garant de sa capacité d'adaptation à ses différents interlocuteurs. Dans le second, ses besoins psychologiques, ses motivations et son comportement changent de façon durable. Ce qui ne l'empêche pas de continuer à s'adapter au jour le jour. Prenons encore deux exemples pour illustrer ce processus.

Pierre (voir l'immeuble de la figure 2.1) a une base Persévérant. Il est actuellement en phase Empathique. Ses sources de motivation actuelles sont d'être reconnu en tant que personne et de satisfaire ses besoins sensoriels. S'il change de phase, il passera alors en phase Travaillomane Toujours fidèle à son système de valeurs et à son besoin d'organisation, il cherchera davantage à développer ses connaissances et ses compétences, attachera une importance beaucoup plus grande à la structuration du temps. Sous stress léger, il deviendra perfectionniste et au second degré de stress surcontrôlera.

Quant à Isabelle (voir l'immeuble de la figure 2.1), voici comment elle dépeint son changement de phase :

Tout en gardant mon sens de l'harmonie, j'ai choisi des vêtements attirant davantage l'attention pour voir comment les gens vont réagir. J'aime toujours les ambiances chaleureuses mais je m'y ennuie vite si l'on ne s'y amuse pas, si les gens « ronronnent » trop. J'ai développé ma créativité, mais je rencontre de réelles difficultés pour structurer mon travail et mener à bien les tâches longues et un tantinet routinières... En cas de stress, je me suis découvert une aptitude nouvelle à « râler » bien que, lors des coups vraiment durs, je retrouve mon besoin de « nourrir ma base » : moments passés en famille, ou avec des amis rassurants et attentifs (mais drôles, s'il vous plaît), bon repas au restaurant, hammam...

Le concept de changement de phase permet de comprendre la signification des comportements perçus par l'environnement comme contradictoires. Par exemple, alors que sa tendance naturelle reste centrée sur les autres, sur l'aide apportée à autrui, sur l'écoute, une personne de base Empathique en phase Promoteur consacrera l'essentiel de son temps et de son investissement affectif à l'action rapide et au business. Ou bien une autre de base Rêveur en phase Rebelle qui cherchera aussi bien à « s'éclater » avec les autres qu'à se retrouver seule. Il est plus aidant de se dire : *J'ai une base Rêveur et je suis en phase Rebelle que Je suis bizarre, je ne sais pas ce que je veux...*

Le changement de phase permet également de comprendre pourquoi un ami retrouvé après de nombreuses années d'absence peut nous sembler étranger. Sa façon d'être, son vocabulaire, ses besoins ont changé et peuvent donner l'impression qu'il s'agit de quelqu'un d'autre... : *« Nous ne sommes plus en phase », « nous n'avons plus rien en commun », « comment ai-je pu être aussi proche de lui, d'elle ? »*

Voici ci-dessous le témoignage de Christine, certifiée en PCM, qui témoigne du rôle de sa base et de sa phase dans des décisions qu'elle a prises :

Je suis de base Rebelle, j'ai vécu une phase Travaillomane. Ma phase actuelle est la phase Persévérant.

Dans ma vie au quotidien, pour les courses par exemple, ça ne rigole pas ! Je fais mes choix en fonction de mes valeurs écolo : tout bio, maraîcher du coin et je fabrique une partie de mes produits d'entretien. En revanche, il y a 15 ans, quand j'ai décidé de demander le divorce au père de mes filles, ce qui m'a fait basculer, c'est cette impression d'enfermement, je manquais de liberté ! C'était insupportable ! Et mes préoccupations de sécurité ou d'ordre de l'époque n'ont pas fait le poids !

J'ai réalisé que mes motivations « profondes » sont bien dans ma base Rebelle !

QU'EST-CE QUI PROVOQUE UN CHANGEMENT DE PHASE ?

Lorsqu'un individu change, on ne sait ni pourquoi, ni comment», dit Paul Watzlawick[1]... Toutefois, on a observé qu'un stress sévère et durable ou un changement important de mode de vie se trouvaient parfois à l'origine d'un changement de phase. Certaines personnes changent après un deuil, une faillite, ou la naissance d'un enfant... Ceci dit, il arrive qu'un stress important ne provoque aucun changement de phase.

Le changement de phase ne constitue pas un avantage particulier. En d'autres termes, les personnes ayant vécu un tel changement ne sont pas «meilleures» que celles dont les sources de motivation sont toujours celles de leur base. Changer de phase n'est pas synonyme d'instabilité..., de même qu'inversement, ne pas changer de phase ne signifie en rien rigidité. Il s'agirait plutôt de processus de développement différents.

Commentaires de l'équipe technique: «Ouah, quel tact! Pas mal le coup du "processus de développement", non?» s'exclame Joëlle... «Pourquoi faut-il toujours que vous fassiez des commentaires!», lâche Pierre, d'un ton légèrement agacé... «Moi, tant que je n'aurai pas vu les chiffres...». «On devrait réfléchir à une correspondance éventuelle entre changement de phase et type de scénario de vie...» murmure Anne... «Ouais, c'est pas en s'endormant sur ce genre de détails qu'on vendra le module» s'impatiente Yves, qui vient de rejoindre l'équipe...

Le processus de changement de phase ne s'effectue pas du jour au lendemain. Les besoins de la personne changent de façon progressive. Par ailleurs, sa «nouvelle motivation» reste atténuée par les caractéristiques de sa base, qui subsiste en «toile de fond». Ce phénomène donne l'occasion aux bons observateurs de réaliser quelques portraits mixtes, tels ceux que nous vous proposons maintenant.

Jeanne, de base Persévérant, désormais en phase Rêveur, n'en perd pas pour autant ses convictions et sa véhémence. Au volant de sa voiture, elle peste: «Cela n'avance pas... Incroyable, ces idiots qui doublent toujours quand il ne faut pas. Et ces travaux qui n'en finissent pas... La Mairie programme vraiment ce genre d'opérations en dépit du bon sens. Entre nous soit dit, il s'agit encore d'un projet de prestige qui ne facilitera en rien la vie des usagers...»

1. Paul Watzlawick, *Changements*, Seuil, 1981.

Elle a son ton péremptoire des grands jours. L'ami qui l'accompagne a déjà pris la température : quel que soit le sujet abordé, il y a de grandes chances qu'il donne lieu : au mieux, à un cours sur « comment il faut faire » ; au pire, à un coup de colère solidement étayé par des vocables précis et des détails impitoyables. Il faut dire que la journée de Jeanne fut rude et que les ennuis planent. Bref, elle vit un stress important. Dans ce cas, ses qualités d'observation et de pédagogie (elle adore transmettre son savoir) virent à l'aigre : elle devient critique et donneuse de leçons. Il n'y a plus qu'à attendre que l'orage passe. Revenue à sa normale saisonnière, elle affiche plutôt des allures discrètes et réfléchies. En cas de léger mal-être, elle serait du genre à se « réparer » dans la solitude, à chercher à comprendre seule ce qui se passe, et à jouir de grandes journées vides de tout programme, où elle dispose de tout son temps. Jeanne est ainsi : habitée par un mélange de rêverie solitaire et de croisade.

Lente à installer la confiance, elle en est une fidèle adepte et ne désavoue jamais ses amitiés. En revanche, il ne faut pas espérer qu'elle donne signe de vie régulièrement. Jeanne est peu en recherche de contact, préférant désormais de belles ballades seule aux longs débats qu'elle affectionnait particulièrement autrefois. Néanmoins, elle fait preuve d'une grande qualité de présence lors des rencontres. Jeanne sait écouter, c'est indéniable. Sauf quand son démon des convictions la reprend et qu'elle part au grand galop pour démontrer à l'autre ce qui est bon en général ou ce qui serait bon pour lui en particulier. Elle croit très fort en l'Homme, en ses capacités de changement. Elle peut parler pendant des heures de son métier – conseillère pédagogique – en racontant les moindres détails, accompagnés de points de suspension, de temps de silence nécessaires à la réflexion.

Pourtant, ce n'est pas une boulimique de travail. Cesser d'avoir du temps de libre ? Ce serait courir droit à la déprime. Lorsque son amie Isabelle n'a pas de ses nouvelles pendant quinze jours, elle pense : « Jeanne a sûrement eu mille choses à faire et rencontré plein de gens ». Elle est bien étonnée quand elle apprend que la « surmenée » a passé de longues journées en solitaire, dans ses meubles.

En compagnie, Jeanne n'est pas la reine des conversations à bâtons rompus. Elle donne parfois l'impression d'aller chercher ses phrases loin dans une grotte et de les offrir avec parcimonie, au fur et à mesure des remontées. Mais il suffit que la conversation aborde l'une de ses passions, ou quelque sujet qu'elle a pu observer et à propos duquel elle a tiré ses conclusions et hop... on ne l'arrête plus. Son ton s'affirme, l'autorité pointe ainsi que la ferveur des causes bien défendues. Elle a fait un bon leader, et une grande conférencière (qu'elle est encore à l'occasion), mais aujourd'hui, elle préfère sa tranquillité.

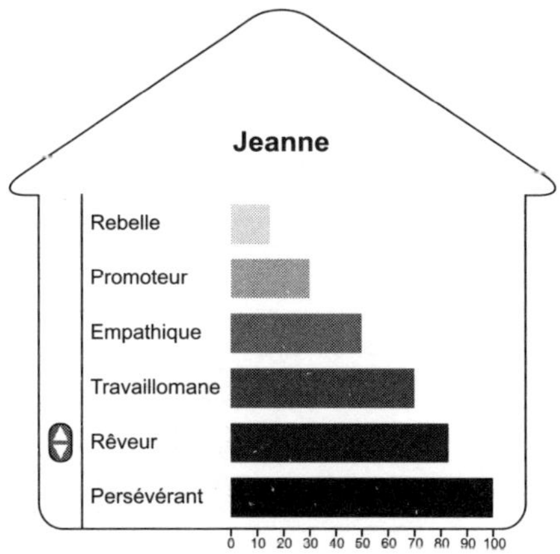

Figure 2.5 : L'immeuble de Jeanne

Vincent, 28 ans, offre également un contraste intéressant entre sa base et sa phase :

> Vincent fait la moue. Pourquoi a-t-il accepté une mission qui débordait très sensiblement de son champ de compétences ? Il se sent dévaler le versant nord du stress à vitesse grand V. Bien sûr, il était en période de creux et avait besoin d'argent et pensait pouvoir *tout* assumer : « tu es parfait mon p'tit, non ? ». « Eh bien non ! », peste-t-il d'un coup. Face à ces résultats d'enquête dont il se contrefiche royalement, il transpire à grosses gouttes : « ce travail est *interminable* et, de toute façon, c'est *évident* que le client n'a pas fait sa part… d'ailleurs, il n'a qu'à mieux s'organiser, il ne devrait pas avoir à déléguer des trucs pareils. Oh, et puis zut, je verrai cela demain… » Vincent se lève, échange quelques remarques bien senties avec Vinicius, le chat, dans un langage connu d'eux seuls. Il s'apprête à descendre savourer un café au bistrot quand le téléphone sonne : une copine, sûrement. Super ! Plein de raisons d'avoir d'autres choses à faire… Pourtant, depuis quelque temps, il semblerait que Vincent veuille mettre beaucoup d'ordre dans sa vie : il a rangé ses papiers, décidé de faire carrière, recherche un « chez lui », au lieu de continuer à partager des appartements avec cinq ou six autres joyeux copains. Il ressent très fortement un besoin de sécurité, désire approfondir ses connaissances et être reconnu comme expert. Son attitude témoigne d'un mélange exotique : présent à heures fixes, à la tête d'un bureau impeccablement rangé, il n'en reste pas moins un clown dont les moindres faits et gestes déclenchent des cascades de fous rires. Il ne supporte plus le désordre, mais laisse systématiquement tout en plan dès que plus de deux copains sont réunis dans la pièce à côté, qu'il est hautement recommandé par son horloge personnelle de prendre une pause-café, ou que le môme du voisin débarque, son ballon sous le bras (il était champion de foot quand il était petit).

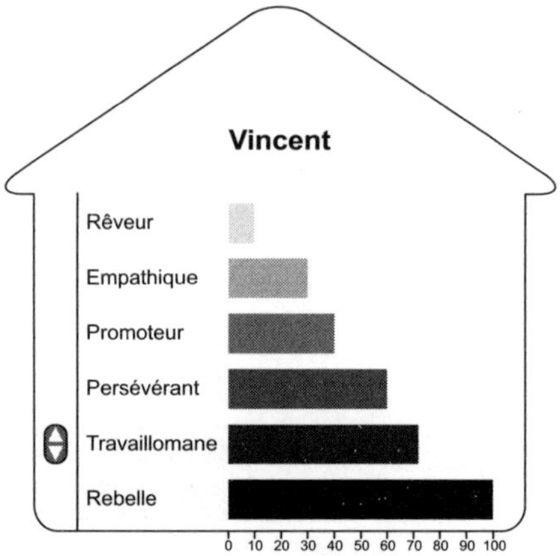

Figure 2.6 : L'immeuble de Vincent

Vincent, c'est l'animateur en chef de toutes les soirées entre amis... Il s'éclate complètement en inventant mille sketches et en proposant à ses invités les jeux les plus loufoques. En revanche, il supporte très mal que ceux-ci arrivent en retard (comment peuvent-ils ?) ou qu'ils ne prennent pas au sérieux la règle desdits jeux...
Vincent ? Une espèce de clown organisé. D'ailleurs, il a trouvé depuis peu de quoi faire une superbe synthèse entre sa base Rebelle et sa phase Travaillomane : il organise, vend, et anime en entreprise des stages où, dans un but de cohésion d'équipe, les participants passent la majeure partie de leur temps à jouer !

Au point où nous en sommes, vous pouvez vous poser différents types de questions... :

- Quelle est la genèse de cette théorie ? Pour être convaincu par ces exemples, j'ai besoin qu'on me démontre la fiabilité du modèle... (Persévérant).
- Comment obtient-on le détail d'une structure de personnalité ? Comment définit-on le taux d'énergie disponible à chaque étage ? Comment peut-on savoir quelle est la base et la phase de quelqu'un ? Sur quoi se base cette représentation ? (Travaillomane).
- Un camembert avec des couleurs, ce serait plus sympa qu'un immeuble... Pourquoi pas ? (Rebelle).
- Hum... cet outil permet sûrement de mieux comprendre les autres et de communiquer plus facilement. (Empathique).
- Connaître la phase d'un individu... y a sûrement quelque chose à en faire... (Promoteur).

- L'intérêt de ce modèle est de présenter de façon simple la grande complexité d'un individu… Je vais approfondir ce concept (Rêveur).

Les réponses à ces questions vous sont fournies au chapitre 8 avec la présentation de l'inventaire de personnalité. Outil essentiel de la Process Communication, l'IDP résulte des travaux statistiques de Taibi Kahler. Réalisé à partir d'un questionnaire soigneusement étalonné, il permet de déterminer avec précision la structure de personnalité d'un individu, le niveau d'énergie disponible à chaque étage de l'immeuble, et toutes les caractéristiques qui en découlent en termes de communication, de conditions de performance et réactions probables sous stress.

L'INTÉRÊT ET L'IMPORTANCE DE LA PREMIÈRE CARACTÉRISTIQUE SECONDAIRE[1]

Nous connaissons tous l'importance de la base et de la phase dans les processus de communication et de motivation.

Mais avez-vous remarqué que la première caractéristique secondaire suivant la phase (ou suivant la base si la personne n'a pas vécu de changement de phase) a également son importance et son intérêt ?

Prenons un exemple :

1re Caractéristique secondaire PROMOTEUR
Phase actuelle PERSÉVÉRANT
Base TRAVAILLOMANE

Jean est de base Travaillomane, en phase Persévérant. Ingénieur de formation, il travaille depuis de nombreuses années comme responsable de production dans une grande entreprise industrielle. Lors de sa formation Process Com, il évoque sa situation professionnelle actuelle. Il nous dit qu'il se sent plutôt satisfait par son travail, mais que :

1. Article de Pascal Legrand.

- les briefings du lundi matin lui paraissent trop longs, voire inutiles, car ne débouchant pas sur suffisamment d'actions concrètes,
- les choses n'avancent pas assez vite dans son entreprise,
- son manager ne lui semble pas suffisamment ferme et direct,
- les décisions pourraient être prises plus rapidement.

Il nous apprend également qu'il a une vie extra--professionnelle stimulante (rallyes automobiles, escrime de compétition...).

Je lui demande si, à l'avenir, il envisage de trouver un job plus stimulant, plus basé sur l'action... ou éventuellement de se mettre à son compte. Il me confirme qu'il a effectivement le projet de créer son entreprise, pour être plus libre d'agir à sa guise et vivre de façon indépendante.

3

ÉNERGIE ET MOTIVATION : LES BESOINS PSYCHOLOGIQUES

« La tâche fondamentale
de tout manager (....) consiste
à susciter des émotions positives
chez ceux qu'il dirige. »

Daniel Goleman

À CHAQUE TYPE DE PERSONNALITÉ correspondent des besoins psychologiques. Cet aspect figure parmi les points clés de la Process Communication : les travaux de Taibi Kahler ont établi en effet que la satisfaction du ou des besoins psychologiques de la phase constituait la source essentielle de motivation. Le niveau d'énergie d'un individu, dans des conditions matérielles et psychologiques « normales », dépend en grande partie de cette satisfaction.

Isabelle – « Il ne me dit plus bonjour... Il fait la tête... Je suis sûre qu'il y a quelque chose qui ne va pas. Qu'est-ce que j'ai bien pu faire... À mon avis, c'est mal parti, je me sens pas bien. C'était trop beau pour que ça dure. J'aurais dû m'en douter... »

Joëlle – « J'ai pas envie... C'est dur... Il ne se passe rien, les gens m'ennuient... Pffff, j'en ai marre..., ça me prend la tête ce truc. Au début, ça m'intéressait et maintenant j'ai l'impression que je n'y arriverai jamais...

J'ai envie de tout envoyer balader... J'ai pas envie de bosser... Ça fait qu'un quart d'heure ? Encore tout ce temps à passer dans cette galère ! »

Yves – Ah tiens salut Pierre, toi t'es un pote... Dis donc, j'ai appris un truc, je te le dis parce que je t'aime bien, le boss, au dernier comité de direction, il a bavé sur toi comme c'est pas possible... »

Pierre – « Ils ne me font plus confiance, ils ne m'écoutent plus. On ne me demande plus mon avis... Ma parole, ils me mettent sur la touche. À mon âge... »

Anne – Silence à bord. Absence. Vide. Rien...

Jacques – « Mes amis me disent que je devrais partir en week-end... C'est impossible, je n'ai pas fini de travailler sur ce dossier. D'ailleurs je suis sûr qu'une ou deux erreurs se sont glissées, il faut absolument que je les retrouve. Je vais tout emmener chez moi. De toute façon, je ne pourrai pas me détendre tant que je n'aurai pas fini... Il n'y a que moi qui puisse le faire... »

Quelques instants plus tard :

– Bonjour Isabelle, comment allez-vous ? C'est toujours un plaisir d'être accueilli par vous. Vous êtes irremplaçable... (*Rire d'Isabelle*)

– Mais non... Je vais très bien, je vous remercie. Et vous ? Désirez-vous un café ?

– Eh, Joëlle, tu viens boire un café ? J'ai ramené des infos géniales de chez Bischmuk et ils m'ont donné plein de doc passionnantes... Au fait, tu es allée au ciné hier ?

– Ouais, c'était super. Faut que je te raconte... J'arrive, j'avais justement envie d'un jus... Fait voir un peu ces doc... Wouuaouw, j'ai la pêche, tout d'un coup...

– Eh, Yves, t'endors pas, la Société Bischmuk vient d'appeler, ils t'attendent de pied ferme pour négocier un nouveau contrat...

– J'y vais ! Enfin, ça bouge ! Je commençais à pourrir sur pied...

– Cher Pierre, vous savez que votre opinion m'intéresse au plus haut point... (*Pierre se redresse, son visage s'éclaire.*)

– Ah oui ? Merci. Justement je croyais que... D'ailleurs j'ai eu plusieurs idées.

– Anne, tu sais, tu n'es vraiment pas obligée de rester à ce repas... L'essentiel est que je puisse te passer des infos demain... (*Sourire soulagé. Anne parle enfin.*)

– Merci, Isabelle, c'est très sympathique de ta part. Compte sur moi demain pour le suivi…

– Jacques, votre travail est vraiment de qualité, et nous l'apprécions. (*Le visage de Jacques se détend.*)

– Merci… je pensais boucler le dossier Duval cette fin de semaine… mais je réalise que lundi, nous disposerons de plus d'informations… Mieux vaut attendre.

Que s'est-il passé ? Un bon mot, l'attitude adéquate ont « rechargé les batteries » de chacun des protagonistes. Quelles batteries ? Celles des besoins psychologiques. C'est un geste, une attention particulière qui ont touché Isabelle, une avalanche de propositions « sympas » qui a ressourcé Joëlle, l'arrivée d'un projet excitant qui a rallumé les spots d'Yves…

Imaginons qu'il ne se soit rien passé. Il est probable que chaque protagoniste aurait poursuivi son scénario de stress, quitte à ce que son travail ou ses relations en pâtissent. C'est, dans ce cas, ce que nous appelons la *recherche de satisfaction négative* des besoins psychologiques. En effet, depuis l'enfance, nous avons tous appris qu'*il vaut mieux recevoir de l'attention négative que pas d'attention du tout.*

Certains comportements dans la vie personnelle ou professionnelle semblent incohérents ou illogiques. Par exemple, telle personne coupe la parole sèchement et tente d'imposer son point de vue. Une autre semble soudain avoir perdu ses moyens, ne plus être capable de réfléchir toute seule et fait des réponses exaspérantes. Tel autre déchaîne sa créativité, mais dans la mauvaise foi. Celui-là semble prendre un malin plaisir à dresser les uns contre les autres. Enfin tel collègue n'arrive plus à sortir de ses dossiers et éprouve le besoin de vérifier tout ce qu'on lui dit. La sagesse populaire enseigne l'art de mettre du sens, ou plutôt de coller des étiquettes sur ces attitudes, et nous voilà rassurés : le premier est le despote « plus ou moins éclairé », le second « joue à stupide », le troisième « semble chercher des coups de pieds », le quatrième joue à « Battez-vous », le dernier surcontrôle et se vit comme « bouffé par son travail »[1].

Tous ces comportements indiquent que l'individu est sous stress et cherche à obtenir la satisfaction de ses besoins mais de façon négative.

1. Eric Berne, *Des jeux et des hommes*, Stock, 1984.

Sous stress nous ne sommes plus dans la pensée claire et, de ce fait, sommes souvent peu conscients de nos comportements négatifs.

Ceux qui ont besoin de preuves expérimentales sur la signification réelle des comportements négatifs peuvent se livrer aux expériences ci-dessous en ayant vérifié auparavant qu'ils se trouvent dans une attitude sincère et bienveillante.

À l'individu qui les interrompt brutalement et tente de leur imposer son point de vue, ils témoigneront compréhension et respect pour son opinion. Immédiatement le « despote » se détend, retrouve sa capacité d'écoute et est disponible pour communiquer vraiment.

À la personne exaspérante à force de jouer à « stupide », ils manifesteront compréhension, chaleur, et la rassureront. En une fraction de seconde, le quotient intellectuel de leur interlocuteur(trice) semblera faire un bond d'au moins 50 points...

Si, face au créatif dans la mauvaise foi, ils arrivent à se détendre, sourire, voire à plaisanter quelque peu, ô miracle, ils pourront rire à deux et comme par hasard, voilà que leur interlocuteur retrouve le sens de ses responsabilités.

Quant au semeur de zizanie, en lui proposant d'investir son trop-plein d'énergie dans quelque nouveau challenge, l'ambiance change du tout au tout.

Enfin s'ils savent reconnaître la capacité et le travail fourni par le dernier personnage et le rassurer sur son sens des responsabilités, alors ils pourront l'encourager à se détendre et savourer ensemble de bien agréables moments.

Vous êtes prêts à faire l'expérience ? Bravo, la compréhension de ces mécanismes humains sera pour vous source d'une satisfaction profonde. Vous êtes encore un peu sceptique ? Nous vous proposons d'aller un peu plus loin dans la description des besoins psychologiques de chaque type de personnalité et de découvrir pour chacun les comportements associés à la non-satisfaction de ceux-ci.

LES BESOINS DU TYPE EMPATHIQUE

Deux types de besoins constituent des conditions *sine qua non* du bon niveau d'énergie des personnes de type Empathique.

Se sentir reconnu(e) en tant que personne, c'est-à-dire aimé*(e)*. Tous les signes de reconnaissance positifs inconditionnels sont sources de bien-être et de performance. Par exemple : *« Je me sens bien avec toi », « c'est une chance de t'avoir parmi nous », « vous contribuez à la bonne ambiance de l'équipe »*. Dans ces quelques exemples, on ne vise pas ce que la personne fait, mais qui elle est.

L'accueil et la disponibilité sont le pain béni des personnes de type Empathique… De tout un chacun, pourriez-vous objecter. Bien sûr, mais son absence n'est pas pour tous générateur d'inconfort immédiat ou de changement de comportement…

Lors d'un séminaire avec l'équipe d'une jardinerie en pleine expansion, nous remarquons que le restaurateur a une base Empathique, il est aux petits soins pour ses clients. L'atmosphère, la décoration et la gentillesse du contact sont de nature Empathique.
Pendant une pause, il discute avec le patron de la jardinerie et lui dit qu'il regrette l'époque où celle-ci était petite, où il s'y sentait mieux. Maintenant, il se sent un peu perdu. Par exemple, raconte-t-il, il choisit les plantes, les pose dans son caddie puis, plus loin, en voit d'autres qui conviennent mieux, change, hésite… Lorsqu'il fait appel à une hôtesse pour lui demander une information, celle-ci appelle par micro un technicien et, conclut-il, « elle m'abandonne ». Au bout de cinq minutes, seul et frustré, il sort en se promettant d'aller désormais chez un concurrent de taille plus humaine à son goût.

Les besoins sensoriels. Pour le type Empathique, les cinq sens constituent un moyen de ressourcement privilégié : couleurs, goûts, parfums, musiques, sensations procurées par un massage, un sauna, le soleil, un pull en laine douce… Bref, toute la gamme du pays des sens est susceptible de lui remonter le moral au beau fixe, et surtout, son absence provoque, de façon insidieuse mais certaine, des dégâts visibles. Attribuez à un collaborateur de type Empathique un bureau sombre, meublé d'armoires métalliques, doté d'une fenêtre vétuste, avec pour toute décoration une batterie d'ordinateurs et un calendrier des PTT, et vous risquez de le voir dépérir tel une plante oubliée…

Satisfaction négative

Privé de reconnaissance inconditionnelle, les personnes de type Empathique entrent sous stress. Elles tentent alors de satisfaire ces besoins de façon négative. Elles auront tendance à en « faire trop », dans le but inconscient de se faire rejeter. Le *«Vous êtes stupide ou quoi ?!»* qui fuse parfois jusque dans les couloirs de certaines entreprises provient souvent d'un manager exaspéré en direction d'un collaborateur de type Empathique désespéré...

En cas de non-satisfaction positive des besoins sensoriels, les personnes de type Empathique auront tendance à se «venger» sur la nourriture et donner des signes de boulimie ou d'autres excès comme l'abus de médicament, d'alcool...

LES BESOINS DU TYPE TRAVAILLOMANE

La satisfaction positive de deux besoins contribuera à l'efficacité des personnes de type Travaillomane.

La reconnaissance pour le travail : la personne de type Travaillomane sait que la tâche qu'elle vient d'achever a été bien exécutée. Elle est suffisamment au fait de ses capacités intellectuelles et de sa faculté d'organisation pour pouvoir en juger. Seulement, si elle ne reçoit pas en échange quelque marque de reconnaissance du style : *« Ce rapport correspond à ce que nous attendions, il dépasse même nos espérances. Félicitations »*, ou : *«J'apprécie particulièrement la qualité de ton travail... »*, etc., alors, sans même qu'elle y prenne garde, elle devient frustrée et aigrie. Avoir des feed-back réguliers constitue pour elle une réelle source de performance. Une jeune journaliste, de base Rebelle en phase Travaillomane, raconte :

> Lors de mon premier emploi, on m'a demandé de réaliser une enquête très «casse-tête» sur le thème de l'Europe. Je travaille comme une damnée pendant un mois, je remets mon papier... Au bout d'une semaine, pas de nouvelles, aucun retour. Je me sentais déçue, désabusée... et inquiète. Impossible de repartir sur de nouveaux projets, les «batteries à plat». Jusqu'au jour où je croise mon patron dans l'escalier... Il a suffit d'une seconde : «Superbe ton article, me dit-il, exactement ce qu'il nous fallait ! » Toute ma «pêche» est revenue en un instant, tous mes problèmes se sont évanouis, je me suis remise au travail de plus belle...

Fréquemment les personnes de type Travaillomane ont appris à se méfier des signes de reconnaissance car ils ont constaté très tôt que lorsqu'on remarquait leur travail, c'était fréquemment pour leur en demander un peu plus. Par exemple : *«Je sais que je peux compter sur toi alors peux-tu te charger de cela...»* ou encore *«Toi qui a un excellent esprit de synthèse, occupe-toi de... ».* Dans leur enfance, ils entendaient déjà le même type de remarque : *«Toi qui est raisonnable, surveille ton petit frère... ».*

La structuration du temps : «Jusqu'à quand ? Et pour quelle durée ? Qu'est-ce qu'on fait après ? À quelle heure est le petit déjeuner ? Et le rendez-vous de jeudi prochain ? »... autant de questions importantes pour les personnes de type Travaillomane. Pour ce qui les concerne, elles y répondent facilement, puisqu'elles sont généralement bien organisées. Dans une structure nouvelle, elles chercheront immédiatement leurs repères. Même les vacances sont la plupart du temps soigneusement organisées.

Satisfaction négative

Si le besoin de reconnaissance pour le travail et/ou la compétence n'est pas satisfait, la personne de type Travaillomane entre dans un processus progressif de crispation. Pour pallier le manque, et chasser le doute qui s'immisce en elle, elle se sent contrainte à être plus-que-parfaite, sur-détaille, sur-qualifie et ne délègue plus. Elle a tendance à penser qu'elle peut faire mieux que les autres, qui s'éloignent alors ou entrent en compétition négative. Elle cherche à prendre toutes les responsabilités, ralentissant ainsi l'activité et ne se rend en général pas compte qu'elle est sous stress. Ce surinvestissement de la sphère professionnelle peut créer des problèmes dans la vie personnelle pouvant aller jusqu' au «syndrome du Post-It» :

> Jacques, de base Travaillomane, rentre chez lui, très tard comme d'habitude. Il trouve un «Post-It» sur la porte du réfrigérateur : «Les enfants avaient besoin d'un papa qui soit là et qui joue avec eux. Moi je voulais un mari qui m'aime... On est partis».
> Jacques ne comprend pas : «C'est vrai que je travaille beaucoup, mais c'est pour que ma famille ne manque de rien..[1] »

Dans son activité, le penchant pour l'excès de détails rend le type Travaillomane de moins en moins capable de communiquer clairement : alors que son souci est d'être compris, il brouille les pistes de son interlocuteur en le submergeant d'informations...

1. Analyse de la réaction de l'épouse : de base Empathique, elle s'est toujours «sacrifiée» pour le bien-être des uns et des autres. Elle passe en phase Rebelle et décide : «Moi aussi, j'existe et j'ai envie de me réaliser». Elle commence alors à vivre «pour elle».

Voyons l'exemple d'un formateur de base Travaillomane, sous stress léger, qui enseigne les besoins psychologiques :

> « Quand on parle de besoins psychologiques et dans ce cas, il est important de rappeler qu'il s'agit de la composante numéro 4 de notre programme que nous avons commencé ce matin et, pour mémoire, je vous rappelle que les trois premiers chapitres étaient tout d'abord les styles de management, à propos desquels nous avons expérimenté les styles appropriés et inappropriés pour chaque type de personnalité et je vous rappelle à ce propos qu'Alain nous a livré cette expérience extrêmement intéressante... »

S'il ne peut structurer son temps comme il le souhaite, il commence également à se rigidifier sur cette question : « Je ne comprends pas comment ce type peut être systématiquement en retard. Je trouve que nous devrions le sanctionner... Comment est-ce possible de ne pouvoir suivre un ordre du jour et d'être aussi mal organisé ? »

Comprendre l'origine de ces « crispations » peut apporter un véritable soulagement et redonner à la personne toute sa liberté d'action. Ce fut le cas pour Nicolas, participant à un séminaire :

> Un centre de formation pour travailleurs sociaux nous avait demandé d'intervenir au cours d'un séminaire de trois jours. Celui-ci était destiné à des éducateurs voulant faire le point sur leur pratique. Quelques-uns d'entre eux avaient préparé le programme qu'ils voulaient traiter. La direction avait inséré une journée Process Com sans leur demander leur avis.
> Lorsque nous arrivons, l'un des stagiaires réagit très agressivement : « Mais enfin, pour qui nous prend-on ? Nous n'avions pas demandé cela, etc. » Nous « gérons la relation » avec lui, il se calme mais néanmoins reste frustré et intervient peu. Lors de la présentation des besoins psychologiques et de leur satisfaction négative, il intervient : « Je comprends ! Depuis ce matin je suis en colère parce que cette journée n'était pas prévue. On n'a pas pris en compte ce que nous avions préparé. Je réglerai cela avec le directeur du Centre. En attendant, maintenant que je comprends ce qui s'est passé pour moi, je peux être attentif à ce qui se dit ici... »

LES BESOINS DU TYPE PERSÉVERANT

La motivation de ce type de personnalité consiste à agir selon ses convictions. Il se met au service de ce qu'il croit être le bon choix pour lui et pour la société en général. Par conséquent, être reconnu pour ses opinions constitue son besoin psychologique majeur, accompagné, comme pour le type Travaillomane, d'une reconnaissance pour son travail et sa contribution. Il est important pour lui de savoir qu'il inspire confiance, et que ses idées sont appréciées et recherchées. Le « must » : que l'on vienne quérir son avis…

N'hésitez pas à le solliciter de la façon suivante : *« Quel est votre avis à propos de ? », « Que pensez-vous de… ? » « Vos suggestions m'intéressent… » « Que feriez-vous à ma place ? ».*

Le fin du fin consistera à lui dire : *« Vous avez raison… »* Et si vous ne partagez pas ses convictions ? Il existe une formule « magique » qui évite à la conversation de tourner à l'aigre : *« C'est votre opinion, je la respecte et*[1] *je ne la partage pas… »* Même la personne la plus acharnée sera sensible à cette marque d'attention… Toutefois ce genre de « technique » peut être vécue comme manipulatrice : satisfaire les besoins psychologiques de l'interlocuteur ne se fera de façon efficace que si la personne est entièrement en accord avec ce qu'elle dit ou ce qu'elle fait… Sincérité et authenticité sont les ingrédients indispensables à la communication.

Le besoin de reconnaissance pour les opinions se trouve à l'origine d'un des modèles les plus classiques de conflits dans les équipes. Un premier intervenant démarre : *« Je suis convaincu que nous devrions nous y prendre de telle façon… ».* Un de ses collègues ayant des convictions différentes répondra probablement : *« mais pas du tout, au contraire, je suis persuadé… »* Dans la seconde qui suit, les protagonistes entrent sous stress et ne s'écoutent plus. Alors que seules des idées semblent en jeu, en fait, il s'agit pour chacun de « l'emporter » sur l'autre afin de recevoir la reconnaissance dont il a besoin. Nous voici dans les eaux troubles de la satisfaction négative du besoin d'être reconnu pour ses convictions.

Satisfaction négative

Si elle ne s'estime pas considérée, la personne en phase Persévérant aura tendance à rechercher, à sa manière, de l'attention négative. Plus que jamais affirmée dans ses positions, rigide sur ses principes, attentive aux erreurs des autres plus qu'à leur réussite, elle risque d'en mettre « plein

1. Fréquemment, la tendance naturelle est de dire « mais », retirant ce que l'on vient de donner. Le « et » est important car il ajoute de l'information utile.

les oreilles» à son voisinage. Afin de défendre sa cause, elle partira en croisade...

> Messieurs, je crois vous avoir clairement démontré combien il est essentiel désormais de répondre aux besoins psychologiques de vos collaborateurs. D'ailleurs j'attends que vous vous y mettiez dès maintenant et que vous me fassiez rapidement un rapport circonstancié, précis et détaillé sur l'ensemble des actions que vous aurez mené en ce qui concerne cette stratégie managériale que je tiens désormais à voir appliquée dans mon entreprise...

Dans le meilleur des cas, le manager qui part ainsi en croisade invite ses collaborateurs à baisser le rideau. Ils penseront : *« Quand il aura fini, il le dira... Ça rentre par une oreille, ça sort par l'autre... »* De toute façon, son message ne passe pas, même si, sur le fond, il a parfaitement raison. Il risque aussi d'« accrocher » un collègue ayant le même besoin psychologique qui partira également en croisade : *« Mais de quel droit. Et sur quoi vous basez-vous pour affirmer cela ? »* ou quelqu'un de base Rebelle sous stress : *« Cause toujours, tu m'intéresse... »*

LES BESOINS DU TYPE REBELLE

Le principal besoin psychologique du type Rebelle est le contact ludique. Au cours d'un séminaire, placé au milieu d'un groupe à dominante Persévérant et Travaillomane, animateur compris, peu sensibles à la plaisanterie répétée, il risque fort de partir avant la pause. Quant à l'obligation de rester seul longtemps dans un bureau, il y a des chances qu'elle se traduise par une abondante note de téléphone...

Les personnes de type Rebelle ont besoin de jouer, de rire, de sortir des cadres avant d'y entrer. Un sujet sérieux abordé de front leur fait l'effet de la plaine de Beauce en plein hiver, sans radio dans la voiture : elles font demi-tour ou recherchent tous les moyens même excessifs de ne pas s'ennuyer ferme.

> Situation fréquente en famille : papa de base Travaillomane dit à sa fille de type Rebelle qui rentre de l'école : *« Monte faire tes devoirs, tu joueras plus tard »*. Alors qu'avec ses autres enfants, le modèle fonctionne, avec celle-là, c'est la catastrophe... Il est vrai que son besoin est à l'inverse de celui de Papa : lui, qu'il soit de type Travaillomane ou Persévérant, considère qu'il est naturel (normal, dit-il) de commencer par faire ce qui

est à faire et ensuite seulement, s'il reste du temps, de s'amuser. Pour le jeune de type Rebelle, c'est le contraire : il a besoin de « s'énergétiser » en jouant avant de passer aux choses sérieuses... Peu à peu, les devoirs à la maison deviennent une véritable corvée, non seulement pour elle mais (surtout) pour ses parents... à moins de pouvoir faire les choses sérieuses en s'amusant !

Satisfaction négative

Si son besoin de contact n'est pas satisfait de façon positive, la personne entre sous stress. Elle se plaint. Beaucoup. Blâme, dès que l'occasion s'en présente. Provoque, choque, fait exactement ce qu'il ne fallait pas au moment où..., etc. De façon à obtenir sa dose de contact par la critique ou l'opposition. Un directeur des ressources humaines nous raconte la mésaventure suivante :

> Je présentais le plan de formation au comité de direction, en présence du PDG. Très tôt, l'un de mes collègues commence à me contredire systématiquement. Je me suis dit : « il veut faire son intéressant, je fais comme s'il n'était pas là... » Cruelle erreur, car ce collègue a « insisté en me portant de plus en plus la contradiction. À tel point que j'ai perdu mes moyens. C'était une situation extrêmement pénible dont je garde un très mauvais souvenir. Par la suite, je suis allé lui demander quelle mouche l'avait piqué : « Qu'est-ce qui t'a pris ? Pourquoi as-tu agi ainsi ? » « Bof, comme ça, pour voir comment tu allais réagir... » me répondit-il.

Comportement typique d'une personne de type Rebelle en quête d'attention... Elle ne l'avait pas obtenue et avait donc fait de la « surenchère » pour forcer l'autre à s'occuper d'elle. Ce qu'illustre la réflexion entendue dans un foyer d'adolescents : *« Ici, pour qu'on s'occupe de nous, il faut qu'on fasse des bêtises ! »*.

LES BESOINS DU TYPE PROMOTEUR

L'excitation est la drogue de ce type de personnalité, son besoin essentiel, son ressourcement systématique : un projet nouveau, promettant des résultats rapides, un « truc » à monter, une compétition sportive, une sortie au Casino, etc. Bref, tout ce qui bouge, et qui rapporte immédiatement. Du concret, et du défi : *«Y'a un coup à faire... »*.

Ce besoin est probablement le plus difficile à satisfaire positivement de façon durable car, par nature, seul ce qui est nouveau est excitant... Le type Promoteur recherche naturellement les limites, très fréquemment il aime aller voir jusqu'où il peut ne pas aller et même un peu plus loin... Même si sa situation ne le porte pas à des aventures spectaculaires, le type Promoteur s'arrange pour faire « monter la pression ». C'est le cas de cet étudiant en école de commerce qui expliquait : »

> Pour moi ce qui est excitant c'est, la veille d'un examen, à l'heure où tout le monde se couche, de m'installer à mon bureau et passer la nuit à revoir tout le programme de l'année. J'adore me dire que les autres sont en train de dormir alors que je bosse... et que c'est ma dernière ligne droite...

Certains individus de type Promoteur auront en effet besoin d'atteindre la dernière limite pour être motivés et produire.

Il est même possible, pour certains, de faire « monter la pression » en appliquant la Process Communication : lors d'une session de suivi, un manager, de base Persévérant en phase Promoteur, qui avait exploré les difficultés relationnelles qu'il avait avec son patron, nous rapporte ceci :

> Lors du séminaire j'ai pris conscience du « plaisir » qu'il y avait pour moi à entrer en conflit avec mon supérieur hiérarchique. Il est vrai qu'il s'agissait pour moi d'excitation négative. Maintenant, ce qui me « branche » le plus, c'est de gérer le processus avec lui, de le reconnaître pour ses opinions. C'est extraordinaire de voir comment il a changé son comportement ! Je crois d'ailleurs qu'au fond de moi, ce qui me plaît le plus, c'est quand il manifeste encore de l'étonnement sur le changement de la relation.

Satisfaction négative

En manque d'action, la personne peut s'adonner aux plaisirs de la zizanie. Dans ce cas, elle n'a pas son pareil pour manipuler son prochain et semer le trouble dans des équipes : enfin, ça bouge...[1]. Elle prend aussi des risques excessifs : abus d'excitants, excès de vitesse, rôle du « flambeur » aux jeux d'argent, etc., fonce tête baissée, mène de front plusieurs relations,

1. Le phénomène de « radio-trottoir » est un des maux dont souffrent la plupart des entreprises, exprimant ainsi la frustration et le manque de stimulations positives du personnel concerné. Il sera « excitant » de faire courir des bruits, d'observer les réactions des collègues, de manipuler.

emprunte de l'argent et fait tarder les remboursements : *« J'achète, je me débrouillerai toujours pour payer... ».*

Une personne de base Promoteur a des relations sexuelles avec de nombreux partenaires. « Est-ce que tu te protèges ? » lui demande quelqu'un. « Non, répond-elle, je trouve cela plus excitant », méconnaissant ainsi l'ampleur des risques.

LES BESOINS DU TYPE RÊVEUR

Temps et solitude... Une personne silencieuse devant un tableau invitant au calme et à la méditation : voilà comment nous pourrions imager les besoins psychologiques de notre – doux – rêveur.

Peut-être par connivence, ressentez-vous pour lui une certaine forme de sympathie, ou de respect ? N'existe-t-il pas en chacun de nous cet espace privilégié, de nous seuls connu, où nous nous retrouvons parfois pour passer de précieux instants ? La différence est que, chez ce type de personnalité, il n'y a pas de « parfois ». Ces précieux instants sont fréquents et indispensables à son équilibre psychologique quotidien.

L'archétype du type Rêveur serait cet artisan taciturne, venu dernièrement chez Pierre restaurer quelque meuble de famille : il s'est mis à l'ouvrage avec une tranquillité silencieuse dont il ne s'est pas départi de la journée. Au moment du café, Pierre a compris que la conversation serait brève et que chercher à la prolonger serait source de malaise. Le soir, le travail était fini et l'homme s'en fut... avec son mystère.

Il existe diverses formes de solitude. Celle du type Empathique est peuplée d'émotions au sujet des autres, ou d'un autre. Celle des types Travaillomane et Persévérant leur sert à faire le point des projets en cours ou à traiter quelques problèmes particuliers, celle du type Rebelle est toute relative : il y a en général de la musique et le téléphone sonne souvent. Celle du type Promoteur se vit dans l'action, elle est nourrie de sensations fortes.

Le type Rêveur, lui, saura plus facilement s'évader, ouvrir des espaces de méditation et laisser libre cours à son imagination. Assez fréquemment la personne de base Rêveur sera difficile à identifier sauf par ceux et celles qui partagent la même base et qui seront sensibles à ces micro-comportements indiquant l'énergie Rêveur. La raison est qu'il cherche à ne pas se faire remarquer, comme en témoignent ces deux anecdotes :

Patrice, expert-comptable, présente dans son travail beaucoup de caractéristiques du type Travaillomane : organisé, précis, communiquant de préférence sur des faits et des informations pratiques... Lors d'un séminaire Process Com, il se positionne comme Rêveur de base et son Inventaire de personnalité vient confirmer ce diagnostic (Rêveur de base et phase, puis Travaillomane et Persévérant). Il commente :
« C'est vrai que j'ai une base Rêveur : j'ai besoin de moments de solitude. Je m'organise pour ne pas avoir plus de quatre à cinq rendez-vous par jour et c'est très important pour moi. La période la plus pénible est celle des remises de bilan où j'ai six ou sept clients quotidiens... J'ai dans ce cas impérativement besoin de disposer d'au moins un quart d'heure entre deux clients. »
Quant à Philippe, jeune antillais de 23 ans, il entre dans un mode de relation Empathique dès qu'il est en contact avec d'autres personnes. Il est, lui aussi, Rêveur de base et phase. Au cours du séminaire, il explique :
« Être en bons termes avec tout le monde, faire que les choses se passent bien et qu'il n'y ait pas de vagues, c'est le meilleur moyen que j'aie trouvé pour être tranquille. J'ai aussi besoin de grands moments de solitude. D'ailleurs je vis avec ma compagne sur une péniche ou j'ai aménagé mon coin à moi... »

Satisfaction négative

Le collaborateur de type Rêveur privé de temps et de tranquillité aura tendance à commencer plusieurs travaux sans les mener à bien, comme s'il cherchait désespérément à apprivoiser les minutes qui passent et se décourageait en cours de route. Soumis à trop de contacts, il se met en retrait, se protège, donne encore moins d'informations sur lui-même, et finit par déprimer. Étudiant le besoin psychologique de solitude, un manager constatait :

Ça y est, je viens de comprendre le comportement d'un de mes collaborateurs. Il travaillait sur une ligne de production, et était soumis à des interactions extrêmement fréquentes avec ses collègues. Peu à peu ils ne l'ont plus vu... il disparaissait sans rien dire et je me suis rendu compte du problème parce que ses collègues ont commencé à se plaindre de la surcharge de travail. Puis il a multiplié les arrêts maladie. En désespoir de cause, nous l'avons affecté à un autre poste très autonome, où, au moins, son absentéisme ne poserait pas de problèmes à l'équipe. Il était seul derrière un pupitre. Du jour au lendemain son comportement a changé du tout au tout. Il est devenu fiable et efficace. Plus un arrêt maladie, et ne comprenant pas l'origine d'un tel changement, nous nous sommes dits qu'il était probablement tombé amoureux...

Effectivement, ce collaborateur était en overdose de stimulation dans son environnement et était entré sous stress. Dans la deuxième phase, il a trouvé des conditions satisfaisant ses besoins et a recouvré un excellent niveau d'énergie et de motivation.

LA HIÉRARCHIE DES BESOINS PSYCHOLOGIQUES

Être motivé grâce à la satisfaction positive des besoins psychologiques de sa phase ne signifie pas pour autant que nous n'ayons pas accès à d'autres besoins. Simplement ceux-ci se manifestent dans de moindres proportions :

> Jean est de base Empathique en phase Promoteur. Sa tendance : se sur-stimuler, en « faire trop ». Dernièrement, il a ressenti le besoin de faire le point et d'aller passer deux jours seul en Ardèche. Besoin typique de l'étage Rêveur, qui se trouve au dernier étage de son immeuble. Il part et dès son arrivée se dit : *« C'est bon d'être seul, sans téléphone, avoir le temps de lire, de réfléchir, etc. Et cette campagne qui est magnifique... »* Mais très vite il se dit aussi : *« Bon, c'est très bien, et maintenant, qu'est-ce que je fais ? »* Cette dernière phrase indique que si Jean était en contact avec son besoin de solitude, celui-ci est rapidement satisfait, puisqu'il a peu d'énergie à son « étage » rêveur. Jean retrouve alors les besoins de sa phase... Or l'Ardèche, en dehors des vacances d'été, n'a pas tout à fait le profil d'un lieu excitant pour son côté Promoteur... Deux solutions : trouver des moyens positifs pour répondre au besoin d'excitation, ou partir. Mais imaginons que Jean ne fasse rien de tout cela : il commencera alors à se sentir fatigué. Puis, peu à peu, la lassitude le gagnera. Il sera alors en énergie basse, n'aura plus envie de rien et pourra aller jusqu'à se sentir déprimé. Dans ce cas, il retrouvera les besoins de sa base Empathique : se sentir aimé.

Que s'est-il passé ? La source d'énergie et de motivation essentielle de Jean provient actuellement de la satisfaction positive du besoin d'excitation de sa phase Promoteur. En état de manque, il rentre d'abord sous stress léger, manifestant alors les comportements négatifs de la phase. Puis, si les besoins ne sont toujours pas satisfaits, il s'enfonce dans la détresse sévère. À ce stade nous retournons tous à notre base et montrons alors les comportements négatifs de celle-ci.

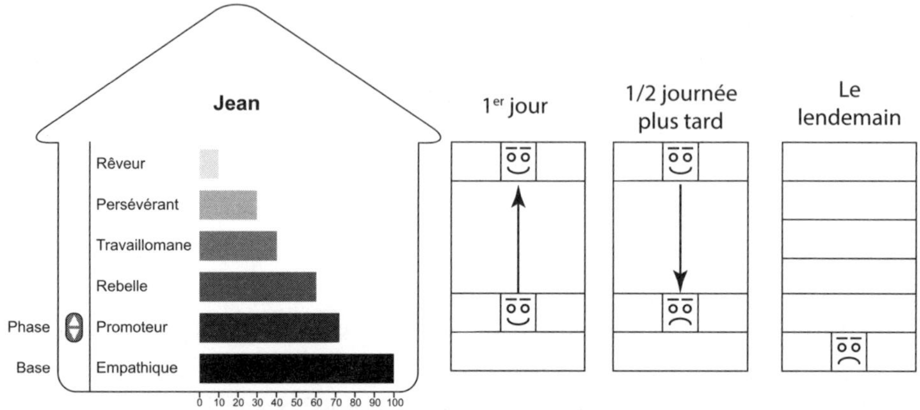

Figure 3.1 : Jean en Ardèche

Chacun de nous a l'ensemble des besoins psychologiques à satisfaire mais avec des intensités variables. Plus le besoin ressenti est celui d'un étage élevé de notre immeuble, plus vite il sera satisfait. Le besoin actuel redevient ensuite celui de la phase. Dans l'exemple de Jean, c'est la raison pour laquelle il est peu attiré par les activités solitaires et tranquilles et cherche à éviter ce genre de situation. Ce n'est pas lui qui partirait faire le tour du monde en solitaire... Il a besoin de rencontrer des gens avec lesquels il se sente bien (base Empathique) et de trouver des challenges, de l'excitation, du changement (phase Promoteur).

ACCEPTER SES BESOINS PSYCHOLOGIQUES

Satisfaire les besoins psychologiques signifie dans bien des cas donner ou recevoir des signes de reconnaissance positifs[1]. Ce que nombre d'individus éprouvent des difficultés à faire, et pour cause : leur éducation ainsi que leur environnement peuvent décourager ces comportements. Il s'agira alors pour eux d'apprendre à s'écouter et à se donner des « permissions ». Prenons le cas de Jacques de base Travaillomane :

1. Seuls, les besoins sensoriels de solitude et dans une moindre mesure d'excitation ne nécessitent pas l'échange de signes de reconnaissance.

Lors du bilan d'un séminaire particulièrement réussi, et pour lequel il avait assumé la responsabilité de l'organisation, le directeur des ressources humaines adresse à Jacques de chaleureuses félicitations. Le visage de ce dernier s'éclaire d'un grand sourire, et il remercie. Puis le directeur administratif et financier renchérit. Jacques continue à remercier. Son sourire s'est fait plus discret. Enfin c'est le tour du directeur du marketing. À ce stade, Jacques prend un air crispé, manifeste gêne et malaise. Visiblement, il ne supporte pas l'overdose de signes de reconnaissance. Au lieu d'en profiter pour maintenir un haut niveau d'énergie, il « affiche complet »...

De nombreuses entreprises ont investi des sommes consi-dérables dans des formations au management et à la communication et parfois le résultat s'est révélé décevant... Or, nombre de ces stages sont bien conçus, et apportent au manager un ensemble de techniques visant à le rendre plus efficace. Pour la plupart, ils insistent sur l'efficacité des signes de reconnaissance positifs.

Toutefois, une chose consiste à expliquer au participant que son entourage a besoin de tels signes, une autre est de s'assurer qu'il est psychologiquement prêt à en recevoir et à en donner.

Le groupe de formation est un lieu où il est possible de s'entraîner à échanger ces signes. Il est aisé d'y constater à quel point la crainte de l'overdose et de la manipulation est forte. De plus, si le manager modifie son comportement, il risque de se trouver en décalage avec les pratiques courantes dans son entreprise. Beaucoup de managers appellent les signes de reconnaissance « de la pommade ». On entend aussi des réflexions du genre : *« Mon chef m'a ciré les pompes »* ou *« Ça va les chevilles ? »*... Toutes ces réactions témoignent de la distance qu'il reste à parcourir pour échanger les mots sincères et essentiels qui mènent à la satisfaction des besoins et à la motivation...

L'absence de signes de reconnaissance aboutit à une situation de pénurie où les individus s'adaptent pour survivre et dans laquelle ils fonctionnent la plupart du temps avec un faible niveau d'énergie, du style : *« Moins j'investis, mieux je me porte »*.

En revanche, la reconnaissance peut provoquer des changements spontanés et c'est alors qu'on peut entendre des phrases comme : *« Je ne sais pas ce que tu lui as fait, mais alors, il a changé du tout au tout... »*.

Le travail à mener avec la Process Communication ne consiste pas seulement en l'acquisition de techniques de communication et de motivation. Il doit, dans la plupart des cas, s'inscrire dans le cadre d'une démarche personnelle où la personne est attentive à ses propres freins de développement et est en mesure de s'autoriser tant à répondre aux besoins psychologiques des autres qu'à recevoir des réponses aux siens propres. Dans le cadre de l'entreprise, le plan d'action du manager prendra en compte la structure de l'individu et son niveau de développement[1].

Tableau 3.1 : Les besoins psychologiques

Types	Besoins	Satisfaction négative
Empathique	Reconnaissance pour la personne. Besoins sensoriels.	Rejet. Négligence ou excès (boulimie, etc.).
Travaillomane	Reconnaissance pour le travail. Structuration du temps.	Se contraint à être parfait. Surcontrôle, ne délègue plus. Surcontrôle la ponctualité des autres.
Persévérant	Reconnaissance pour les convictions. Reconnaissance pour le travail.	*Idem* + tendance à ne voir que les erreurs des autres. Impose ses convictions.
Rêveur	Solitude, temps.	Retrait, déprime.
Rebelle	Contact.	Blâme ou se fait blâmer.
Promoteur	Excitation.	Risques excessifs.

1. Voir le chapitre 9 : Process Communication : un management sur mesure.

4

LES LONGUEURS D'ONDES

« À l'ère de la mondialisation,
la relation à l'Autre
est plus que jamais fondamentale. »

Dominique Moïsi

PIERRE FAIT IRRUPTION DANS LE BUREAU D'ISABELLE : « Bonjour. Fais-moi la synthèse de ce dossier. Corrige-moi également cette lettre car je souhaite qu'elle parte aujourd'hui. »
Isabelle est soucieuse ce matin. Elle vient d'avoir deux clients mécontents au téléphone : « Décidément, tu me prends pour une machine », répond-elle d'une voix mal assurée. « Qu'est-ce que j'ai fait, encore ? »
Pierre la regarde, étonné. Il est d'autant plus déconcerté qu'il vient de s'adresser sensiblement sur le même ton à Anne sans que celle-ci n'ait manifesté le moindre trouble…

Que s'est-il passé ? Pierre et Isabelle se trouvent de toute évidence sur des longueurs d'ondes différentes. Chacun est compétent et à sa place dans sa fonction, il n'y a aucune raison pour qu'ils ne puissent pas collaborer, si ce n'est qu'ils peuvent ne pas se comprendre. En supposant que chacun reste sur ses positions, il se pourrait qu'ils finissent par entrer en conflit. Cette situation arrive quotidiennement à des millions de personnes sur toute la planète, et occasionne une considérable déperdition d'énergie. Elle donne généralement lieu à des remarques du style : *« Il ne comprend rien », « Mais pour qui elle se prend ? », « Cela ne passe pas… »*, etc. En effet, quelle que soit l'importance du contenu à transmettre, si la forme sous laquelle il est émis n'est pas recevable par l'interlocuteur, il a peu de chances de passer.

Chaque type de personnalité a sa propre forme d'expression et son style de communication. Le style de chacun s'exprime notamment par l'utilisation préférentielle d'un « canal de communication ». Ce canal est la longueur d'ondes qu'il aura tendance à utiliser naturellement pour communiquer. De la même façon, il préférera que son interlocuteur s'adresse à lui sur la même fréquence. On définit également le canal de communication comme la rencontre de deux parties de personnalités. Ces dernières ont été mises en évidence par Taibi Kahler à partir de la théorie des « états du moi » d'Eric Berne[1]. Elles ont pour nom : le Protecteur, le Directeur, l'Ordinateur, le Réconforteur et l'Émoteur. Pour qu'il y ait communication, il est indispensable que chaque interlocuteur utilise des parties de personnalité complémentaires, établissant ainsi un canal de communication. À chaque « partie » correspond un ensemble de caractéristiques : le vocabulaire, le ton de voix, les gestes et l'ensemble de l'attitude corporelle et des expressions faciales.

Plus la relation entre deux personnes est établie, plus chacune sera réceptive aux différentes parties de personnalité et aux différents canaux proposés par l'autre. Inversement, pour établir (ou rétablir) la communication, la relation, il sera nécessaire d'offrir à notre interlocuteur son canal de communication préférentiel.

LES PARTIES DE PERSONNALITÉ

Le Protecteur 

Il s'agit d'une partie parentale de la personnalité qui donne des ordres dirigés vers la partie sensitive de l'autre : *« respire, calme-toi, écoute-moi, regarde-moi... »* Ces injonctions viennent du Protecteur pour autant qu'elles ne contiennent pas d'attaques, de menaces ou de colère. Elles s'adressent aux cinq sens. Le ton et l'attitude corporelles sont fermes et calmes, les mains et les bras en avant. L'expression du visage apporte confiance et soutien. Le Protecteur est particulièrement approprié aux situations de perte de contrôle de soi ou d'anxiété excessive. Il n'est pas lié à un type de personnalité particulier.

1. Eric Berne, *Analyse Transactionnelle et Psychothérapie*, Payot, 1971.

L'utiliser pour soi est un bon moyen de pallier des sentiments de gêne, de frustration ou de confusion afin de recouvrer une pensée claire. L'utilisation du Protecteur augmente les chances de résoudre des problèmes et de prendre soin de soi-même.

Dans les séances de relaxation, l'animateur utilise habituellement le Protecteur : *« Respirez profondément, détendez-vous… »*

Enfin, le Protecteur permet d'interrompre l'un des trois degrés de mécommunication, thème qui sera abordé au chapitre 6.

Le Directeur 

Lorsqu'Yves de base Promoteur utilise sa partie Directeur – cela lui arrive souvent – il donne des ordres en visant la partie pensante de son interlocuteur. Ses directives : *« Dites », « Expliquez-moi », « Faites »*, invitent l'autre à réfléchir et/ou à agir. Son attitude est bien sûr exempte de colère, d'attaque ou de menace. Le ton est ferme et calme, les gestes rares, l'attitude droite, le visage sans expression particulière. Cette partie est naturellement utilisée par les individus de base ou en phase Promoteur.

L'Ordinateur 

L'ordinateur est la partie pensante de l'individu. Sa fonction : donner ou traiter les informations, exprimer et débattre de ses opinions, et se projeter dans son imagination. Les questions et les réponses sont formulées de façon claire, utiles, sans qu'apparaissent les émotions. Le ton de voix est neutre, l'attitude droite, calme, sans gestuelle particulière, le visage sans expression. Exemple : *« Quelle heure est-il ? », « Ai-je répondu à votre question ? »…*

Jacques utilise cette partie de personnalité pour recevoir de l'information et la traiter de façon verbale et logique (« La communication, c'est fait pour cela, non ? »). Pierre l'utilisera également, à la seule différence que cette information sera choisie de façon à alimenter son cadre de références pour connaître, par exemple, les opinions de son interlocuteur. Anne trouve dans l'ordinateur tous les outils pour procéder à une analyse approfondie des situations. Elle s'en sert aussi pour accomplir des tâches que d'autres trouveraient ennuyeuses.

Les types Travaillomane, Persévérant et Rêveur sont les grands adeptes de l'Ordinateur.

Le Réconforteur 

Cette partie de personnalité s'adresse au registre des émotions, des sentiments, de façon chaleureuse et nourricière. Isabelle l'utilise préférentiellement. Elle manifeste ainsi son souci d'autrui ou son appréciation. Quelques phrases types du Réconforteur : *« C'est important que tu sois avec nous », « J'apprécie de travailler avec vous », « Je suis touché par votre sollicitude ».* Il permet à l'interlocuteur de se sentir reconnu en tant que personne.

Les gestes types du Réconforteur sont des invitations, bras tendus, paumes ouvertes, ou, par exemple, une main posée sur le bras ou sur l'épaule de l'autre. La voix est douce et chaude, l'attitude corporelle détendue, confortable, souvent penchée vers l'autre, l'expression souriante et paisible. C'est le registre préféré des personnes de base ou en phase Empathique.

L'Émoteur 

L'Émoteur exprime la partie sensible, ludique et créative de la personnalité, et constitue le registre favori du type Rebelle : *« Ouah ! Génial ! »* s'écrie Joëlle (Jacques fronce les sourcils), *« Ce serait super de travailler avec des gens comme vous. Vous m'embauchez ? ».* Il est exempt de malveillance, de rancune, ou de toute arrière-pensée. Il permet d'exprimer spontanément des sentiments, sans porter atteinte à quiconque (sauf à Jacques, qui voudrait bien travailler dans le *calme*). Il correspond à la part d'enfant en chacun de nous.

Sa libre expression favorise l'équilibre psychosomatique et une saine gestion de ses émotions. Le ton de voix est vivant, enthousiaste, le discours parsemé d'onomatopées. L'attitude corporelle est ouverte, souple, énergique, le visage rayonnant et expressif, les yeux brillants. L'expression de sentiments authentiques comme le chagrin, la colère ni blâmante ni attaquante, la peur est également du registre de l'Émoteur.

Tableau 4.1 : Les parties de la personnalité

Type de personnalité	Partie de personnalité la plus développée
Empathique	Réconforteur
Travaillomane	Ordinateur
Persévérant	Ordinateur
Rêveur	Ordinateur
Rebelle	Émoteur
Promoteur	Directeur

COMMENT FAIRE PASSER LE MESSAGE : LES CANAUX DE COMMUNICATION

Il y a communication entre deux individus lorsqu'il y a offre et acceptation de l'offre sur un même *« canal de communication »*. Son existence prouve que les deux parties de personnalité en présence sont effectivement compatibles et que l'information peut circuler.

À l'inverse, même si le fond du message est de nature à susciter l'adhésion de l'interlocuteur, une forme mal adaptée perturbera sa perception. Cette perturbation n'est pas liée au fond du propos, mais habituellement à la façon de le formuler. Si l'offre et l'acceptation de l'offre ne se font pas sur le même canal, on dira qu'il y a « mécommunication ».

Les canaux de communication sont au nombre de cinq, en regard des cinq parties de personnalité. Chacun d'eux est plus spécifiquement rattaché à un ou deux des types de personnalité (sauf le canal 1, qui fait office de « canal d'urgence »).

Le canal 1 : Interruptif

« Calme-toi. »
« Regarde-moi. »
« Arrête. »

Retour au calme.

L'utilisation de ce canal a pour but d'intervenir lorsque la communication ne se produit pas correctement parce que l'interlocuteur est déjà en situation de stress intense, envahi d'émotions archaïques et dans une pensée confuse. Il se caractérise par l'émission d'ordres formulés à l'impératif, qui s'adressent directement aux sens : toucher, odorat, ouïe, vue... Il émane du « Protecteur » et il est à utiliser lorsqu'un individu perd le contrôle de lui-même, et qu'une réaction rapide et appropriée s'impose, ou à certains moments d'une relation thérapeutique. Il permet d'intervenir fermement auprès d'un individu sans l'agresser. Il ne doit pas être confondu avec certaines injonctions : un « Calmez-vous », ferme n'a rien à voir avec le même, lancé sur un ton cassant. Le premier relève du canal Interruptif... le second se situe déjà dans le champ de la mécommunication...

> Stéphane, neuf ans, paniqué : « J'ai mal, j'ai trop mal, je vais mourir, j'ai peur ». Papa le prend par les épaules, le regarde dans les yeux et lui dit d'une voix ferme et apaisante : « Calme-toi, respire, regarde-moi ». Stéphane : « Je peux pas, je peux pas, je peux pas... » (*ton paniqué*). Papa, même ton calme et apaisant : « Tu peux respirer. Détends-toi, calme-toi ». Stéphane « remonte » doucement, contrôle mieux sa douleur, se rassure, respire plus calmement.
> Françoise fait irruption dans le bureau de son amie Brigitte, complètement paniquée : « Je n'en peux plus, je suis à bout, je vais craquer ». Brigitte (*ton calme et* rassurant) : « Calme-toi, installe-toi confortablement ». Françoise : « Je ne peux pas, c'est trop dur... » Brigitte : « Détends-toi. Tu me parleras ensuite de ce qui est trop dur ». Françoise se calme et retrouve peu à peu une pensée claire.

Ces situations d'urgence et de panique sont, surtout dans la vie professionnelle, plutôt exceptionnelles. Le canal Interruptif n'est donc que rarement utilisé. Parfois le manager voit « débouler » dans son bureau un collaborateur débordant de colère. Cette situation ne justifie pas l'utilisation de ce canal 1 qui risque de se traduire maladroitement par une réponse du genre : *Calmez-vous*, ou *Revenez quand vous serez calmé,* qui sera perçue comme un refus de communiquer. Il est plus indiqué de répondre : *Je constate que vous êtes en colère et je suis prêt à en écouter les raisons.* Dans ce cas, la plupart du temps, on observera le retour au calme.

Le canal 2 : Directif

Il est utilisé par l'individu qui donne des ordres à partir de son Directeur et s'adresse à l'Ordinateur de son interlocuteur :

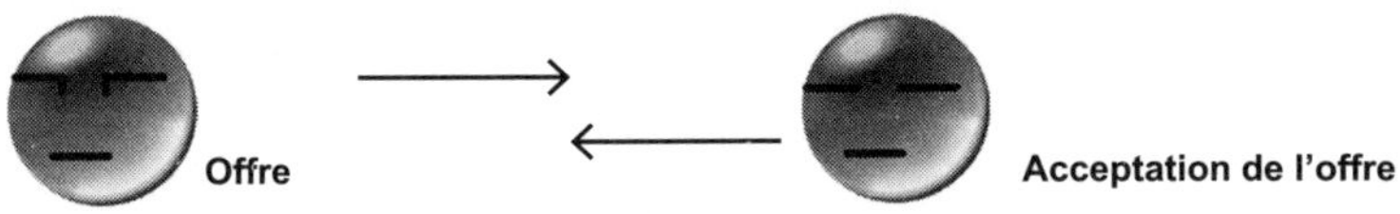

Directeur

« Faites-moi la synthèse de ce rapport s'il vous plaît. »

« Dites-moi quel est votre chiffre d'affaires ce mois-ci ? »

Ordinateur

« D'accord. Pour quand en avez-vous besoin ? »

« 57 000 euros. »

La réponse à ce type d'ordre est une information dépouillée de toute notion affective. Ce canal ne vise pas la domination de son interlocuteur. Pour être efficace, il implique au contraire que la directive soit exempte de toute nuance affective, et soit reçue comme telle. Pour l'utiliser, il faut donc s'assurer que la partie pensante, l'Ordinateur du partenaire est disponible et que l'information sera reçue sans stress lié à un sentiment de frustration ou de culpabilité.

Il est possible de vérifier que deux individus communiquent sur ce canal en observant la qualité de la réponse de celui qui reçoit la directive. Celle-là doit être claire et nette et indiquer que l'interlocuteur a bien entendu la consigne et qu'il ne se sent pas dans une relation inférieur/supérieur, mais répond un peu comme le ferait un ordinateur qui reçoit une donnée.

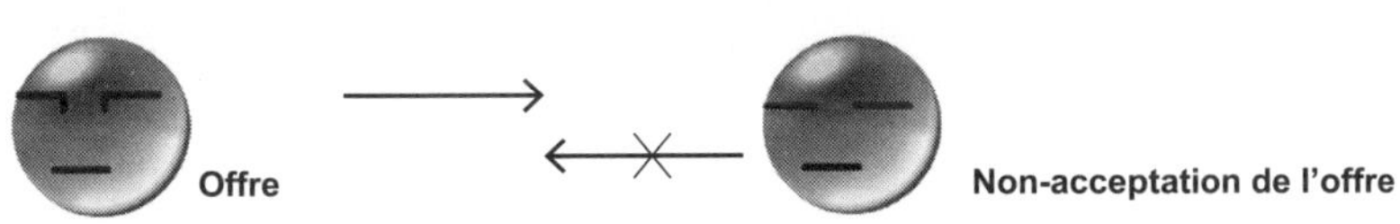

Le manager : « Faites ceci, s'il vous plaît. »

Le manager en lui-même : « S'il le fait correctement, j'aurais de la chance. »

Le collaborateur : « Je vais essayer. » (*ton hésitant*).

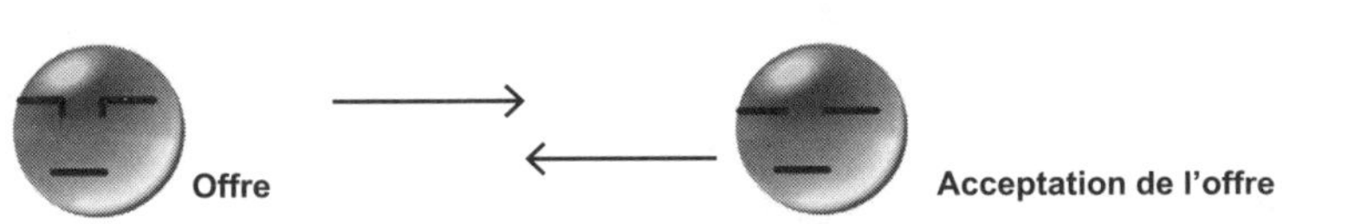

Le manager : « Faites ceci, s'il vous plaît. »

Le collaborateur : « D'accord, je m'en charge... » *(ton décidé)*

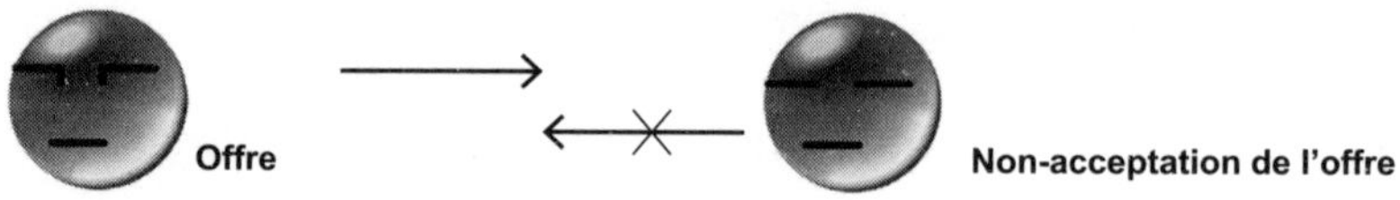

Le mari : « Chérie, pense à m'acheter des lames de rasoir, s'il te plaît. »
Le mari en lui-même : « Décidément, je ne peux compter que sur moi. »

La femme : « Euh... je vais essayer d'y penser. »

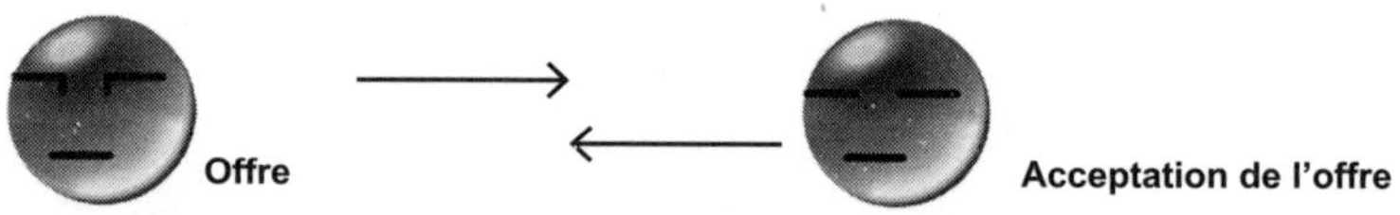

Le mari : « Chérie, pense à m'acheter des lames de rasoir, s'il te plaît. »

La femme : « D'accord, tu les auras ce soir. »

Les personnes de base Promoteur utiliseront préférentiellement le canal Directif. Elles le « recevront » également sans problèmes : « mettre des gants » leur importe peu ; ce qui compte, ce sont des directives précises qui leur permettent d'agir tout en gardant la liberté des moyens.

Si les personnes de base Rêveur n'utilisent pas ce canal pour entrer en communication, il est néanmoins recommandé de l'utiliser avec elles pour les inciter à l'action.

Ce canal convient beaucoup moins aux autres types de personnalité. Il provoque des sentiments de frustration. Le type Rebelle y réagit en se... rebellant, le type Empathique en aura vite assez « de recevoir des ordres sans la moindre marque de considération personnelle » et surtout les vivra comme agressifs. Les types Travaillomane et Persévérant ont besoin de comprendre les impératifs et d'être responsabilisés. Mais, en pratique, on peut utiliser ce canal avec eux, pour peu qu'on l'accompagne d'informations sur la nécessité des directives. Ils sont suffisamment respectueux de l'ordre établi s'ils l'estiment efficace pour le bon fonctionnement de leur entreprise.

Néanmoins ce canal reste peu utilisé dans la vie courante, la plupart des individus étant directifs afin de dominer l'autre, de le faire céder, de lui donner un ordre : *« Va me chercher un café. Ferme la porte. Tais-toi. »* Ce sont des ordres qui s'inscrivent dans une relation dominant-dominé.

Le canal 3 : Interrogatif/Informatif

Le canal Interrogatif est celui de l'échange d'informations entre deux personnes qui utilisent la partie pensante de leur personnalité. On l'appelle également « Ordinateur-Ordinateur », en référence aux parties de personnalité en jeu.

Il fonctionne effectivement comme si deux ordinateurs étaient programmés pour s'échanger des informations.

Dans l'entreprise, le canal Interrogatif/Informatif est l'un des plus importants pour que l'échange d'idées et d'infor-mations s'effectue convenablement. Cependant, tous les individus ne sont pas à l'aise dans ce type de communication. Par exemple, les personnes de base Empathique ont besoin d'échanges chaleureux. Pour celles-ci, le canal Interrogatif/Informatif peut sembler déshumanisé et manquant de considération pour les individus.

Ordinateur
« Quelle fonction occupiez-vous avant celle-ci ? »
« Quel est l'aspect le plus important dans votre nouvelle fonction ? »
«À quelle heure avons-nous rendez-vous ? »

Ordinateur
« Celle d'agent de maîtrise.»
«Tout ce qui concerne la communication externe du groupe.»
«À 19 h 30.»

Le canal Interrogatif/Informatif est spécifique des types Travaillomane et Persévérant. Il correspond à leur façon de penser le monde et à leur approche analytique des problèmes. Pour eux, il s'agit de comprendre. Ils analysent les problèmes et cherchent à les décomposer en constituants simples, en les comparants à leur vécu et à leur expérience pour en tirer des solutions rationnelles.

Ce canal est « tout terrain ». Il ne présente pas d'incon-vénients majeurs à être utilisé avec les différents types de personnalité, contrairement au canal Directif qui ne fonctionne pas pour quatre types sur six. (C'est la raison pour laquelle un style trop directif risque de dresser contre le manager la plupart des membres de son équipe.)

Toutefois, ce canal de communication est plutôt à éviter avec les personnes de type Promoteur qui ont besoin d'agir, et pour cela de recevoir des directives claires et... brèves. En outre, elles ne voient généralement pas bien l'utilité de s'interroger et de passer du temps *en blabla*, alors que ce qui compte, selon elles, c'est de se lancer dans l'action...

Le canal 4 : Nourricier

On utilise ce canal pour transmettre des messages chaleureux, à partir du Réconforteur. Ce type de communication vise à ce que l'interlocuteur se « sente bien ».

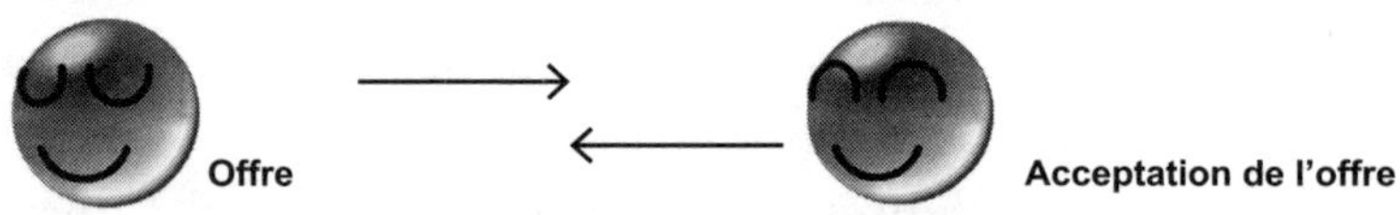

Réconforteur

« J'ai plaisir à collaborer avec vous. Je trouve que nous faisons du bon travail, dans une bonne ambiance. »

Émoteur

« Merci, C'est gentil à vous ! » (*sourire*)

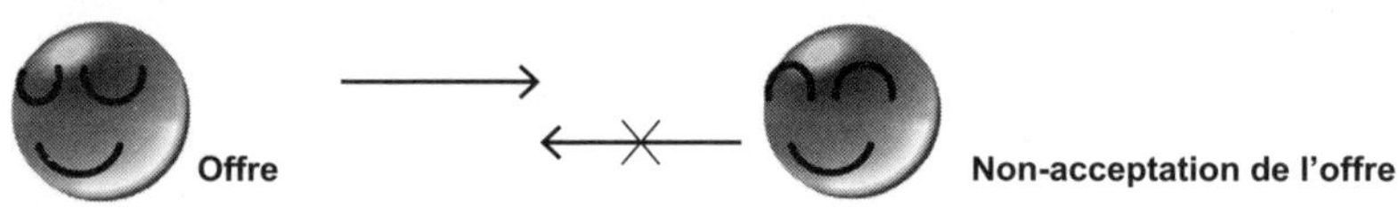

Réconforteur

« Est-ce que vous vous sentez bien ? »

Émoteur

(*Silence*) « Oui (*hésitant*)... avez-vous lu le rapport que je vous ai remis hier ? Je pense qu'il y a dedans des chiffres essentiels pour la suite du projet » (*réponse de type Travaillomane ou Persévérant*)

Réconforteur

« Comme votre cravate est jolie... »

Émoteur

« Quoi, qu'est-ce qu'elle a, ma cravate ? » (*type Rebelle méfiant*)

« Ouais, 50 balles si tu veux. Bon, on y va, à ce rendez-vous ? » (*type Promoteur impatient*)

Les managers de type Travaillomane et Persévérant rechignent généralement à l'utiliser, craignant qu'il ne s'agisse de flatteries inutiles. Il est vrai que si les messages nourriciers sont exprimés sans sincérité, la tentative de manipulation sera vite détectée par leur destinataire. Pour être efficaces, ils doivent être authentiques.

Ce canal est naturellement très efficace avec les personnes de type Empathiques, et à peu près uniquement avec ces dernières. En effet, les autres types de personnalité ont tendance à le trouver inapproprié à la vie professionnelle.

Le canal 5 : Ludique Émotif

Le canal Ludique Émotif est celui où s'expriment et se partagent les émotions. Il permet de faire naître ces situations où l'on travaille en s'amusant, où une équipe fonctionne « toute seule » sur le mode ludique. Ce qui ne veut pas dire que le travail ne se fait pas... Pour l'utiliser dans le cadre professionnel, il ne s'agit pas obligatoirement de « faire le clown », mais de plaisanter un peu, ou simplement de parler d'autre chose que de travail ou encore de choisir des sujets stimulants.

Émoteur
Vous avez vu ces photos pour le prochain catalogue... ?
Cet instant est extraordinaire

Émoteur
Ah oui ?! Super ! Géniales non ?

Oui ! C'est très fort (émotion intense)

L'art de la communication consiste donc à utiliser le canal approprié qui, seul, permet au message de passer.

Il s'agira tout d'abord, de « s'entraîner » à communiquer en utilisant toutes les parties de personnalité, y compris celles qui sont les moins familières. Puis, une fois en situation, de repérer quel est le mode préférentiel de l'interlocuteur. Comment procéder ? En l'écoutant, en l'observant, et en lui posant quelques questions qui permettront de tester rapidement à quel mode de communication il répond le plus facilement.

Le « jeu » consiste par exemple à faire une offre dans les quatre principaux canaux, et à identifier celui dans lequel la réponse est la plus spontanée. Cet exercice permet également de se remémorer rapidement ces différents canaux :

- Canal Directif : Faites-moi le résumé de l'affaire Judant s'il vous plaît.
- Canal Interrogatif/Informatif : Combien de dossiers avez-vous à traiter ?
- Canal Nourricier : Si vous avez besoin d'aide, je suis à votre disposition pour en parler.
- Canal Ludique Émotif : Ouah ! Bonjour la pile de dossiers ! Un café, ça vous dit ?

Autre exemple, pris dans le cadre d'une rencontre entre père et fils :

- Canal Directif : Décris-moi ton programme de travail s'il te plaît.
- Canal Interrogatif : Quel travail as-tu à faire ce soir ?
- Canal Nourricier : Je vais te préparer un goûter pendant que tu fais tes devoirs.
- Canal Ludique Émotif : Ouah, ils ont l'air géniaux, tes exos !

GÉRER LE PROCESSUS

La dégradation d'une relation, l'installation d'un non-di souvent d'une absence ou d'une inadéquation de la comm manager de base Travaillomane croit faire un compliment d assistante lorsqu'il lui dit : *« Vous avez augmenté vos performan* » En – réalité, considéré dans son cadre de référence à elle, une réflexion qui suggère que son patron ne voit en elle qu'une e…

Ce qui vaut pour le discours vaut également pour l'a e générale. Par exemple, les personnes de base Travaillomane ou Persévérant, dans leur premier contact, ne sourient que très rarement, se concentrant plutôt pour observer leur nouvel interlocuteur afin de recueillir des informations. Inversement, une personne de type Empathique aura tendance à sourire d'emblée. Elle percevra souvent les personnes de type Travaillomane et Persévérant comme des individus froids et pourra se sentir mal à l'aise face à cette froideur. Elle pourrait aller jusqu'à conclure hâtivement qu'on ne l'apprécie pas, alors que ses interlocuteurs ne posent pas la question en termes d'amour ou de considération personnelle.

> Une jeune femme, de base Rebelle, raconte comment son grand-père avait fait preuve, avec elle, d'un grand talent de communicateur. Lorsqu'elle était petite, il était l'un des seuls à réussir « l'exploit » de la faire manger. Au lieu de lui proposer « une cuiller pour maman, une cuiller pour papa », ce qui ne l'enthousiasmait guère, il lui dessinait à chaque fois une petite scène de bande dessinée dans la purée. Elle avalait vite sa bouchée pour avoir la suite. Ce grand-père savait intuitivement « gérer le processus ».

Gérer le processus consiste à établir une relation de qualité avant d'échanger sur des faits ou de donner des consignes. Pour ce faire, il suffit d'emprunter le canal de prédilection de la personne : ce que faisait le grand-père avec ses dessins. L'acceptation du canal par l'interlocuteur est le garant de la qualité de la communication qui va s'ensuivre. Une fois la communication établie, il est possible d'utiliser les autres canaux en fonction de la situation. Dans le milieu professionnel notamment, la plupart des relations devraient consister en des interactions productives qui nécessitent un échange dans le canal Interrogatif/Informatif. Le processus approprié permet à chacun d'y accéder, ou de vérifier qu'il s'y trouve bien.

Il arrive que des managers disent : *« Je n'ai pas le temps de faire du processus »*... Ce qu'ils méconnaissent, c'est le temps qu'ils perdent à ne pas en avoir fait... : le temps passé à expliquer quelque chose qui « passe mal », puis à être mécontent des résultats, enfin à refaire le travail eux-mêmes et à se dire : *« Je ne peux décidément compter que sur moi-même »*.

Par exemple, un manager explique quelque chose à son collaborateur et lui dit : « Voilà ce que j'attends de vous. Est-ce que vous avez compris ? » (Le type Travaillomane dira : « est-ce que je suis clair ? » et le type Persévérant « est-ce que je me fais bien comprendre ? »)
La personne répond « oui » mais il s'agit parfois d'un « oui » de suradaptation pour « faire plaisir », ou pour « avoir la paix ». En fait, elle n'a pas compris. Elle ne fera pas ce que le manager attendait d'elle. Il ressent alors de la frustration car il a perdu son temps à expliquer et il n'a pas le résultat qu'il escomptait. Ce type de situation indique que le processus n'était pas géré, donc que le collaborateur n'était pas dans l'Ordinateur. De plus, le manager soucieux de bien faire aura souvent tendance à surdétailler, mû par un désir de perfectionnisme qui complique encore la perception du message par l'interlocuteur.

Gérer le processus consiste, en somme, à ne pas aborder un interlocuteur « bille en tête » en ne tenant compte que de ce qui *nous* intéresse dans *notre* langage. Très souvent, nous avons tendance à attendre de notre interlocuteur qu'il s'adapte. Nous l'invitons à communiquer sur notre propre longueur d'ondes et les résultats sont de ce fait aléatoires.

Lors d'un groupe de supervision[1], un participant raconte :

Une de mes toutes premières applications, suite au séminaire, a eu lieu à l'occasion du déménagement de mon bureau. Je viens un matin, alors que j'étais en vacances, afin de ranger mes cartons. Une collaboratrice fait irruption

1. Voir chapitre 9.

dans la pièce avec un dossier... et un problème à régler. Tout à fait naturellement, je la regarde et lui dit: «Je ne suis pas là». Elle ne comprend pas. Je répète: «Je suis en vacances, donc je ne suis pas là... » Je vois un masque de frustration se poser sur son visage. Il se trouve que cette jeune femme est de base Empathique. En fait je le pressentais mais je n'avais jamais clairement compris sa façon de fonctionner. Quand j'ai vu comment elle réagissait, j'ai réalisé que j'avais choisi exactement la réponse à ne pas lui faire et j'ai pu rectifier mon attitude. Avant la Process Com, je me serais dit: « Tu as encore fait une bêtise », sans savoir exactement quoi ni quoi faire. Ce sont de petites choses, mais la vie en entreprise est faite de ces petites choses-là.

Dans l'exemple suivant, extrait d'un jeu de rôle lors d'un séminaire, Pierre, manager « classique » convoque son collaborateur de base Rebelle pour lui demander des explications.

Pierre – Bonjour, je vous ai demandé de venir afin de connaître les raisons pour lesquelles vous ne m'avez pas rendu le rapport demandé *(offre Ordinateur, canal interrogatif qui, pour le type Travaillomane, ne pose pas l'ombre d'un problème).*
Nicolas – Euh, le rapport... Quel rapport?
Il tente de gagner quelques secondes, son front s'est plissé. Visiblement, il entre sous stress et commence à « essayer de comprendre ». Une seconde deux dixièmes environ plus tard, le visage de Pierre s'empourpre quelque peu. On peut observer que le regard devient dur, les mâchoires comme les poings se serrent un peu.
Pierre – Ne faites pas le malin, vous savez parfaitement ce dont je parle!
Le ton est sec et cassant, n'engageant pas à la répartie mais invitant à la soumission ou à la démission. Bien sûr, le rythme cardiaque de Pierre s'est accéléré et il a tout simplement envie de « voler dans les plumes » de son collaborateur.
– Ah, le rapport Pinel! *(Nicolas répond comme s'il venait d'atterrir.)* Eh bien, c'est pas ma faute, je n'ai pas pu le terminer, avec tout ce que l'on m'a demandé de faire...
– Quand le finirez-vous? *(Toujours le même ton sec et cassant.)*
– Je sais pas... je vais essayer de le terminer dès que possible...
– Je n'accepte pas votre réponse. *(Pierre se retient de justesse de taper sur son bureau.)* J'exige de l'avoir pour ce soir au plus tard.
– Bon d'accord, je vais essayer...
– J'attends.
Au fond de lui-même, Pierre n'est pas dupe: il y a bien peu de chances qu'il obtienne ce rapport et se voit déjà rajouter à sa soirée (pourtant bien chargée) ce fameux travail qu'il doit présenter à sa hiérarchie le lendemain matin. Il se sent frustré et en colère, se vit comme non soutenu par sa hiérarchie qui ne sanctionne pas ce genre d'individus. Nicolas, pour sa part, est démotivé, se demande comment il pourrait bien faire pour trouver un autre job et n'a aucune énergie pour terminer ce fichu rapport...

En étudiant le jeu de rôles, on comprend que Pierre a – cherché à communiquer avec Nicolas comme si ce dernier était de base Travaillomane. Il n'a pas utilisé les trois premières secondes de l'entretien pour « faire du processus », en répondant au besoin de contact (Nicolas, nous l'avons vu plus haut est en phase Rebelle). Étant sous stress, il n'a pas perçu que son collaborateur ne pouvait accepter le canal 3 parce que son besoin n'était pas satisfait (lorsque nos besoins ne sont pas satisfaits, c'est comme si l'ascenseur était bloqué, nous ne pouvons plus accéder à nos étages supérieurs). Ce que d'aucuns appellent de la paresse ou de la mauvaise volonté vient souvent de ce manque de satisfaction du besoin psychologique qui empêche l'individu d'accéder à la motivation et à l'efficacité.

Scène n° 2 :
Pierre – Bonjour, comment ça va ?
Nicolas – Bien, merci.
– Voulez-vous une tasse de café ? *(Le ton est direct et chaleureux, Pierre est décontracté et ouvert.)* Alors, votre tournoi de tennis, comment s'est-il passé ?
Nicolas répond en quelques mots avec plaisir, du genre : c'était super, on s'est bien éclatés, y'avait une ambiance du tonnerre.
– Bien Bravo. Pouvons-nous parler du rapport ?
– Bien sûr, allons-y...
En deux minutes, Nicolas a expliqué la situation, le motif du retard. Ils cherchent ensemble à résoudre le problème.
Nicolas – Comptez sur moi, vous l'aurez sur votre bureau ce soir...
Il retourne travailler. Pierre prend un instant pour savourer la satisfaction d'avoir résolu le problème. Il est sûr que Nicolas fera du bon travail. Rassuré, il se remet à sa tâche avec un excellent niveau d'énergie.

Que s'est-il passé dans cette nouvelle version ? Pierre s'est branché sur le canal préférentiel de Nicolas et a satisfait son besoin de contact, générant la motivation de son collaborateur.

Ensuite, il a fait une offre dans l'Ordinateur afin d'observer si Nicolas répondait sur le même canal : « Pouvons-nous parler du rapport ? » « Bien sûr, allons-y ». Il n'y a pas de trace d'indécision ou de perplexité chez Nicolas. Il n'est pas sous stress et accepte l'offre de Pierre dans le canal Interrogatif/Informatif.

Tous deux traitent à partir de données factuelles sur ce canal. En conclusion, Pierre et Nicolas se sentent également concernés par la résolution du problème. Ils sont dans une attitude gagnant/gagnant (figure 4.1).

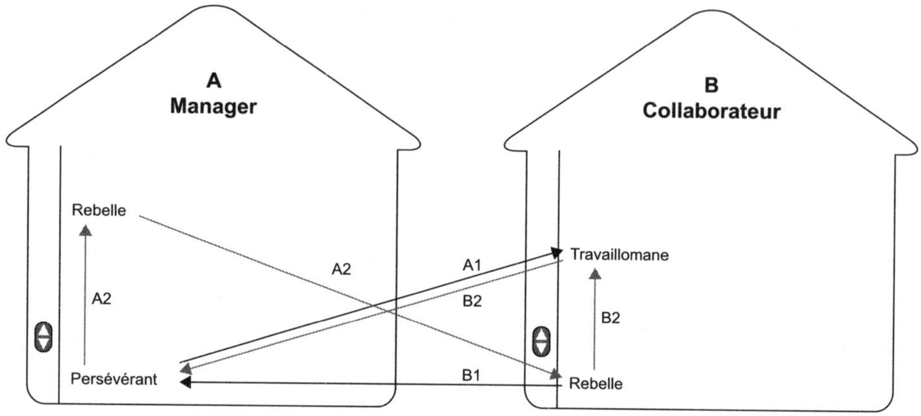

A1 – Le système « bille en tête » = pas de processus. A s'adresse directement à l'étage travaillomane de B.

B1 – La réponse se fait en « langage rebelle » = mécommunication.

A2 – A commence par gérer le processus = il monte à son étage rebelle pour s'adresser à B.

B2 – B répond positivement. Il peut monter à son étage persévérant ou travaillomane pour traiter le problème.

Figure 4.1 : Prendre l'ascenseur pour trouver le bon canal de communication

Avec les meilleures intentions du monde un manager peut arriver à exprimer le contraire ce qu'il voulait dire :

> L'un de nos stagiaires, de base Empathique, avait rédigé un volumineux rapport qui lui avait demandé des mois de travail. Ayant montré ce rapport à un collègue de base Persévérant, il s'était entendu dire : *« Je vous remercie de m'avoir demandé de lire votre rapport. Avant de le diffuser, je vous suggère de corriger les erreurs dont je vous ai fait une liste. »*
> Et l'auteur du rapport, ulcéré, de se dire : *« Pas un mot de félicitations, il n'a vu que les erreurs, et il s'amuse à les souligner. En fait, je suis sûr qu'il me méprise »*. Alors que le collègue avait pensé : *« si cet excellent rapport sort avec des erreurs, ce sera mauvais pour la réputation de mon collègue et pour le sérieux de l'ensemble. Rendons-lui le service de le corriger. C'est d'ailleurs ce qu'il attend de moi lorsqu'il me demande de le lire. »*

Si un canal non approprié n'entraîne pas obligatoirement un comportement négatif (du moins dans l'immédiat), il provoque, à coup sûr, du désintérêt : une personne de base Promoteur dans une conversation centrée sur l'échange d'opinions politiques s'ennuie au plus haut point. En revanche, si l'on parle d'action rapide et de challenge, il s'ouvre et se sent motivé.

Tableau 4.2 : Utiliser les ressources de chaque étage

Nous utilisons les ressources	
De notre étage	**Lorsque**
Empathique	Nous percevons notre environnement à partir de nos émotions, nous faisons preuve d'une authentique compassion, de chaleur humaine, et nous exprimons notre sensibilité. Nous percevons le vécu émotionnel de notre entourage.
Travaillomane	Nous utilisons notre logique pour analyser, anticiper, organiser, mesurer, traiter objectivement les faits. Nous faisons l'analyse logique d'une situation. Nous recherchons et traitons factuellement l'information.
Persévérant	Nous faisons preuve de dévouement, de conviction. Nous nous assurons que notre comportement est en accord avec nos valeurs. Nous cherchons à transmettre celles-ci à nos enfants. Nous nous accrochons pour aller jusqu'au bout de ce que nous avons décidé, quelles que soient les difficultés rencontrées.
Rêveur	Nous prenons du recul, de la hauteur, pour mieux percevoir les situations dans leur globalité. Nous développons notre côté visionnaire en utilisant notre imagination.
Promoteur	Nous prenons une décision d'action en nous fiant à notre intuition sans prendre le temps d'y réfléchir. Nous saisissons « d'instinct » les opportunités sans évaluer le bien-fondé ou non de cette décision.
Rebelle	Nous exprimons notre spontanéité et notre créativité. Nous sommes plongés dans un brainstorming ou à fond dans la fête. Nous exprimons librement nos envie sans nous préoccuper du jugement d'autrui.

En cas de « mécommunication » (situation de conflit, de malaise ou de passivité), on constate aisément à quel point *les canaux invitent à revenir en communication* : si quelqu'un utilise le canal adéquat, il est impossible à son interlocuteur de rester en « mécommunication ». Lors des séminaires, cette affirmation déclenche en général du scepticisme chez nombre de participants. Nous leur proposons alors un jeu de rôles dans lequel ils vont jouer la colère, le blâme, la tristesse… Ils expérimentent alors qu'au bout de deux ou trois échanges sur le canal approprié, ils ne peuvent plus jouer leur rôle, sortant ainsi de la mécommunication. Par exemple :

– Je trouve cela scandaleux ! On ne m'écoute jamais…
– Voulez-vous m'expliquer les raisons de votre colère ?
– Mes raisons ! Mes raisons ! Elles sont simples, mes raisons : hier j'ai signalé combien nous avions du retard et qu'il était indispensable de gérer cette situation dans l'immédiat avec notre client…
– Je comprends que vous soyez frustré que l'on ne vous ait pas écouté. Il est vrai que vous avez suivi de très près ce dossier. Maintenant…

accepteriez-vous de reconsidérer cette situation avec nous afin que nous puissions la gérer au mieux?
– Oui, bien entendu...

Le tableau 4.3 récapitule les canaux à utiliser et à éviter selon le type de personnalité de l'interlocuteur.

Tableau 4.3 : Choisir le bon canal de communication

Type de personnalité de l'interlocuteur	Canal à utiliser	Canal à éviter
Emphatique	Nourricier (4) 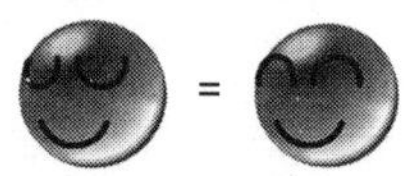	Directif (2) 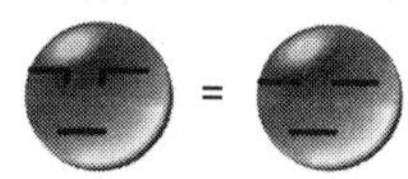
Travaillomane	Interrogatif (3) 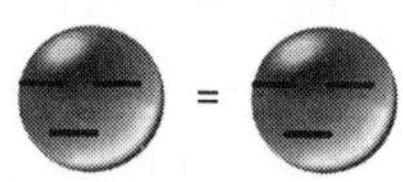	Directif (2) 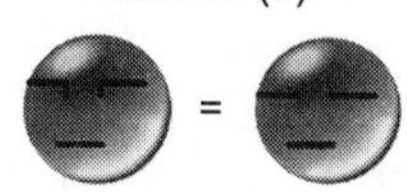
Persévérant	Interrogatif (3) 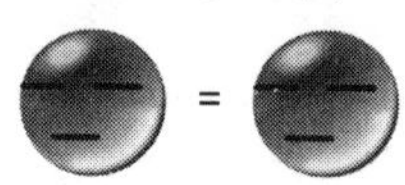	Directif (2) 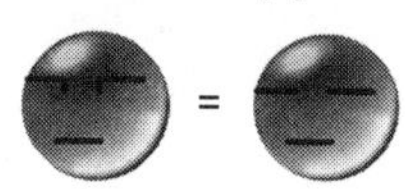
Rêveur	Directif (2) 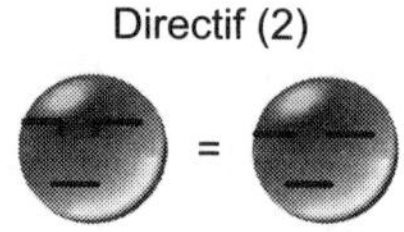	Nourricier (4) 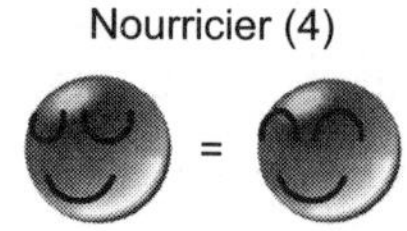
Rebelle	Émotif (5) 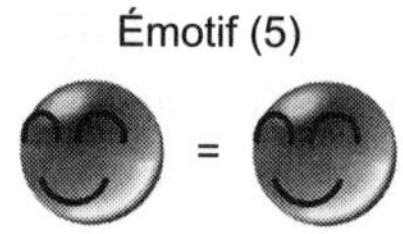	Directif (2) 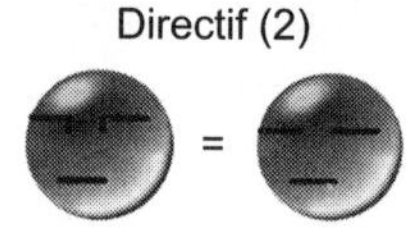
Promoteur	Directif (2) 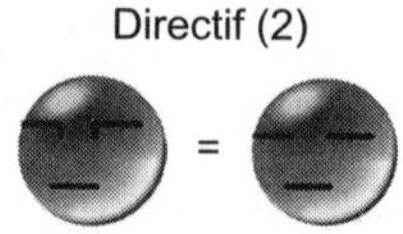	Interrogatif (3) 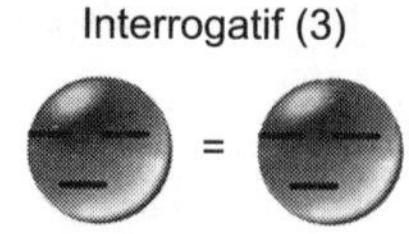

Note : Le chiffre entre parenthèses indique le numéro du canal de communication.

5

LA MATRICE D'IDENTIFICATION

DEUX AXES ET QUATRE CADRANS

Joëlle – C'est bien beau tout ça, mais comment reconnaît-on la base de quelqu'un ? Ça doit être marrant si du premier coup d'œil tu peux dire : lui il a une base machin, elle, elle a une base bidule et ça marche aussi dans les embou-teillages ? Tu regardes la tête que fait le conducteur et là tu t'lâches : là c'est sûr, il a une base Travaillomane, t'as vu ? il regarde sa montre au moins toutes les 10 secondes. Oh, elle, c'est cool, elle a une base Rêveur, regarde-la, elle s'en fiche complètement et lui ce dingue qui klaxonne comme une brute, ça veut quand même pas dire qu'il a une base Promoteur ! Tiens, regarde-le, lui, c'est un marrant, t'as vu comme il fait des signes avec ses bras et si tu veux mon avis, ce ne sont pas des signes de croix, il a l'air d'enguirlander sa passagère comme si elle y était pour quelque chose ou alors il s'en prend à la police qui n'est jamais là quand il faut. Celle-là, regarde, elle est trop, elle sourit à tout le monde comme si elle les aimait...

Anne – Et toi, comment es-tu dans les embouteillages ?

Joëlle – Ça, ça dépend de comment je suis lunée et ce qu'il y a à la radio. Tiens, je soupire et je râle, ou au contraire je chante à tue-tête quand ça me plaît, et puis j'adore me moquer, gentiment tout de même, du look des conducteurs : t'as vu celui-ci ? Si sa po'v mère le voyait ? T'as vu celle-là ? On dirait qu'elle va à l'enterrement de son boss. Lui, il se la pète grave...

Pierre – Bon, bon, c'est bon, tout ton répertoire va y passer si tu continues. De quoi devions-nous parler ? Comment identifier la base ? Revoyons nos cours, qui a compris ce qu'est la matrice d'identification ?

Jacques – Je pense avoir intégré ce concept. Il s'agit d'une matrice sur deux axes. L'axe vertical correspond à l'axe de la motivation.

Joëlle – L'axe de quoi ?

Jacques – De la motivation. C'est français, non ?

Joëlle – Toujours aussi marrant toi.

Jacques – Si tu le dis... Bon, je reprends, l'axe de la motivation, je veux dire l'axe vertical, a deux pôles.

Joëlle – Oui, le Nord et le Sud, sûrement *(Elle guette du coin de l'œil avec un sourire amusé la réaction de Jacques.)*

Jacques – J'adore, va pour le Nord et le Sud. Au nord, on va trouver des personnes qui auront plutôt tendance à initier le contact avec les autres.

Isabelle – Ah là, je me reconnais. C'est toujours moi qui commence à dire bonjour et généralement je me surprends à sourire à des gens que je ne connais pas.

Joëlle – Tu vois, c'est ce que je disais tout à l'heure dans les embouteillages...

Jacques – On s'égare, reprenons. Je continue, au Nord les personnes ont tendance à prendre l'initiative du contact, comme toi, Isabelle et inversement au Sud...

Joëlle – Au Sud, ils ont perdu le Nord.

Jacques – Oui, au Sud ils font comme toi, ils interviennent suite à une stimulation externe.

Joëlle – C'est vrai qu'il y a des jours où je trouve que tu as une tête de stimulation externe.

(Jacques fronce les sourcils en regardant machinalement l'heure.)

Isabelle – Bon, allez Joëlle, sois sympa, laisse-le terminer, regarde tout le mal qu'il se donne pour nous expliquer

Joëlle – Je promets, je me tais, allez vas-y Jacques et fais-nous donc un grand écart du Nord au Sud.

Jacques – Au Nord, on va parler de « déclencheur interne » et au Sud de « déclencheur externe ». Tiens Joëlle, veux-tu nous dire ce que tu réponds à un vendeur dans une boutique qui te demande ce que tu cherches ?

Joëlle – Moi, c'est toujours « le coup de cœur ». Des fois, la tête que fait le vendeur quand je lui réponds, cela me fait bien rigoler...

Jacques – Le coup de cœur nous indique que ta motivation d'achat sera provoquée par l'article que tu vois.

Pierre – C'est intéressant parce que moi inversement je rentre dans une boutique avec une idée très précise de ce que je cherche et, si je ne trouve pas, je vais ailleurs. Je suis totalement hermétique au vendeur qui tenterait de me vendre autre chose que ce que je cherche.

Jacques – Je vous remercie de ces deux témoignages. Joëlle, ta motivation sera déclenchée de l'extérieur, on parle alors de « déclencheur externe », le pôle Sud. Toi Pierre, ta motivation est interne, tu sais ce que tu cherches, on parle alors de « déclencheur interne », le Pôle Nord pour reprendre l'image proposée par Joëlle.

Joëlle – Je commence à comprendre. T'as pas une anecdote pour illustrer cela ?

Jacques (il réfléchit une seconde) – Quand j'étais jeune ingénieur…

Joëlle – Ça fait déjà un bon bout de temps !

Jacques – Déclencheur externe ? Tu comprends ?

(Joëlle sourit.)

Jacques – J'étais avec un collègue un vendredi soir et notre patron nous dit : les gars, vous avez fait du bon boulot, la semaine prochaine c'est relâche, une semaine de pause pour vous deux.

Joëlle – Trop cool, le boss.

Jacques – Immédiatement j'ai su ce que j'allais faire. Je m'étais promis d'aller faire un trekking en Irlande dès que je le pourrais. Mon collègue lui ne dit rien, remercia et quand on a quitté le bureau, il était absorbé dans ses pensées. Nous avons pris le métro ensemble et à la station Concorde il s'est soudain écrié : C'est là où je vais aller. Il me désignait du doigt une affiche avec une vue paradisiaque sur la mer Égée.

Joëlle – Je t'embrasse là. Je viens de piger mon fonctionnement « coup de cœur, coup de gueule » qu'on me reproche parfois.

Jacques – En résumé, certaines personnes vont prendre l'initiative du contact avec les autres, nous dirons qu'elles sont auto-motivées, c'est-à-dire que la motivation est provoquée par un déclencheur interne, d'autres seront au contraire motivées suite à un déclencheur externe et elles auront tendance à ne pas prendre l'initiative du contact.

Joëlle – Moi quand je rentre dans le bureau et que je vous dis « vous avez une tronche pas possible ce matin », c'est quoi comme déclencheur ? C'est moi qui parle, les autres ils font la tête ?

Jacques – Et non, chère Joëlle.

Joëlle – J'adore quand tu me parles comme cela.

Jacques – C'est du « déclencheur externe » car ce sont « les têtes que l'on fait » qui sont à l'origine de ta réaction.

Joëlle – Trop fort là, ah, ça y est, j'ai pigé. Toi Isabelle, tu entres dans le bureau et c'est comme si tu embrassais chacun de nous rien qu'à ta façon de nous lécher « Bonjour tout le monde... »

Isabelle – Lécher ? Lâcher tu voulais dire ?

Joëlle – Non, non, c'est comme une grande lèche pleine d'affection.

Isabelle *(un peu vexée)* – Bon, bon, si tu le dis...

Yves – Allez, c'est parti, montre-nous comment ça marche Jacques.

(Jacques se lève, choisit trois feutres de couleurs différentes pour dessiner la matrice. Il trace un axe vertical et un axe vertical).

Jacques – L'axe vertical est l'axe des buts. Au Nord, les déclencheurs internes, les personnes prennent l'initiative du contact. Au Sud, les déclencheurs externes, les personnes ne prennent pas l'initiative du contact. L'axe horizontal est l'axe des relations. Deux pôles. Ouest, Est. Joëlle ?

Joëlle – Si tu le dis...

Jacques – À l'Ouest, nous trouvons les personnes pour qui la priorité est à la qualité de la relation. On dit qu'elles sont « engagées » sur l'axe des relations. À l'Est on trouvera des personnes pour qui la priorité sera l'activité, la nature de la relation étant, pour ces personnes de moindre importance, on dit qu'elles sont « en retrait » sur l'axe des relations. Maintenant, je vous positionne dans les quatre cadrans les six types de personnalité.

Pierre – Je ne peux pas être d'accord avec cela. Tu mets le type Persévérant vers le Pôle « en retrait » alors que je suis quelqu'un d'extrêmement engagé.

Joëlle – Ouais, c'est cela *(elle mime Thierry Lhermitte dans le Père Noël...)*. T'es vachement engagé pour tes idées, mais quand tu me demandes comment je vais, ça m'étonnerait que cela t'intéresse vraiment. Alors que notre douce Isabelle, elle en redemande. D'ailleurs, regardons notre Isabelle. Si par malheur elle est en conflit avec quelqu'un, elle est toute triste et elle a alors bien du mal à bosser. Alors que toi, Pierre, si tu es en conflit avec quelqu'un, tu t'en moques complètement, tu ne sembles pas affecté le moins du monde...

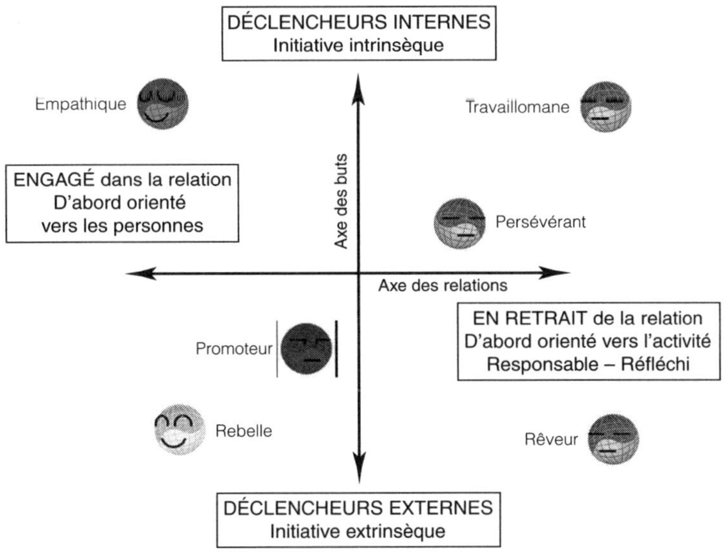

Figure 5.1 : La matrice d'identification

Pierre – Être en conflit avec quelqu'un, c'est d'abord défendre ses idées, c'est cela qui compte.

Jacques – Oui, tout à fait et c'est pour cela que nous écrivons « en retrait de la relation » car dans l'exemple que tu donnes, la priorité n'est pas à la qualité de la relation mais bien à la nature du débat. Tiens, un autre exemple : l'une d'entre nous, dont je tairai le nom *(il fait un clin d'œil à Joëlle)* me reproche souvent ce qu'elle appelle mon côté « droit au but ».

Joëlle – C'est le moins qu'on puisse dire avec ton côté « pète-sec » si je te parle de ta cravate qui est d'un ringard pas possible par exemple. Et puis ton « c'est pourquoi ? » tiré droit de ton congélo, et dire qu'on s'étonne parfois d'être enrhumée !

Jacques – J'adore ta réaction.

Joëlle – Et là tu nous ferais pas un p'tit coup d'engagé dans la relation ?

Jacques – Je m'adapte si je veux avancer…

Yves – Jolie partie de ping-pong. Je suis dans l'action. Explique-moi pourquoi tu me mets du côté « déclencheur externe » ?

Jacques – Effectivement le type Promoteur se lance dans l'action suite à une stimulation extérieure. Souvenons-nous de ce slogan autrefois d'un grand magasin parisien : il se passe tous les jours quelque chose aux Galeries L… C'est typiquement un slogan Promoteur.

Yves – C'est vrai, j'ai besoin qu'il se passe quelque chose pour démarrer. Tiens je me rappelle de l'achat de ma première BM. C'était une photo superbe, dans un décor de rêve, la voiture était magnifique, le conducteur était seul et le slogan « les hommes n'ont pas fini d'aimer les voitures ». J'ai eu immédiatement une poussée d'adrénaline, je me suis dit « j'en veux une comme cela » et le soir même j'avais un rendez-vous à la concession BMW.

Joëlle – Petit frimeur, va…

Yves – Pourquoi petit ?

Joëlle – Trop fort !

L'ENVIRONNEMENT PRÉFÉRÉ

Cadran 1 : déclencheur interne – Engagé dans la relation

Les personnes de base Empathique recherchent les groupes, à condition toutefois que l'ambiance y soit bonne. Souvenons-nous que ces personnes n'aiment pas les conflits et cherchent généralement à les éviter.

En *open space*, elles se ressourcent régulièrement par un regard à leurs collègues. Elles apprécient tout particulièrement un sourire ou un clin d'œil qui leur permettent de ressentir de la complicité. Quant à la pause café qui leur offre la possibilité de vivre de petits moments chaleureux, voire de l'intimité, elle leur offre une belle occasion de recharger leurs batteries.

Isabelle – J'aime tout particulièrement le mercredi matin quand je pense que nous allons nous retrouver tous ensemble pour notre réunion mensuelle, et l'idée de commencer notre réunion par ce quart d'heure émotionnel nous permet à chaque fois de resserrer les liens entre nous.

Yves – C'est vrai que lorsque nous avons initié ce rite du quart d'heure émotionnel, j'ai pensé que nous étions redevenus des boys scouts, Maintenant ça me manquerait si on supprimait ce décollage !

Jacques – Avez-vous constaté que notre chère Isabelle trouve toujours quelque chose à dire à chacun, nous signifiant combien nous sommes importants pour elle ?

Anne – Des fois, je me dis que j'aimerais savoir faire cela

Joëlle – Prends ton ascenseur plutôt que de te prendre la tête !

Anne – J'y songe.

Jacques – Démarrons maintenant notre ordre du jour.

Joëlle – Attention mesdames et messieurs, dans un instant, ça va décoller...

Base Empathique : premiers contacts

Les personnes de base Empathique prennent habituellement l'initiative du contact, ne serait-ce que par le non-verbal.

Elles sont généralement souriantes, cherchant d'abord à établir une relation personnelle avec leurs interlocuteurs, en s'intéressant authentiquement à eux. Le contenu de leur conversation sera plutôt orienté vers la vie personnelle que professionnelle : « d'où êtes-vous ? » « avez-vous des enfants ? »...

Ce mode naturel d'entrée en relation vise à répondre par l'affirmative à leur question existentielle : « Suis-je aimable ? ».

Cadran 2 : déclencheur interne / En retrait de la relation – Orienté Tâche

Les personnes de base Travaillomane et Persévérant sont dans ce cadran. Elles préfèrent habituellement pour mener à bien leurs projets être seules ou avec une seule autre personne. Leur préoccupation est l'efficacité et la relation individuelle leur paraît généralement plus appropriée que la relation de groupe.

Elles prennent l'initiative du contact en fonction de leur objectif : faire connaissance, rechercher de l'information, découvrir les opinions de leur interlocuteur...

Jacques – C'est logique, seul on est beaucoup plus efficace, il n'y a pas de temps perdu et la relation avec une seule personne permet d'aller « droit au but ».

Pierre – Je ne suis pas tout à fait d'accord, être avec un groupe permet de faire passer le même message à chacune et chacun.

Jacques – Entends-tu ce que tu dis ? Tu parles d'être avec un groupe et non pas « en groupe ». Si j'ai bien compris, il s'agit de faire passer ton message et non pas d'échanger avec chacun et donc ce n'est pas la relation que tu recherches mais l'efficacité.

Pierre – Effectivement, je n'en disconviens pas.

Joëlle – Oh là là. Vous seriez pas un peu en train de vous les couper en quatre là...

Notons que le type Persévérant est proche du cadran 3, celui du type Rêveur.

Beaucoup de personnes qui ont une base Persévérant se retrouvent bien également dans l'énergie du type Rêveur. Autre point, notons qu'elles ont moins tendance à prendre l'initiative du contact que le type Travaillomane. La raison à cela est qu'elles attendent de s'être forgé une opinion avant d'intervenir.

Pierre – Là, je suis totalement convaincu de ce point. Pour moi, il est essentiel d'intervenir à bon escient pour savoir à qui j'ai affaire et de quoi il s'agit. Récemment, j'ai suivi un stage. À mi-parcours, le formateur m'a demandé mon avis sur celui-ci. J'ai trouvé sa question quelque peu incongrue car tant que le stage n'était pas terminé, je ne pouvais pas avoir d'avis définitif sur celui-ci.

Base Travaillomane : premiers contacts

Nous pouvons identifier la base Travaillomane de notre interlocuteur à sa tendance naturelle à donner de l'information – parfois même de la sur-information.

Il attache de l'importance à nous montrer sa compétence et fait fréquemment référence à son expérience et/ou à ses réalisations, tentatives pour répondre positivement à sa question existentielle « Suis-je compétent ? ».

Le rapport au temps fait partie de ses préoccupations, et il nous montre son souci de l'optimiser en cherchant à s'imposer une ponctualité sans faille et en attendant la même chose de son interlocuteur.

Yves – J'ai fait un joli coup en demandant à un prospect de combien de temps il disposait pour ma démonstration. Il m'avait accordé, comme à regret, 45 minutes. Je me suis arrangé pour terminer en 43 minutes, j'ai pris congé en regardant ma montre et en lui disant sobrement : « deux minutes de gagnées » avec un sourire complice. J'ai vu dans son regard de la gratitude et du soulagement. Je suis sûr qu'à ses yeux je suis un vrai pro.

Joëlle – Faut changer tes pompes.

Yves – ? ? ?

Joëlle – Ben, les chevilles, ça va ?

Base Persévérant : premiers contacts

La dynamique relationnelle des personnes de base Persévérant s'articule autour de la confiance. « Suis-je digne de confiance ? » est leur question existentielle. Puis-je accorder ma confiance fait partie de leur questionnement habituel.

Lors d'un premier contact, la personne nous jauge, évalue notre degré de sincérité. Soutenir son regard sera alors d'une grande importance pour lui inspirer confiance.

Un manager nous racontait l'anecdote suivante. *« En trois secondes généralement mon opinion est faite : il est ou il n'est pas franc du collier… »*

En situation de vente, tout vendeur trop « punchy » face à un prospect de type Persévérant échouera immanquablement. Nos prospects de type Persévérant ont besoin de temps pour accorder leur confiance. Une fois celle-ci acquise, ils seront fréquemment nos meilleurs ambassadeurs : *« Tu peux lui faire confiance » ; « Celui-ci connaît son affaire » ; « C'est quelqu'un de réglo »…*

Nous renforcerons notre première impression d'une personne de base Persévérant en écoutant ses opinions. La reformulation sincère est un puissant vecteur pour satisfaire le besoin de reconnaissance des opinions et susciter la motivation. Elle signifie : *« votre avis est important pour moi »* auquel s'ajoute un : *« je vous ai compris ».*

« Je vous préviens, vous êtes en concurrence », nous avait dit sur un ton menaçant le directeur d'une école de commerce lors d'un entretien de recrutement.

Celui-ci a duré une heure très précise, le Directeur nous a parlé de l'école, de ses valeurs, de sa vision et de ses convictions fortes sur la façon de former des managers-entrepreneurs. Nous l'avons écouté, sommes intervenu trois fois sous forme de questions-reformulations.

À l'issue de l'entretien, il nous demande : *« Vous a-t-on indiqué les jours et horaires d'intervention ? » « Je pense que vous me les communiquerez si vous retenez ma candidature »* lui avons-nous répondu. *« J'ai décidé, c'est vous ».*

Cadran 3 : déclencheur externe / En retrait de la relation – Orienté Tâche

Joëlle – Tu nous parles de premiers contacts ou d'absence de contact ?

Anne – J'attends que les gens viennent à moi, parfois je les vois venir à moi, même lorsque ce n'est pas le cas.

Jacques – Voici me semble-t-il une parfaite illustration de la question existentielle du type Rêveur.

Joëlle – Des fois, je me dis que tu es une parfaite illustration du type Encyclopédique. Il n'existe pas celui-là ? Ah bon, aller on va l'inventer rien que pour toi...

Base Rêveur : premiers contacts

Lors du premier contact, les personnes de base Rêveur peuvent souvent apparaître comme distantes, absentes et peu intéressées.

Isabelle – Je me sens souvent mal à l'aise face à ces personnes car j'ai l'impression qu'elles ne m'apprécient pas.

Joëlle (à Jacques) – Dis, tu nous le refais le coup de la question existentielle ?

Jacques – On t'a jamais dit que tu avais manqué de fessées quand t'étais petite ?

Joëlle – Si tu le dis...

Lors d'un entretien, nous veillerons à diriger celui-ci en étant direct, bref et concis et en acceptant le besoin de temps nécessaire à l'élaboration de la réflexion. Nous récolterons alors des réponses riches et profondes si nous savons laisser le temps au temps...

Anne (après un moment de réflexion) – Oui, pour moi, c'est comme une vague de fond qui prend du temps pour monter à la surface et que je dois laisser mûrir pour qu'elle porte ses fruits...

Joëlle – Les fruits des vagues… tu sais que tu es un peu poète, Anne ? *(Anne répond juste par un sourire.)*

Cadran 4 : déclencheur externe / Engagé dans la relation

Base Promoteur : premiers contacts

Les personnes de base Promoteur vont généralement utiliser un stimulus extérieur pour entrer en relation : *« Ça marche bien vos affaires, dirait-on… »* en remarquant la voiture d'un prospect, *« Moi aussi je m'habille chez Boss »*, notant discrètement la marque de la veste de son interlocuteur, *« Ce bronzage en plein hiver, c'est Maurice ? »* avec un sourire complice.

Elles donnent souvent l'impression de vouloir diriger l'entretien tout en s'affirmant d'accord avec ce que nous pouvons leur dire. Elles savent « brosser leur interlocuteur dans le sens du poil », et en font fréquemment un tout petit peu plus que ce qui est attendu d'elles. *« Vous avez tout à fait raison, c'est la moindre des choses, si vous me permettez j'ajouterais juste… »*.

Yves – Moi j'ajouterais juste que c'est bien vu ton truc ! De l'art de se mettre les gens dans la poche et roule ma poule !

Pierre – Il est important d'être vigilant à ce qui relève de l'influence et ce qui n'est que de la manipulation.

Yves – Ah ? Et tu fais une différence entre les deux, toi ? Ce qui compte ce sont les résultats, non ?

Pierre – In-té-gri-té, c'est toute la différence qui fait… la différence.

Joëlle – J'adore ton nouveau slogan : « Pierre, l'intégrité fait la différence ». Faut le déposer ce slogan, on dirait du Séguéla !

(Pierre se racle la gorge et ne dit rien.)

Yves – Avec l'intégrité, vous exploserez vos résultats, il n'est pas mal non plus celui-là !

Jacques – Reprenons après cette brève digression.

Base Rebelle : premiers contacts

Comme les personnes de base Promoteur, celles qui ont une base Rebelle entreront en relation à la suite d'une stimulation externe. Réagissant à ce qu'elles ressentent «J'ai envie ou je n'ai pas envie» sont généralement les déclencheurs du comportement. La différence entre les deux types de personnalité provient du fait que, pour l'une, c'est la finalité qui compte, le but à atteindre : *« C'est sûr, je ne sortirai pas d'ici tant qu'il n'aura pas signé »*, pour l'autre ce sera la relation : j'ai envie d'être en lien avec lui ou pas. La relation est davantage centrée sur l'ici et maintenant pour le type Rebelle que pour le type Promoteur.

Joëlle – Moi je déteste quand je vois l'autre venir. Tiens, toi, Yves par exemple, quand tu viens me voir et que tu me fais le coup de la-petite-Joëlle-qui-est-mignonne-comme-tout-avec-son-nouveau-corsage, burk, j'te grifferais bien dans ces cas-là !
Yves (avec un clin d'œil complice) – Et t'es sûre que je n'aimerais pas ?
Joëlle – Là, j't'adore, tu vois ?

Tableau 5.1 : L'environnement préféré des types de personnalité

Empathique	Prend fréquemment l'initiative du contact en cherchant à établir une relation de type personnelle.
Travaillomane	Prend aisément l'initiative du contact en cherchant à instaurer une relation basée sur des échanges intellectuels ou professionnels.
Persévérant	Prend généralement le temps de se forger une opinion avant d'intervenir, évaluant d'abord l'intérêt d'entrer en relation avec son environnement.
Rêveur	Est généralement peu investi dans la relation, répondant brièvement aux sollicitations verbales de son entourage.
Promoteur	Utilise un stimulus lié généralement à son interlocuteur pour entrer en relation et cherche fréquemment à conduire la relation pour atteindre son but.
Rebelle	Entre en relation si son interlocuteur lui plaît et s'il en a envie. Ne prend habituellement pas de gants pour faire savoir son intention.

UN DÉCLENCHEUR DE STIMULATION

Pour terminer ce chapitre sur les déclencheurs de la motivation, nous avons demandé l'autorisation à Éric, 44 ans, cadre dirigeant dans l'industrie aéronautique, de publier son très beau témoignage qui, selon nous, se suffit à lui-même. Éric a une base et une phase Rebelle.

> Tout petit (dès 7 ans), j'étais très bon en classe, très en avance tant du point de vue connaissance que du point de vue d'une certaine maturité

(hélas pas complète). Les bonnes sœurs qui tenaient l'école de filles dans laquelle j'étais scolarisé m'appelaient l'encyclopédie et avait modifié leur règlement afin que je puisse faire mon CP chez elle (elles n'accueillaient que des filles). Bref ma future réussite scolaire ne faisait de doute pour personne (à part moi qui ne m'en rendait pas compte).
Mon arrière-grand-père (qui n'était *in fine* pas de mon sang: c'était le second mari de mon arrière-grand-mère) était une énorme référence morale pour toute la famille et pour moi (il avait élevé ma mère et avait conseillé toute la famille sur des choix de vie complexes). Cet homme, cette référence, ce demi-dieu à mes yeux, se mit à dire: *« Ce petit il fera Polytechnique »*. Mis à part qu'il regardait le défilé du 14 juillet et que pour lui Polytechnique constituait le summum, je ne savais pas ce qu'était Polytechnique (et je pense qu'il l'ignorait aussi). Ces paroles, répétées sans pression aucune et reprises par le reste de la famille et qui tenaient plus de la prophétie que de l'injonction à faire ont marqué mon esprit et l'ont conditionné.
Cet homme est mort quand j'avais 11 ans, ses paroles n'en sont devenues que plus magiques car elles se mêlaient au souvenir d'un défunt à l'évocation duquel je pleure encore 33 ans après et à qui je devais fidélité.
Donc jusqu'à la terminale, quand mes amis me demandaient ce que j'allais faire plus tard, je répondais *« Polytechnique »*. Ils en riaient gentiment non pas tant du fait de mes résultats (ils correspondaient à ce qu'il fallait), mais plus parce que tous répondaient par des métiers, des aventures ou autres histoires bâties et que moi je ne répondais que par un nom. À 2 mois d'entrer en classe préparatoire, je ne savais pas qu'il fallait les faire pour passer le concours. À noter que ma famille ne me répétait plus l'injonction primordiale depuis le décès de mon arrière-grand-père.
In fine sans surprise, je suis pris en prépa et on m'informe simplement que pour faire Polytechnique il faut faire M' (c'est une info que je capte, je ne suis pas allé la chercher). Va donc pour M'. Je passe sur les avatars de la prépa sans intérêt sur le sujet, et je me retrouve « admissible au concours » en 3/2. Je vais passer l'oral à l'École et suis subjugué par la beauté quasi soviétique des lieux (par ailleurs totalement vides durant les congés d'été). Je rate le concours cette année-là, ne sait pas davantage ce qu'est cette école mais je l'ai vue et je la visualise. Mon année de 5/2 se passe sans que j'en sache plus que ça, mais avec la paisible certitude que l'objectif est atteignable. Je l'atteins un an après.
Lorsque j'apprends que je suis reçu, je n'en éprouve aucune joie (à l'inverse de ma famille, cela vaudrait d'ailleurs un roman en soi). Les vacances se passent paisiblement à ranger mon passé pour me préparer à ce futur qui était le mien depuis toujours.
Je prends donc le train avec un billet payé par l'armée et rejoins Palaiseau. À partir de là, tout s'effondre. Le train était puant, l'arrivée calamiteuse dans un bus miteux et l'accueil par des militaires qui m'ont fait dès l'après-midi ramper dans un fossé boueux avant de m'envoyer

dans un camp d'entraînement pour la PMS, puis après l'École d'officier de réserve puis le régiment. Tous mes camarades étaient renseignés sur cette phase (qui n'était vraiment pas si terrible que ça mais que j'ai vécu comme un traumatisme). Ils la vivaient bien et moi je ne comprenais rien.
Il est intéressant de réfléchir à ce stade au fait de savoir pourquoi je ne comprenais rien. Mon but s'appelait Polytechnique et était certes «militaire», mais je l'avais imaginé comme un paradis de la science et de la connaissance pour lequel la couverture militaire n'était qu'un habillage (en pratique c'est assez vrai mais il y a des reliquats de bottes).
Cette année militaire m'a beaucoup apporté (peut-être est-ce ce qui m'a formé le plus) mais ce fut une année de souffrance par le bouleversement qu'elle apporta à mon équilibre. Finalement je rentrais à l'École pour 2 ans d'études mais le mécanisme était cassé. Je n'ai jamais plus pu me remettre à étudier comme avant. En fait j'avais atteint le but et je me trouvais face à un vide à multiples facettes:
Première facette: Et après, que faire concrètement?
Deuxième facette: Mais pourquoi avoir fait ça plutôt qu'autre chose?
Troisième facette: Toute ma construction psychologique tombait et il fallait la reconstruire (terrible travail d'inventaire dont je ne vois le bout que maintenant après 25 ans de vie, un divorce, des deuils et des épreuves et, disons-le aussi, un grand amour et des réussites).
À la fin de la deuxième année il fallait remplir la feuille de choix pour la suite des études. Je rentrais d'un stage en Suède de 3 mois et trouvais un monde différent, tous mes camarades étaient déjà entrés dans leur futur (certains fiancés, d'autres en stage dans leurs futures entreprises, d'autres à travailler les programmes des années suivantes). Et moi je me retrouvais toujours avec le vide devant moi et une fiche de vœux à remplir pour le lendemain.
Alors j'ai appelé mon père. Je ne lui avais jamais demandé un quelconque conseil avant et je lui ai demandé. Il me conseilla de choisir le corps de l'armement option aéronautique car, en tant que scientifique, il avait pu voir les moyens de Sup Aéro et des ingénieurs de l'armement qui y étaient (en rationalité limitée, il n'a fait que me dire que son expérience proche lui disait que le lieu et le statut étaient confortables).
Je choisis donc ce corps, plus par défaut que par goût. Il n'y a rien à regretter. En 20 ans de carrière et de vie personnelle j'ai peu à peu rempli le vide. Après tout, mettre 20 ans à combler un vide de 20 ans n'a rien d'étonnant. À l'aube de mes 44 ans, je suis maintenant sur une voie totalement différente où je suis beaucoup plus mon propre déclencheur. Je sais ce que je vais faire maintenant et il m'aura fallu 44 ans pour le visualiser et m'y préparer.

6

LA MÉCOMMUNICATION

> *« Il y a eu malentendu, et pour peu*
> *que vous connaissiez le monde,*
> *vous ne vous en étonnerez point. »*
>
> Albert Camus

DANS LES SITUATIONS DE COMMUNICATION INTERPERSONNELLE, il suffit de peu de choses pour que cela se passe bien ou mal. C'est le fameux « mot de travers, et c'est le dérapage », dit-on couramment. Taibi Kahler a choisi le terme de « mécommunication » pour désigner ces phénomènes d'incompréhension, de conflit ou de passivité fréquents au quotidien. Il a également observé que, dans de nombreux cas, la mécommunication était due à la non-satisfaction positive des besoins psychologiques, ou à la non-utilisation du canal approprié. De telles situations génèrent du stress, une baisse d'énergie et de motivation.

LES EFFETS DU STRESS

Sous stress, tout individu cesse de penser clairement. Sa capacité à résoudre les problèmes est altérée, il a tendance à voir les choses non pas telles qu'elles sont mais telles qu'il croit qu'elles sont, et ceci bien sûr en toute inconscience.

S'il est en relation avec un interlocuteur, c'est sur un mode négatif qui peut n'avoir qu'un rapport lointain avec l'objectif apparent de la conversation. D'où le terme de mécommunication.

Le port d'un « masque » est l'un des signaux de la mécommunication et du stress. Les « masques » sont repérables à la modification des expressions faciales. Par exemple les yeux se froncent, les rides sont surlignées, le visage peut devenir douloureux ou, au contraire, de marbre. Chaque fois que nous percevons chez autrui un masque, nous pouvons en déduire que la personne entre sous stress et que si celui-ci augmente, elle sera de plus en plus confuse, perdant le contact avec la réalité et interprétant ce qui se passe en fonction de son expérience interne. Exemple :

A – Pouvez-vous m'expliquer les raisons de...

B – Oh, ça va hein ! En fait, je sais très bien ce que vous voulez dire. Vous croyez que c'est de ma faute si...

B est sous stress, il est convaincu que A tente de le coincer et va probablement chercher à vérifier sa croyance, méconnaissant qu'il est possible que A ne cherche que de l'information.

Une autre caractéristique des comportements sous stress est que les masques invitent les masques. Pourquoi ? Parce que les réponses spontanées à un comportement masqué sont l'attaque, la fuite ou l'immobilité (passivité). C'est-à-dire un autre comportement masqué dont le but est la protection de l'individu. Prenons un exemple :

Jacques commence : *« je dois vous expliquer en quoi les drivers sont une composante importante, et essentielle, à saisir tant pour comprendre les causes de la mécommunication que pour revenir en communication le cas échéant... »* Jacques est dans un léger sur-détail. Et Joëlle commence à froncer les sourcils : « Comment ? ». Jacques reprend : « *Oui, j'ai dit :* (redonne l'information). *Est-ce que vous me suivez ? » « Ben, euh, pas vraiment... »* Jacques recommence mais l'impatience monte... Son comportement légèrement masqué a « accroché » le masque chez Joëlle.

Autre exemple :

Isabelle (base Empathique) s'adresse à Yves (base Promoteur) : *« Tout va bien, vous n'avez besoin de rien ? » « Non merci »,* répond Yves d'un ton sec. C'est tout juste s'il lève les yeux de ses papiers.

Cette réponse sèche invite Isabelle à ne pas se sentir reconnue. Il est possible qu'elle insiste, sans même s'en rendre compte, pour obtenir de l'attention, ou qu'elle « fasse la tête ». Yves risque alors de s'énerver sans réaliser qu'il a mis trop peu d'énergie dans la relation...

Il y a donc tout intérêt à être vigilant aux premiers signes annonciateurs et au premier masque : dès que le processus tend vers la mécommunication, le contenu aura bien du mal à passer. Il s'agira, alors, pour repasser dans des échanges positifs, de décoder la signification du comportement en y répondant de façon positive. La connaissance des types de personnalité, des besoins psychologiques et l'utilisation des canaux de communication sont trois outils au service de cet objectif.

Taibi Kahler a identifié trois degrés de mécommunication. Le premier, le *driver* (que l'on peut traduire par ce qui nous conduit), constitue la porte d'entrée. Le second est caractérisé par le port des masques d'Attaquant, de Blâmeur ou de Geignard et l'activation des mécanismes d'échec. Le troisième est le masque de Désespéré (figure 6.1).

PREMIER DEGRÉ DE MÉCOMMUNICATION : LES DRIVERS

« Porte d'entrée » dans la mécommunication, les *drivers* sont des comportements subtils, difficiles à percevoir. Ils sont comme des clignotants qui indiquent que la personne entre sous stress. Le problème essentiel que posent ces *drivers* est le passage au deuxième degré dans lequel l'individu sera dans une énergie dommageable activant alors ses propres mécanismes d'échec (voir ci-dessous).

Les *drivers* ont été appris dans l'enfance. Ils proviennent de tentatives précoces pour obtenir de l'attention conditionnelle de la part des figures parentales.

Il existe cinq principaux drivers : *Fais Plaisir, Fais Effort, Sois Fort, Sois Parfait* et *Dépêche-Toi*. Chaque type de personnalité utilise plus particulièrement l'un d'entre eux, excepté pour le *driver* « Dépêche-Toi » qui n'est spécifique d'aucun type en particulier.

Fais Plaisir, driver du type Empathique

Lorsque Florent, petit garçon adorable de 4 ans se met en colère, il se peut que maman n'apprécie pas et l'envoie derechef dans sa chambre… : *« Tu reviendras quand tu seras gentil. »* En revanche, il découvre que, s'il a des comportements qui « font plaisir », l'attitude de sa mère change du tout au tout. Conclusion : il a tout intérêt à *faire plaisir* et à se concentrer davantage sur la satisfaction des personnes que sur ce qu'il ressent pour lui-même. Par exemple, les adultes lui demandent de manger un peu plus de viande « pour papa », et de légumes « pour grand-mère ». De prime abord, cela lui semble curieux de le faire pour eux plutôt que parce qu'il a faim mais il obtempère.

En répétant ce type de comportements, il apprend que c'est la façon la plus efficace pour obtenir de l'attention positive lorsqu'il en a besoin.

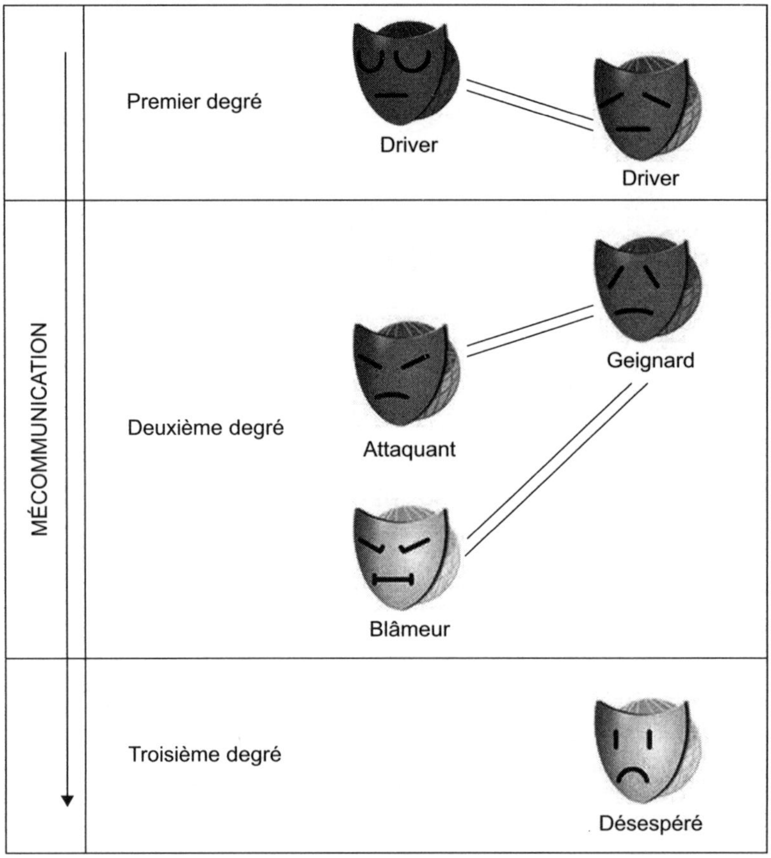

Figure 6.1 : Si l'une des personnes porte un masque, la mécommunication apparaît

Quelques années plus tard…

Florent a bien grandi maintenant et il a fait l'école hôtelière, ce qui convient très bien à sa base Empathique : les personnes de base Empathique adorent tout ce qui tourne autour de la nourriture en particulier et aiment faire partager ce plaisir. Florent travaille dans un grand restaurant. C'est quelqu'un d'agréable : grand sourire, spontané, attentif aux besoins des clients. Depuis quelque temps, il rencontre des difficultés : le restaurant s'est spécialisé dans une clientèle d'homme d'affaires, peu enclins aux signes de reconnaissance. Florent explique : *« Je ne me sens plus bien avec la clientèle. Les gens ne sont pas gentils, pas aimables. Bref, je me sens pas reconnu… Alors que jusque là tout le monde me souriait, m'appelait par mon prénom, maintenant, c'est juste un petit merci… et encore, dans le meilleur des cas ! »*

Comportements observables sous l'influence du* driver *« Fais Plaisir »

Au premier degré de stress, Florent a tendance à ne pas demander directement ce dont il a besoin. Il dira des choses du genre : *« Je pourrais peut-être avoir une journée de congé ? », « Je pourrais peut-être partir plus tôt ? », « Cela n'a pas d'importance. Comme vous voudrez »*. Il éprouvera des difficultés à dire non. Sa « croyance » est la suivante : « si je dis non à quelqu'un il sera frustré et en colère, donc il ne m'aimera pas ». De la même façon il aura tendance à interpréter un « non » comme « non, je ne t'aime pas » (rappelons que, sous stress, nous cessons de penser clairement : au lieu d'entendre « non, il y a un problème », le type Empathique perçoit alors du « non-amour »).

La contrainte du *driver* « Fais Plaisir » lui rend difficile la prise de décision (s'assurer de ce que tout le monde souhaite prend du temps) et il est mal à l'aise lorsque quelqu'un dans son entourage est mécontent.

C'est la raison pour laquelle les managers de type Empathique animent leurs équipes en cherchant le consensus et s'attachent à créer une bonne ambiance. Comme ils sont mal à l'aise avec les conflits, ils mettent de l'énergie à les éviter ou à tenter de les résoudre dès les premières manifestations.

Sois Fort, driver du type Rêveur

Sébastien, pour sa part, s'il pleure parce qu'il s'est fait mal au genou, se voit dévalorisé par un grand frère ou par son papa : *« Quand on est un homme, on ne pleure pas »*. C'est le modèle du *Sois Fort*, dans lequel l'enfant apprend à ne plus exprimer ses sentiments et à taire ses besoins. *« Tais-toi »* lui dit-on, *« Cela ne fait pas mal »*, alors qu'il sait bien qu'il a mal...

Quelques années plus tard...

Sébastien a aujourd'hui 27 ans. Il est décrit habituellement comme quelqu'un de solitaire et taciturne. Il déteste qu'on lui demande comment il va et pire encore ce qu'il ressent. C'est un passionné de musculation. Dans son entourage, on le décrit comme dur à la souffrance. Il ne manque jamais une épreuve du Paris-Mantes, qui se fait à pied, en plein hiver, la nuit. Sa difficulté principale ? Il n'arrive pas à s'attacher à quelqu'un.

Il travaille dans une station-service. Il ne s'occupe plus que de la caisse depuis que les pompes sont automatiques. Ce qu'il apprécie, c'est que son travail ne lui demande pas trop de concentration et qu'il a peu de contacts avec autrui. C'est quelqu'un qui n'est jamais malade et se débrouille tout seul en cas de difficultés. *« Un vrai professionnel n'a besoin de personne »*, tente-t-il parfois de se convaincre.

Comportements observables sous l'influence du driver Sois Fort

Dans la salle de musculation que Sébastien fréquente, son comportement est toujours le même. Il arrive, fait un petit signe à l'employé puis s'installe seul aux appareils. Aucun contact, il ne parle avec personne. Autour de lui, d'autres clients, par petits groupes de copains qui se lancent quelques plaisanteries, passent aux appareils chacun à leur tour... C'est tout juste s'il semble les voir. Lorsqu'il a fini, il va prendre sa douche, se rhabille et repart, avec le même petit signe de tête en sens inverse... Lorsque que quelque chose ne va pas, il semblerait que son visage se ferme. Il devient encore moins expressif que d'habitude, comme s'il n'y avait plus personne à bord. Un des signes caractéristiques du driver Sois Fort est le « baisser de rideau » : Durant les fêtes de famille par exemple, ou quelque réunion longue et animée, il n'est pas rare de voir Sébastien prendre un air absent, regarder ailleurs, s'absorber dans sa vie intérieure. Nous pourrions dire que le *driver* « Sois Fort » agit comme un signal de couvre-feu : c'est l'heure de rentrer dans sa carapace, afin d'éviter la sur-stimulation relationnelle.

Sois Parfait, driver du type Travaillomane

Bertrand n'aime pas travailler à l'école. Mais alors pas du tout. Il s'y ennuie. Bien sûr, son carnet de notes s'en ressent. Lorsque qu'il le montre à la maison, son père ne dit rien et se détourne de lui, tout simplement. En revanche, l'autre jour, sans savoir trop bien comment, il a obtenu un 10 en calcul. C'était la première fois... Lorsqu'il l'a annoncé à son père... résultat extraordinaire : ce dernier l'a pris dans ses bras, a dit qu'il était fier de lui... Il a découvert qu'avoir de très bonnes notes à l'école lui permettait d'obtenir beaucoup d'attention de la part de Papa... Pour obtenir de l'attention, il faut *être parfait*...

Quelques années plus tard...

Bertrand a 35 ans. C'est un excellent bricoleur. Il explique : « C'est incroyable. Toute la pièce était impeccable. J'avais choisi un papier peint très beau, très cher et j'avais bien calculé mon nombre de rouleaux. Et je me suis aperçu qu'il me manquait de quoi finir un pan intérieur de placard, totalement invisible. Plus une seule chute de papier... Rendez-vous compte : j'ai dû racheter un rouleau ! Et en même temps je n'étais pas bien car je me disais : c'est idiot de mettre tant d'argent dans un truc que personne ne verra jamais... Et pourtant, sans cela, je ne pouvais pas avoir l'impression d'avoir complètement terminé... »

Bertrand n'a *pas le droit à l'erreur.* Il pourrait préférer cacher une erreur plutôt que de la reconnaître ou de s'entendre dire par son patron qu'il s'est trompé, qu'il n'a pas été « parfait »...

Comportements observables sous l'influence du driver Sois Parfait

Sous influence de son *driver*, Bertrand surqualifie, ouvre des parenthèses dans les parenthèses et parfois, hésite un long moment pour choisir exactement le mot juste qui « parfaitement » traduira sa pensée. En tant que manager, c'est quelqu'un qui peut éprouver des difficultés à déléguer pensant qu'il peut faire mieux et plus vite que les autres. Et parfois même il ira jusqu'à dire : *« Autour de moi ils sont incompétents, c'est pourquoi je suis obligé de tout faire par moi-même ».* Et les collaborateurs penseront : *« Comme il reprend tout derrière nous, ce n'est pas la peine de se casser la tête. »*

Fais Effort, driver du type Rebelle

Lorsque Julie a commencé à manger toute seule, sa mère n'aimait pas beaucoup la voir décorer l'espace environnant avec une composition inédite de légumes et de yaourt, ni passer autant de temps à avaler les trois carottes qui avaient échappé à sa créativité. En revanche, si maman intervenait et aidait sa fille à finir son repas, faisant alors les choses *pour* elle, l'ambiance se détendait... Julie a très vite appris qu'il suffisait d'essayer de faire les choses, mais surtout pas de les faire soi-même, maman n'étant pas contente que sa fille se passe d'elle et fasse à sa manière. Aujourd'hui, dès que cela devient difficile, Julie a besoin qu'on lui explique, que l'on s'occupe d'elle car elle n'y arrive pas toute seule : *«j'comprends pas»*, dit-elle, en *faisant des efforts, invitant ainsi l'autre à penser ou à faire à sa place.*

Quelques années plus tard...

Aujourd'hui, Julie est correspondante informatique dans une grande entreprise nationalisée. Elle aime son métier qui lui permet à la fois de se détendre sur son ordinateur et d'être en contact avec de nombreux interlocuteurs. D'autre part elle a pour mission de faire le lien entre la comptabilité et le service informatique. Comme le service informatique est peuplé de personnes qui ont le même profil qu'elle, cela lui donne l'occasion de passer d'agréables moments. Son patron a une base Persévérant, il est en phase Travaillomane. Il a tendance à lui donner des consignes en utilisant le canal Interrogatif/Informatif : de façon directe, efficace et claire, sans fioritures. Julie commence alors à plisser le front, elle cesse de penser clairement, elle ne comprend plus. Elle fronce les sourcils et dit : « Hein ? Quoi ? » ce qui a le don d'irriter son patron.

Comportements observables sous l'influence du driver Fais Effort

Quand elle était adolescente, Julie disait souvent : *« Ouah, j'en ai marre, c'est trop dur, les maths, j'comprends pas, j'y arrive pas... »* ou alors, en soupirant : *« Ça m' prend la tête... », «Ah ouais, j'aimerais bien fêter mon anniversaire, mais il faut tout organiser, réfléchir à qui inviter... ».*

À une question directe, une personne de base Rebelle sous stress peut réagir ainsi :

– Qu'est-ce que vous faites dans la vie ?
– Hein ?
– J'aimerais savoir quel est votre métier ?
– Et vous voulez savoir quoi ?
– Quel est votre métier...
– Mais quand vous dites mon métier, c'est...
– Eh, bien, votre activité professionnelle...

Le *driver* Fais Effort invite l'autre à réagir. À faire des efforts. On peut repérer ce *driver* à son côté laborieux. Aux phrases ponctuées de *euh, comment dire, le, le*... On a l'impression que « cela ne sort pas ».

Il arrive que le *driver* « Fais Effort » présente certaines caractéristiques « passives-agressives ». C'est le cas de cet entretien de recrutement :

– Je vois sur votre CV que vous avez fait l'IAE...
– Oui.
– Puis que vous êtes entré directement chez Schmolbil. Que vous y êtes resté trois ans. Pourquoi en êtes-vous parti ? Vous n'indiquez pas le motif de votre changement...
– Comme ça, pour changer, quoi...
– Pour changer... Mais encore ?
– C'est tout.
– Vous aviez envie de changer ?
– Ouais.
– Mais c'était pour acquérir plus d'expérience ailleurs ou...
– Ouais.
– Quelle expérience ?
– Ben, je verrai bien.
– Bon. Alors. Poursuivons. Ensuite vous êtes donc entré chez Troulmaille. Vous y avez passé dix ans. Durant tout ce temps, vous avez fait pas mal de postes différents... C'est vous qui désiriez changer régulièrement ?
– Ça dépend...
– Ça dépend de quoi ?
– Ça dépend de plein de choses.
– Quelles choses par exemple ?
– Plein de choses, j'sais pas... J'sais pas comment dire...

Dans cette situation, le recruteur fait beaucoup d'efforts pour « faire parler » le candidat. La situation le pousse à dépenser de l'énergie. Et plus il dépense de l'énergie, moins il obtient d'informations. C'est comme si son interlocuteur lui disait : *« J'ai envie que ce soit toi qui mettes de l'énergie, comme ça, tu t'occupes de moi, répondant alors à mon besoin de contacts. »*

Drivers-Pour Toi, *drivers*-Pour Moi

Les quatre *drivers* que nous venons de voir sont des *drivers* que l'on nomme « Pour Toi ». C'est-à-dire qu'ils expriment la position de vie suivante : *« Vous avez de la valeur, j'aurai de la valeur si... »*. Il s'agit d'un « + conditionnel », c'est-à-dire : *« j'ai de la valeur à condition de vous faire plaisir, à condition de faire des efforts, etc. »* Si la personne ne remplit pas cette « condition », elle ressent un malaise (excellent indicateur personnel pour repérer ses propres *drivers*) :

- Le type Empathique : je dois faire plaisir, si je dis non à quelqu'un, je ressens un malaise à l'idée de lui avoir déplu.
- Le type Travaillomane : je dois être parfait : je me sens mal à l'aise si je quitte le bureau avant d'avoir complètement bouclé ce dossier.
- Le type Rebelle : je dois faire des efforts : je ressens une grande lassitude en ayant l'impression de dépenser beaucoup d'énergie et ne pas avancer ;
- Le type Rêveur : je dois être fort : je me sens mal à l'aise avec ce que je ressens et me dis que, de toute façon, je suis seul et que je ne peux compter que sur moi-même.

Le malaise ressenti provient de ce que l'individu ne se conforme pas aux exigences internes.

Les deux types de personnalité restants, à savoir le type Persévérant et le type Promoteur montreront des Driver que l'on nomme Pour Moi, qui sont le « Sois Parfait Pour Moi » et le « Sois Fort Pour Moi ». Leur position de vie est la suivante : *« J'ai de la valeur, vous aurez de la valeur si... »* Ce qu'ils exigent pour eux-mêmes, ils l'exigent également pour les autres et le leur font savoir.

Sois Fort Pour Moi, *driver* du type Promoteur

Julien est un gamin qui a appris très tôt à se débrouiller seul. Ses parents étaient convaincus qu'ainsi, il serait mieux armé pour la vie. Il a appris que pour survivre et s'adapter dans son environnement pas toujours facile, il fallait qu'il soit « fort ». Il a aussi appris très tôt à reconnaître que les gens « biens » sont ceux qui sont « forts » également. C'est ce que nous appelons le *driver* Sois Fort Pour Moi. La personne, sous l'influence de ce *driver*, va non seulement exiger d'elle-même force et autonomie, mais va l'attendre des autres.

Quelques années plus tard…

Julien est responsable d'une équipe de commerciaux. Il a horreur des « dépendants ». Ce qui explique les difficultés qu'il rencontre avec les collaborateurs de base Empathique qui cherchent à lui faire plaisir espérant, en retour, obtenir un peu d'attention personnelle. Julien vit ces manifestations affectives comme particulièrement inadéquates et a tendance à renvoyer « dans ses dix-huit mètres », comme il le dit lui-même, toute personne sous l'emprise « d'un débordement émotionnel » !

Comportements observables sous l'influence du driver Sois Fort Pour Moi

Les phrases types de Julien sont tous les messages à base de *« Débrouillez-vous sans moi… Vous n'avez qu'à lire la notice… »*. Le manager sous l'influence du *driver* « Sois Fort Pour Moi » instaure des relations de compétition avec ses interlocuteurs. Julien a tendance à manager son équipe à la « chacun pour soi » et à ne pas apporter de soutien aux collaborateurs qui en ont besoin : *« Écoutez-moi bien, je me suis fait tout seul, je n'ai eu besoin de personne, alors ne comptez pas sur moi pour jouer les nounous. Dans mon équipe, il n'y a pas de canards boiteux… »* Expression typique « Promoteur » : *« ici y a que des mecs, des vrais »*, et, se tournant vers les femmes : *« Et vous les filles, si vous êtes dans mon équipe, c'est pour faire comme les mecs »* (Vous avez naturellement identifié ici un comportement Promoteur « dur ».)

> Dans un autre style, une charmante vieille dame de 84 ans nous a offert, à son insu, l'illustration d'un « merveilleux » *driver* Sois Fort Pour Moi. Sa vie n'a été qu'une suite d'aventures, de prises de risques inconcevables pour une femme de son époque. Comme nous lui demandions de nous parler de ses peurs, elle nous considéra calmement et répondit : « Peur ? Mais je n'ai jamais eu peur. Je ne sais pas ce que c'est. Depuis mon enfance, je ne l'ai plus jamais sentie. Lorsque j'étais petite, mon père

m'envoyait dans le jardin le soir, tard, chercher quelques outils oubliés... J'avais alors très peur, mais je ne disais rien. Mon père me disait: «C'est bien, tu es forte, tu es la fille et le garçon que je voulais avoir, tous les deux à la fois. Tu es digne de moi...» J'ai appris que, pour être aimée par mon père, il fallait être forte...

Sois Parfait Pour Moi, *driver* du type Persévérant

Lorsqu'elle était petite, Laurence avait déjà la croyance qu'elle avait un rôle à jouer pour que les gens soient sérieux, respon-sables. Elle faisait penser à une enfant qui a grandi trop vite. À sept ans, lorsqu'elle jouait à la poupée, elle lui faisait de vrais discours, sur un ton très parental. Adolescente, elle exigeait que sa petite sœur soit propre, qu'elle mange bien, etc. Bref, elle jouait déjà la maman et faisait pression sur sa sœur pour que celle-ci soit parfaite.

Quelques années plus tard...

Laurence est chef de service dans une clinique. Elle est vécue comme quelqu'un de plutôt froid, et très exigeant. Qui ne sourit pas. L'infirmière de type Rebelle dit couramment d'elle: *«Planquez-vous, v'là la gendarme»*. Elle s'irrite facilement de voir que tout n'est pas impeccablement rangé dans les salles de soins. Que les choses ne sont pas faites comme elle l'entend, elle. Elle a une très haute opinion de son métier et de comment les affaires doivent être menées dans un cadre hospitalier.

Comportements observables sous l'influence du driver Sois Parfait Pour Moi

«Je voudrais que tu me résumes les valeurs essentielles que tu trouves dans ce modèle en prenant en compte à la fois le travail qui a été fait, ton expérience concrète, ton background sans oublier naturellement ta formation précédente. Je t'écoute.» Cette façon de s'exprimer est naturelle chez Laurence. Pour répondre, la personne se sent contrainte à être parfaite. Résultats dans le public: l'un voit flou, le second a déjà décidé qu'on venait de lui parler en japonais, le troisième a mis un turbo à son ordinateur interne, le quatrième engrange et s'apprête à traiter, le cinquième a déjà oublié.

Autre mode caractéristique du *driver* Sois Parfait Pour Moi : poser trois questions à la fois. Ayons en tête également la tendance, déjà évoquée à propos du type Persévérant, à noter ce qui ne va pas et non cc qui va bien :

> Écoutez Messieurs, soyons sérieux, il n'est pas besoin de dire aux collaborateurs qu'ils font bien leur travail. Ils sont payés pour cela, c'est tout de même la moindre des choses. En revanche il n'est pas question de laisser passer le moindre problème, sinon où irait-on ?

Ce type de comportement provoque des réactions chez les collaborateurs du type : *« Mon chef, il ne me dit jamais ce qui va bien mais s'il y a un truc qui ne va pas, il ne me loupe pas »*.

Anecdote familiale qui illustre ce *driver* « Sois Parfait Parent » : c'est le jour du carnet de notes. Papa a une base Persévérant, son fils Travaillomane Sur le carnet, Papa ne voit que des 10 et un 9. Il ne dit rien à propos des 10 et montre le 9 du doigt : *« Mon fils, quel est le problème ? »* Autre scène, de la vie conjugale cette fois-ci : Madame s'est donnée du mal à préparer un bon repas. *« C'est bon chéri ? »*, demande-t-elle à son mari en quête d'un peu de reconnaissance. Lui, absorbé par les soucis de la journée : *« Tant que je ne dis rien, c'est que c'est bon. »*

Si l'on écoute attentivement Laurence, on se rend compte qu'elle formule beaucoup de choses par la négative : *« ce n'est pas mal, ce que vous avez fait »* (entendez qu'il s'agit d'un bon travail), *« ce que vous dites n'est pas inintéressant »* (entendez que c'est une bonne idée), *« ce repas n'est pas mauvais »*, etc. Bref, quand elle conclut « il n'y a rien à dire » (parfois avec une – légère pointe de regret dans la voix), comprenez que le travail fourni était parfait…

Dépêche-toi, *driver* secondaire

Le « Dépêche-Toi » est un *driver* secondaire qui ne permet pas d'identifier la phase d'un individu. Dans un « Dépêche-Toi Pour Toi », la personne se sent contrainte à se dépêcher (voir la mère de famille débordée qui fait plusieurs choses à la fois et ne cesse de courir).

Dans un « Dépêche-Toi Pour Moi », la personne attend des autres qu'ils se dépêchent (voir certaines émissions de radio quand les auditeurs téléphonent : *« C'est à vous de parler, nous vous écoutons, oui, Monsieur, allez-y… »* le ton de la voix « invite » l'auditeur à se dépêcher).

Un *driver*, ça va, deux *drivers*...

En tant qu'adulte sous stress, l'individu a donc tendance à reproduire les comportements appris dans l'enfance qui ont été efficaces pour obtenir de l'attention... même conditionnelle. Le problème est que la « grande scène du II » ne marche plus : ce qui était efficace avec les parents ne l'est pas, la plupart du temps, dans l'ici et maintenant. Nous avons vu que les *drivers* constituaient la « porte d'entrée » du processus de mécommunication. Leur apparition est extrêmement rapide et brève, et peut se reproduire des dizaines de fois au cours d'une conversation ordinaire. Plusieurs *drivers* peuvent se succéder dans la même phrase. En effet, même si un individu montre principalement le *driver* correspondant à sa base (c'est le plus fréquent), il n'est pas rare qu'un ou deux autres lui soient familiers. Ce qui donne, par exemple : *« Si vous voulez (Fais Plaisir), je souhaite, au point où nous en sommes (Sois Parfait)... »* ou bien : *« Je veux dire. enfin, j'aimerais beaucoup. euh comment dire... euh... (Fais Effort) vous donner un exemple clair, concret, précis et vérifiable (Sois Parfait)... »*

Mais les véritables difficultés arriveront si l'individu passe au deuxième degré de mécommunication. Être attentif aux *drivers* procure des informations précieuses en termes de besoins psychologiques et permet d'éviter cette « escalade » du stress. Ci-dessous un exemple de dialogue quotidien riche en *drivers*...

Isabelle et Pierre doivent partir ensemble le samedi matin. Isabelle téléphone à Pierre pour convenir du lieu de rendez-vous. Pierre revient d'une réunion particulièrement pénible. Il est sous stress. Pour jouer cette partie, ils disposent tous les deux du même avantage : ils connaissent la Process Com.

Isabelle – J'ai un sac très lourd. Pourrais-tu passer me prendre ? *(Ils habitent à trois rues l'un de l'autre.)*

Pierre (ton sec) – Ah... C'est-à-dire que... en passant par chez toi, je fais un détour. Or, nous sommes déjà justes en termes de temps. Et j'ai d'autres courses à faire auparavant... Ce n'est vraiment pas logique.

Isabelle (déconcertée) – Ah bon... oui, peut-être...

Pierre (se ravisant) – Enfin non, c'est idiot. Je passerai, ce n'est pas pour 5 minutes de plus...

Isabelle (ne le laisse pas finir) – C'est que, tu comprends, mon sac est vraiment lourd alors je me suis dit que…

Pierre – Mais enfin, écoute-moi quand je te parle ! Je viens de te dire que c'était d'accord. Tu n'as pas besoin de te justifier.

Le ton est monté d'un coup. Isabelle, qui dispose d'un bon côté « Rebelle », sort grâce à lui de son stress Empathique (elle peut le faire parce qu'elle a suffisamment confiance en Pierre) et s'exclame d'un ton gouailleur : *« Je me justifie si je veux, d'abord ! Et c'est comme ça ! »*

Pierre éclate de rire. Soudain il a pris conscience de la situation et conclut : *« Qu'est-ce qu'on ne ferait pas pour obtenir ce dont on a besoin ! »*

Il sous-entend là que chacun des deux protagonistes cherchait à satisfaire son besoin psychologique :

- Isabelle son besoin de reconnaissance ;
- Pierre son besoin d'organiser les choses comme il l'entendait, et celui d'être vite compris et reconnu dans son raisonnement.

Repérer les *drivers*

- *Pourrais-tu… :* driver Fais Plaisir.
- *Nous sommes justes en termes de temps* (ton sec) : Sois Parfait Pour Moi et Dépêche-Toi.
- *C'est idiot* (sur un ton sec et un peu exaspéré) : driver Sois Parfait Pour Moi.
- *Tu comprends ?* : Fais Plaisir.
- *Écoute-moi quand je te parle ! Tu n'as pas besoin de… :* Sois Parfait Pour Moi.

Suite à cet échange, les interlocuteurs prennent conscience de la situation et « remontent dans des étages de commu-nication » : Isabelle à son étage Rebelle, Pierre dans le « Persévérant positif » qui peut faire une synthèse rapide et pertinente de la situation.

Le repérage du *driver* se fait non seulement sur les mots et les tournures de phrase, mais en tenant compte également du ton de voix. Si l'on se trouve en face de la personne, l'expression du visage apporte aussi de précieuses informations.

Le simple fait de connaître les signaux de stress permet de dédramatiser les situations, ce dont témoigne ce chef d'entreprise :

Tableau 6.1 : Les drivers correspondant aux types de personnalité

Type	Driver	Attitude corporelle	Comportement	Que faire ?
Empathique	Fais Plaisir	Sourcils relevés. Épaules rentrées. Tête en avant. Hochements de tête avec menton rentré.	Mots : *« peut-être, un peu, tu sais »*. Ton de voix plaintif qui monte à la fin des phrases. Se suradapte, ne décide pas. Tendance à se dénigrer de façon un peu exhibitionniste.	Utiliser le canal nourricier en témoignant chaleur, compréhension et attitude bienveillante
Travaillomane	Sois Parfait	Gestes ponctués avec doigts ou mains. Attitude mesurée.	En fait trop. Phrases compliquées. Sur-détaille, ne délègue plus. Ton de voix mesuré.	Utiliser le canal interrogatif en reconnaissant le savoir et les compétences de l'autre.
Rebelle	Fais Effort	Visage crispé, douloureux Poings serrés. Se penche en avant en se pliant.	Ton de voix fatigué. Ne finit pas ses phrases. Ne répond pas directement aux questions. N'en pose pas de claires. Se sent dépassé par la situation et incite les autres à faire à sa place. Délègue de façon inappropriée sans donner suffisamment de directives.	Utiliser le canal ludique émotif, plaisanter, faire de l'humour ou... un break.
Rêveur	Sois Fort	Expression froide, impassible. Attitude rigide, peu de gestes si ce n'est le doigt sur le menton.	Ton de voix monocorde. Mots : *« il me vient que, cela m'arrive de, cela me met mal à l'aise »*.	Utiliser le canal directif en visant l'imagination et l'invitation à l'action. Exemples : *« Réfléchissez au positionnement de notre nouveau produit et faites-moi part de vos propositions demain à 9 h s'il vous plaît »*
Persévérant	Sois Parfait Pour Moi	Gestes mesurés, précis. Attitude raide. Fusille du regard, le menton levé.	Emploie des mots compliqués. Sur-détaille, multiplie les questions d'un ton accusateur. Critique, met l'accent sur ce qui ne va pas.	Utiliser le canal interrogatif en reconnaissant le niveau d'exigence et attirer l'attention sur les aspects positifs.
Promoteur	Sois Fort Pour Moi	Gestes robotiques. Attitude calme et en retrait. Visage immobile et froid.	Ton de voix monotone. « Laisse tomber » les autres. Manifeste de l'agacement devant l'incapacité.	Utiliser le canal directif avec challenges, défis et prise de risque.

J'ai repéré quelque chose que je trouve intéressant : le fait de comprendre l'autre permet de ne plus se sentir envahi par son stress. La Process Com agit comme un filtre qui évite de se sentir atteint avec l'envie de riposter. Cela dédramatise bien des situations. J'ai travaillé à une époque avec un collaborateur de base Persévérant... pire que moi encore ! Il est probable que, sans outils d'analyse, nous aurions eu énormément de mal à communiquer. Depuis vingt ans dans le métier, il s'était forgé un bon nombre de certitudes. Bien que plus jeune, j'avais aussi les miennes ! La question se posait en ces termes : « Est-ce que chacun reste chez soi ou est-ce qu'on se rentre dedans ? » De fait nous avons gardé une bonne partie de nos convictions mais avons trouvé un terrain d'entente et je crois que nous nous sommes enrichis mutuellement. Nous ne l'aurions pas fait si nous n'avions pas eu ce langage en commun. Autre exemple : mon assistante a une merveilleuse base Rebelle... Vous imaginez, un type Persévérant et un type Rebelle ! Or tout se passe très bien. Je crois que la Process Com permet à chacun de tirer le meilleur de l'autre dans le cadre professionnel. Lorsque le climat « tourne au vinaigre » avec mon assistante, il m'arrive de lui dire : « Bon d'accord, je viens de rencontrer la Rebelle... Est-ce que je peux voir la Travaillomane maintenant ? À ce moment, nous rions tous les deux, c'est un excellent « lâcher de soupapes » qui permet de retrouver notre efficacité.

DEUXIÈME DEGRÉ DE MÉCOMMUNICATION : LES MÉCANISMES D'ÉCHEC

Nous avons vu que les *drivers* sont la première manifestation pour obtenir, de façon négative, la satisfaction des besoins psychologiques. Si ces besoins ne sont toujours pas satisfaits, alors l'individu descend au second degré de stress. Si le premier degré reste peu perceptible, le second « saute aux yeux » : le ton de la voix change, ainsi que les expressions du visage. L'expression émotionnelle est notable, alors qu'elle n'existe pas au premier degré. La personne porte un masque aisément identifiable, qui dépend de son type de personnalité : masque d'Attaquant pour les types Persévérant et Travaillomane, de Blâmeur pour les types Rebelle et Promoteur, de Geignard pour les types Empathique et Rêveur.

Au deuxième degré de stress, le contenu de l'échange semble le plus important alors qu'en réalité les protagonistes tentent, hors du champ de la conscience, d'obtenir la satisfaction de leur(s) besoin(s) psychologique(s). Quelqu'un qui porte un masque de deuxième degré est, tout simplement, quelqu'un qui « a faim » :

Lors d'une réunion «sérieuse», Isabelle ressent: «Ici, personne ne fait attention à moi». Elle intervient d'une voix mal assurée: *«Je ne sais pas si je vais dire une bêtise ou non, mais peut-être pourrait-on...»* Ce qui a tendance à accrocher une réponse agacée du genre: *«Bon, bon, on n'a pas de temps à perdre là-dessus...»*.

C'est au deuxième degré de stress que la personne déclenche son *mécanisme d'échec.* Celui-ci est un comportement d'origine inconsciente qui vise la satisfaction du besoin psychologique mais de façon négative. Les mécanismes d'échec ont des – conséquences dommageables sur la vie professionnelle et/ou familiale, ou sur les relations amicales. Par exemple, à force de faire des erreurs stupides, elle sera rejetée; à force de chercher à imposer ses convictions, elle provoquera des conflits ou du désintérêt dans son entourage; à force d'être dans l'attente passive, elle finira par être complètement isolée et plus personne ne lui adressera la parole, etc.

Pour chaque type de personnalité, on retrouve les mêmes caractéristiques que sous «pression normale», mais portées à leur paroxysme:

- le type Travaillomane, qui est dans le registre de la pensée, attaquera au niveau de la pensée, de l'intelligence de la compétence et exercera du «surcontrôle»;
- le type Persévérant attaquera en fonction de ses opinions et des thèmes qui lui sont chers: la morale, l'engagement, et cherchera à imposer son point de vue;
- le type Empathique fera tout et son contraire pour se faire accepter en particulier en faisant des erreurs stupides;
- le type Rebelle fera de l'escalade dans le conflit pour avoir sa dose de contact, blâmant et rejetant la responsabilité sur les autres;
- le type Promoteur trouvera de l'excitation dans la manipulation;
- le type Rêveur déconnectera les circuits le reliant au monde extérieur, s'enfermant dans la passivité.

Le masque d'Attaquant

Il est porté par les personnes de base ou en phase Persévérant et Travaillomane. Il correspond à un rôle de persécuteur dans le triangle dramatique[1].

1. Voir page 123.

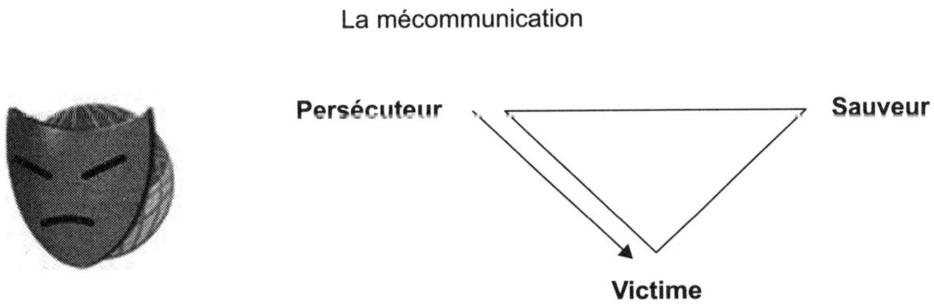

Figure 6.2 : Le masque d'Attaquant

Le type Travaillomane : « L'adjudant-chef est de retour »

Au deuxième degré de stress, le type Travaillomane s'irrite parce que l'autre n'est pas assez intelligent ni compétent… parce qu'il ne comprend pas. Il attaque dans la sphère intellectuelle et (ou) sur ses thèmes de prédilection que sont l'ordre, l'argent et la propreté : *« Rangez-moi ce bazar ! », « Les jouets des gamins, ce n'est pas sur le tapis du salon, mais dans leur chambre ! », « Vous avez déjà entendu parler d'un budget ? », « Vous êtes stupide ! »*

> Jacques rentre chez lui le soir. La journée a été épuisante, il n'est pas satisfait de la qualité du rapport qu'il vient de remettre à Pierre, son supérieur hiérarchique. Celui-ci, très absorbé également, a à peine pris le temps d'y jeter un œil avant de le mettre sur une pile d'affaires urgentes. Jacques s'est contenu toute la journée mais, arrivé à la maison, c'en est trop : des affaires traînent sur le bahut de l'entrée et le dîner n'est pas prêt. *« C'était plus fort que moi », raconte-t-il plus tard, « je m'en suis pris à tout le monde, j'étais très en colère. »*

Il est fréquent que les personnes de base Travaillomane fassent preuve d'un excellent contrôle d'eux-mêmes au bureau et « lâchent les soupapes » arrivés à la maison. *« On est plus tranquille quand tu travailles, Papa »* ou bien : *« Quand tu rentres, c'est pour crier… »*, s'entend dire le père de famille qui rentre tard à la maison, ce qui rajoute une dose de stress à une journée déjà bien chargée. C'est au deuxième degré de mécommuni-cation que nous observons le mécanisme d'échec qui, chez le type Travaillomane, consiste à surcontrôler : *« L'adjudant-chef est de retour »*, taquinait l'épouse d'un cadre supérieur, lorsqu'il rentrait passablement énervé de son bureau. Le manager de type Travaillomane, sous stress, a tendance à se dire *« Je peux le faire mieux et plus vite que les autres », « C'est vrai que je travaille beaucoup mais je n'ai que des incompétents autour de moi ».*

Le premier impact du surcontrôle sur les managers est de générer de la démotivation : *« À quoi bon finir les dossiers, de toute façon il reprend tout ».* Au deuxième degré de stress, le type Travaillomane renforce le surcontrôle à tel point qu'il s'isole et se retrouve avec le double de travail : la boucle est bouclée.

Mécanisme d'échec du type Travaillomane : surcontrôler.

Le type Persévérant : « Ah, ils n'ont pas fini de m'entendre ! »

Le type Persévérant arbore également un masque d'Attaquant. Il se retrouve lui aussi en position de Persécuteur et aura tendance à devenir rigide, méfiant et à ne plus écouter. Il attaque par rapport à ses opinions et peut piquer de célèbres « grosses colères ». Alors que le type Travaillomane exprime plutôt des « colères froides », le type Persévérant « explose » dans un style « soupe au lait », « coups de g... ». L'autre – celui qui se trouve en face – *« n'est pas responsable dans son travail », « est inconscient », « n'a aucune éthique, « a une moralité de chat de gouttière », etc.*

Son mécanisme d'échec consiste à partir en croisade : *« Combien de fois faudra-t-il vous répéter que vous devez faire preuve de plus de rigueur dans vos analyses ! »*, tempête un manager de type Persévérant à son collaborateur de type Rebelle en espérant qu'à force de frapper fort, *« cela finira bien par lui rentrer dans le crâne ».* Ce qui, en réaction, amène le collaborateur à se buter.

Le ton de voix (critère le plus simple pour repérer si une personne se trouve sous stress) est péremptoire. Les phrases comportent des affirmations définitives. Il n'écoute pas, interrompt, finit le propos des autres à leur place. Alors que son besoin est de « faire passer » ses opinions, il incite plutôt ses collègues, ses collaborateurs ou ses enfants à attendre que « ça passe » ou à réagir dans une escalade conflictuelle.

Autre caractéristique du type Persévérant au deuxième degré de stress : il devient très sensible aux « feed-back » négatifs, même s'ils sont appropriés. Si l'on doit signaler à une personne de base Persévérant quelques axes d'amélioration, il est conseillé de gérer le processus avec soin, car il risque de réagir fortement prenant ce feed-back comme une critique personnelle.

Mécanisme d'échec du type Persévérant : partir en croisade

Le masque de Blâmeur

Ce masque correspond également à une position de persécuteur, adoptée cette fois-ci par les types Rebelle et Promoteur.

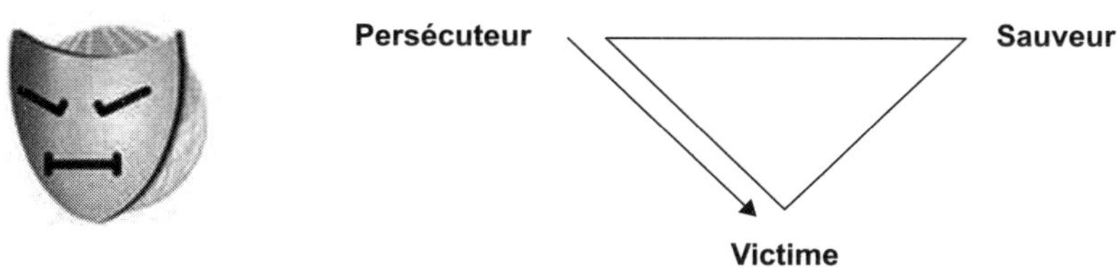

Figure 6.3 : Le masque de Blâmeur

Le type Rebelle : « J'y suis pour rien, moi... »

> *« Quoi, mon rapport ? ! »* répond le collaborateur de type Rebelle avec provocation, *« ce n'est pas ma faute s'il n'est pas fini... »*. Suit une longue description visant à rejeter la faute sur autrui. Son but non conscient est de satisfaire son besoin de contact. Le : *« Ce n'est pas de ma faute »* est sa phrase fétiche. Il déploie alors ses talents de créatif jusque dans la mauvaise foi, trouvant toute une ribambelle de raisons superbes et... irritantes pour démontrer qu' *« il n'y est pour rien »*.

Au deuxième degré de stress, le type Rebelle fait souvent preuve de beaucoup de finesse pour détecter le point faible de son interlocuteur et appuyer délicatement dessus juste pour voir comment l'autre va réagir. Ou comment culpabiliser avec art... Autre caractéristique du type

Rebelle portant un masque de Blâmeur: Il lui arrive de jouer à *Oui, mais...*[1]

– Je ne sais pas quoi faire...
– Tu pourrais peut-être essayer cela...
– Oui, j'ai essayé, mais...
– En revanche, si tu fais cela...
– Oui, mais...

Jusqu'au moment ou il conclut: «De toute façon, je savais bien que tu ne serais pas fichu de me trouver une bonne idée» Le *Sauveur* qui voulait juste aider *la Victime impuissante* que semblait être l'autre se retrouve en position de Victime parce que *la Victime impuissante* est passé en position *Persécuteur.*

À force de blâmer – son mécanisme d'échec – il y a toutes les chances que le type Rebelle rencontre un contre-persécuteur avec qui il commence une brillante escalade telle que nous l'avons décrite ci-dessus, côté Persévérant. Cette dispute peut aller jusqu'à la rupture. Tout donne à croire qu'à ce moment-là le type Rebelle cherche en effet à provoquer le rejet: *«Si tu continues comme cela, tu vas te faire licencier...»* Réponse: *«Oh, je sais très bien que c'est ce que vous voulez de toute façon»*. Étant donné qu'il vit dans l'instant, le type Rebelle sous stress ne mesure pas la conséquence de ses actes: il est donc susceptible d'«escalader» très fort et très vite.

Il est intéressant de remarquer que, dès qu'elle «se prend une soufflante», la personne de type Rebelle se sent soulagée! Comme si cela lui procurait du plaisir. Elle reçoit quelques remarques bien senties... et arbore un grand sourire qui ne fait qu'horripiler un peu plus son interlocuteur. Ce dernier pense: *«Et pour couronner le tout, il se moque de moi...»*. Eh bien non: le type Rebelle éprouve du plaisir à obtenir sa «dose» de contact: *«Tu es en colère contre moi, donc tu t'occupes de moi»*. Rappelons que sa question existentielle est: «Suis-je acceptable?» (en d'autres termes: «Est-ce que tu m'acceptes tel que je suis et tel que je fais?» à ne pas confondre avec la question existentielle du type Empathique: «Suis-je aimable?» c'est-à-dire «Est-ce que vous m'aimez pour qui je suis?»).

1. Eric Berne, *Des Jeux et des Hommes, op. cit.*

Mécanisme d'échec du type Rebelle :
blâmer

Le type Promoteur : L'art de la zizanie

Le mécanisme d'échec du type Promoteur est la manipulation. Au second degré de stress, il se fixe des « challenges négatifs » : *« Je te parie que j'arrive à lui faire faire mon boulot », « Je te parie que j'arrive à lui faire signer cela », etc.* Ce comportement vise à obtenir de l'excitation négative. Autres moyens : prendre beaucoup trop de risques pour sa santé, sa sécurité, ses affaires… ou créer des zizanies, des tensions entre les gens. Le type Promoteur sous stress est un grand joueur de : « Battez-vous »[1]. De toute façon, il faut « qu'il se passe quelque chose… » Sur un plan professionnel, il peut se lancer dans la haute voltige avec conséquences imprévisibles sur le marché ou le client.

Sur un plan personnel, il pourra trouver également de l'excitation à mener de front plusieurs relations amoureuses. Autre tendance du type Promoteur sous stress : ridiculiser, faire de l'ironie qu'il confond alors avec l'humour. *« Votre diplôme, où l'avez-vous eu ? Non mais c'est pas vrai, je rêve ! Ils le filent à n'importe qui… »* Imaginez le vécu interne du collaborateur de base Travaillomane ainsi reconnu par son patron de base Promoteur…

Mécanisme d'échec du type Promoteur :
manipuler

Le masque de Geignard

Les types Empathique et Rêveur se trouvent, au deuxième degré de stress, dans une position de Victime et portent un masque de Geignard.

1. Eric Berne, *op. cit.*

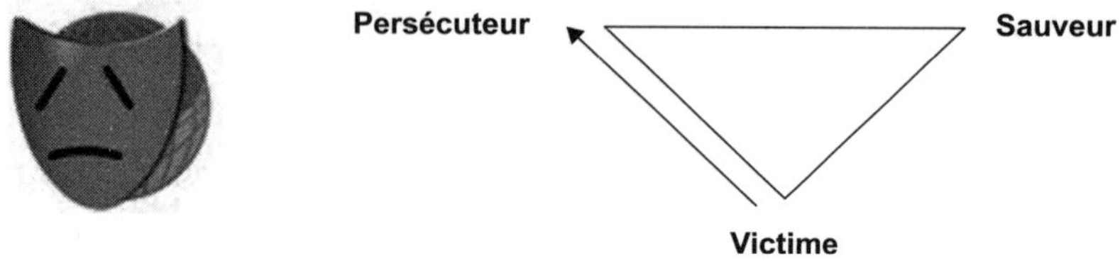

Figure 6.4 : Le masque de Geignard

Le type Empathique : « C'est toujours sur moi que ça tombe... »

Le masque de Geignard est illustré par Calimero : *« C'est trop inzuste... on ne m'aime pas... »* Il a tendance à provoquer trois types de réaction : la fuite (*Au secours ! quelle poisse !*), ou l'attaque (*Tiens ! Tu pleureras pour quelque chose*) ou encore le sauvetage (*Mais non, cela va aller, je vais t'aider*), quitte à ce que le Sauveur finisse par se lasser et passe lui aussi en position de Persécuteur.

Le type Empathique sous stress, après avoir tout tenté pour « faire plaisir » et être aimé, entre dans une pensée confuse, interprète toutes les informations négatives comme des « Je ne t'aime pas ». Sa quête de reconnaissance peut rester totalement incomprise ou sembler inadéquate. Il ne demande pas directement ce dont il a réellement besoin mais déploie une série de stratégies pour obtenir sa *dose* de reconnaissance.

Le couple Empathique-Travaillomane peut donner lieu à des dialogues du genre : *« Tu m'aimes ? »* Réponse vaguement agacée : *« Écoute, pourquoi perdrais-je du temps à te dire que je t'aime, c'est évident. Il suffit que tu saches que, le jour où il en sera autrement, je t'en informerai... »*

Le mécanisme d'échec du type Empathique consiste à faire des erreurs, involontaires et stupides, qui lui vaudront de la reconnaissance négative. Au second degré, la personne de type Empathique se sent triste, déprimée ; tout est de sa faute et rien ne va plus.

Mécanisme d'échec du type Empathique :
faire des erreurs

Le type Rêveur : « Silence à bord... »

Le type Rêveur, quant à lui, est en position de Victime sur un mode plus discret. Lors du premier degré de stress, il a tendance à se retirer en lui-même. Au second degré, son mécanisme d'échec sera l'attente passive : il ne fait plus rien. Il se retire totalement, psychologiquement ou (et) physiquement (arrêt de travail, par exemple). Il perd sa capacité de concentration et se disperse entre plusieurs tâches, avec la sensation qu'il n'aura jamais le temps...

Si le masque du type Empathique ne passe pas inaperçu, celui du type Rêveur naît dans le silence. Son visage reste impassible, il donne encore moins d'informations que d'habitude sur lui. Son entourage méconnaît parfois ce stress : il ne semble pas aller très bien, mais tout cela reste si discret...

> Mécanisme d'échec du type Rêveur : attendre passivement.

Tableau 6.2 : Masque et mécanisme d'échec des types de personnalité

Masque	Type de personnalité	Mécanisme d'échec
	EMPHATIQUE	Fait des erreurs
Geignard	RÊVEUR	Attend passivement
	TRAVAILLOMANE	Sur-contrôle
Attaquant	PERSÉVÉRANT	Part en croissade
	REBELLE	Blâme
Blâmeur	PROMOTEUR	Manipule

La gestion des masques du second degré

Les masques du premier degré consistent, nous l'avons vu, en des comportements subtils, la plupart du temps délicats à – repérer. En revanche, les masques du second degré s'accompagnent d'une charge émotionnelle plus ou moins intense et sont faciles à identifier. Il est

Tableau 6.3 : Mécanismes d'échec et stratégies d'intervention

Vous voyez	Vous savez	Vous pouvez
Quelqu'un qui vérifie tout ce que vous dites ou faites, a des difficultés à déléguer, considère les autres comme incompétents et qui surcontrôle.	Que c'est le comportement du type Travaillomane sous stress qui porte un masque d'Attaquant. 	Communiquer avec lui à partir du canal Interrogatif/informatif en le reconnaissant pour sa compétence.
Quelqu'un qui part sur ses grands chevaux, qui devient cassant en interrompant son interlocuteur sans l'écouter et part en croisade.	Que c'est le comportement du type Persévérant sous stress avec un masque d'Attaquant. 	Communiquer avec lui en utilisant le canal Interrogatif/Informatif, en écoutant ses opinions et en les respectant, même si vous ne les partagez pas.
Quelqu'un qui rejette la faute sur les autres, qui est visiblement de mauvaise foi, qui se plaint, s'ennuie, ne sait pas quoi faire et qui blâme.	Que c'est le comportement du type Rebelle sous stress avec un masque de Blâmeur. 	Communiquer avec lui en utilisant le canal Ludique, en détendant l'atmosphère et en gérant positivement votre propre colère.
Quelqu'un qui ne pense qu'à foncer, qui cherche des sensations fortes, qui manipule, voire crée des≈tensions entre les gens, faisant « courir des bruits ».	Que c'est le comportement du type Promoteur sous stress avec un masque de -Blâmeur. 	Communiquer avec lui en utilisant le canal Directif, répondant au besoin d'excitation par des défis, des challenges ou en créant des situations à haut niveau de stimulation.
Quelqu'un qui semble perdre ses moyens, devient collant ou geignard, se présente en victime, l'air accablé, portant la misère du monde sur ses épaules et qui fait des erreurs.	Que c'est le comportement du type Empathique sous stress, avec un masque de Geignard. 	Communiquer avec lui en utilisant le canal Nourricier. Vous montrer chaleureux et compréhensif tout en évitant le rôle de Sauveur auquel il vous invite.
Quelqu'un qui « n'est plus là », le regard sur la ligne bleue des Vosges et qui attend passivement.	Que c'est le comportement du type Rêveur sous stress avec un masque de Geignard. 	Communiquer avec lui en utilisant le canal Directif et veiller à ce qu'il n'y ait pas de sur-stimulation dans son environnement.

nécessaire, si nous souhaitons rétablir la communication, d'utiliser le canal approprié et de répondre positivement aux besoins exprimés à travers les mécanismes d'échec.

Résumé

Les masques du second degré sont au nombre de trois :
- Attaquant : pour les types Travaillomane et Persévérant.
- Blâmeur : pour les types Rebelle et Promoteur.
- Geignard : pour les types Empathique et Rêveur.

C'est à ce niveau de la mécommunication que la personne va activer son mécanisme d'échec qui a pour fonction d'obtenir la satisfaction négative de ses besoins psychologiques. Les mécanismes d'échec sont :
- surcontrôler pour le type Travaillomane ;
- partir en croisade pour le type Persévérant ;
- blâmer pour le type Rebelle.
- manipuler pour le type Promoteur ;
- faire des erreurs pour type Empathique ;
- attendre passivement pour le type Rêveur.

LA MÉCOMMUNICATION DE TROISIÈME DEGRÉ

Le troisième degré de mécommunication correspond à un stress prolongé et sévère. Le masque correspondant est un masque de **Désespéré**. L'individu au troisième degré de stress n'a pas obtenu la satisfaction de ses besoins physiques, affectifs ou spirituels pendant une longue période et même les bénéfices affectifs négatifs qu'il a pu tirer de la phase de second degré ne l'ont pas satisfait. Sa position est du type : *« Je ne vaux rien, vous ne valez rien non plus »*. Il se sent coincé, pris au piège. Ce type de comportement se rencontre assez rarement dans le contexte professionnel, car des individus dans une telle position s'éloignent souvent pour un temps de leur activité, et ont besoin d'une prise en charge appropriée. Tous les mécanismes d'échec peuvent aboutir à ce même point : la perte d'espoir et son corollaire, la déprime, voire la dépression. C'est à ce niveau que la personne « récolte » le bénéfice négatif final présenté ci-dessous. Tous les types de personnalité peuvent arriver au troisième degré et porter un masque de Désespéré. Le vécu interne variera toutefois, de l'*« à quoi bon ? »* solitaire du type Rêveur au *« j'ai plus rien à perdre »* agressif du type Promoteur.

Masque du troisième degré et bénéfice négatif final

Types de personnalité	Bénéfice négatif final
Travaillomane	Épuisement, infarctus. Est rejeté ou rejette les autres: *«Ils sont stupides».*
Persévérant	Est rejeté ou rejette les autres: *«Ils ne croient pas en moi».*
Rebelle	Est rejeté et revanchard: *«Ils ne perdent rien pour attendre».*
Promoteur	Est rejeté ou rejette les autres, ridiculise: *«Pauvre mec, t'as rien dans le ventre».*
Empathique	Est rejeté: *«Je savais bien qu'ils ne m'aimaient pas».*
Rêveur	Est rejeté: *«Personne ne m'a dit ce que je devais faire».*

POSITIONS DE VIE ET TRIANGLE DRAMATIQUE

Les positions de vie

Les positions de vie ont été identifiées par Eric Berne[1]. La position +/+ est selon lui, la position saine, la meilleure pour la qualité de vie. C'est celle à laquelle on accède dans les premiers temps de la vie ou… par la suite, au prix d'un travail sur soi et d'une vigilance quotidienne. La position de vie dans laquelle nous sommes, ajoute-t-il, dépend de la croyance que nous avons sur nous-mêmes, sur les autres et sur la vie. Lorsque nous ne sommes pas dans la position +/+, nous sommes en mécommunication. Il existe 4 combinaisons:

Moi	**Vous**
+ J'ai de la valeur	+ Vous avez de la valeur
+ J'ai de la valeur	– Vous n'avez pas de valeur
– Je n'ai pas de valeur	+ Vous avez de la valeur
– Je n'ai pas de valeur	– Vous n'avez pas de valeur

1. Eric Berne, *Que dites-vous après avoir dit bonjour?*, Tchou, 1991.

De notre position de vie du moment dépend notre « lecture » du monde. Par exemple :

Stimulus : Je vois quelqu'un qui me regarde en souriant :

+/+ : Je décode de la bienveillance : je lui souris en réponse ; je ne suis pas sûr du sens de son sourire : je l'interroge verbalement ou non verbalement.

+/- : Déjà qu'il a un air niais, alors quand il sourit…

–/+ : Qu'est ce que j'ai qui cloche ? Pourquoi il se moque de moi ?

–/- : Pour sourire à un type comme moi, il faut être vraiment nul aussi.

Stimulus : Arrivée chez un prospect qui témoigne de l'impatience :

+/+ : Cet homme est probablement de base Travaillomane, sous stress. Je vais lui assurer que nous serons brefs et que nous irons à l'essentiel.

+/- : Ce type n'est même pas capable de se maîtriser…

–/+ : Je ne vais pas y arriver. Il va me « jeter ».

–/- : *(avec dépit)* Avec un type comme cela, je vais encore me planter.

Stimulus : Je rencontre un client aux « dents longues » :

+/+ : Comment faire pour l'inviter à une position gagnant/gagnant ?

+/- : Cela va être saignant. Il va voir ce qu'il va voir.

–/+ : Ce type m'impressionne. Sûr que je « vais me faire avoir ».

–/- : Je suis un minable de faire un boulot pareil avec des individus comme lui.

En +/+, à la différence des autres positions de vie, nous allons chercher de l'information avant d'interpréter le sens du comportement de son interlocuteur.

La relation +/+ est de loin la plus efficace. Toutefois n'étant pas « naturelle », elle nous demande d'être vigilant et d'investir de l'énergie pour nous y maintenir.

Tout au long de la journée, nous pouvons évoluer dans ces quatre positions en fonction des circonstances, de notre interlocuteur et… de notre niveau de stress.

Le triangle dramatique

On peut également illustrer et identifier les degrés de mécommunication par le triangle dramatique. Cet outil, mis au point par Steve

Karpmann[1], met en jeu trois rôles, tous négatifs : le Persécuteur, le Sauveur et la Victime. Ils forment un « triangle dramatique ». Ce concept constitue un outil particulièrement efficace de lecture des scénarios relationnels. Dès qu'un des trois rôles apparaît chez un interlocuteur, il invite le ou les autres à « entrer dans le triangle » et donc, en mécommunication. Pour *jouer* au triangle dramatique, il suffit d'être deux...

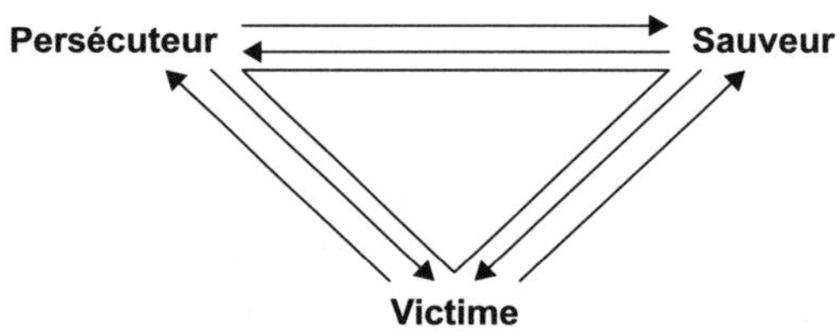

Figure 6.5 : Le triangle dramatique

Le rôle du Sauveur

Sa croyance est la suivante : *« Moi, je sais ce qui est bon pour toi. »* Ou bien : *« Sans moi tu n'y arriveras pas »*. Dans ce schéma relationnel, l'autre se trouve en situation de dépendance. Pour que le triangle *fonctionne*, il faut que le partenaire accepte le rôle qui lui est *proposé* : celui de Victime.

Le rôle de Victime

« Je suis très ennuyé, je ne sais pas quoi faire... » Phrase typique d'une Victime qui cherche un Sauveur. Si le Sauveur répond : *« Eh bien, c'est extrêmement simple, tu n'as qu'à faire ceci et cela... »*, nous sommes au premier degré de mécommunication, c'est-à-dire au niveau des *drivers*. Cela ne pose pas de problème majeur. Toutefois l'autonomie de l'interlocuteur Victime se trouve diminuée et la situation ne l'incite pas à penser par lui-même et à développer ses propres capacités.

---

1. Steve Karpmann, « Conte de fée et analyse dramatique du Scénario », *Actualités en Analyse Transactionnelle*, n° 9.

Le rôle de Persécuteur

Les problèmes plus importants surgissent si la situation se prolonge. Il se peut que l'un des deux acteurs se lasse et passe en position de Persécuteur. Il dira par exemple : *« Décidément tu es bon à rien. Pas fichu de penser par toi-même ! »*. Ou bien c'est la Victime qui monte au créneau du Persécuteur et dit : *« De toute façon, quoique tu me dises cela ne sert à rien. Cela ne marche pas... »* À ce moment, le Sauveur passe en position de Victime. *« Moi, j'essayais simplement de l'aider... »*. Lorsqu'il y a Persécuteur et Victime, les protagonistes sont au deuxième degré de mécommunication.

GÉRER LA MÉCOMMUNICATION

Nous avons vu la stratégie appropriée pour sortir de la mécommunication à son premier et second degré. L'application de cette stratégie nécessite que nous ayons un bon niveau d'énergie qui nous permette de prendre l'ascenseur et d'utiliser l'étage approprié.

Que faire lorsqu'on se sent « accroché », soi-même sous stress, et disposant de peu d'énergie pour gérer le processus ?

Il est important de ne pas « se faire violence », en cherchant à jouer dans le registre Empathique, Travaillomane, etc. Rester soi-même est essentiel. C'est la base même de toute communication... Une technique efficace consiste à être à l'écoute de ce qui se passe : la personne constate qu'elle est « accrochée » par le comportement de l'autre et qu'elle est sous stress. Souvenons-nous que, sous stress, notre ascenseur est bloqué. Nous ne pouvons alors plus accéder à l'étage approprié afin de gérer le processus. La prise de conscience de notre niveau de stress permet de prendre du recul, de sortir du cadre. Dire par exemple à son interlocuteur : *« Je vais prendre un peu de temps pour réfléchir à ce qui se passe. Nous reprendrons plus tard... Est-ce que cela vous convient ? »* permet d'éviter le risque de s'embourber dans la mécommunication.

Nous avons vu à propos des positions de vie que la position +/+ n'est pas naturelle pour la plupart des individus et demande d'investir de l'énergie pour s'y maintenir. Dès que nous entrons sous stress nous retrouvons tous notre position de vie « préférentielle » (habituellement le +/- ou le -/+) dans laquelle nous avons tendance, rappelons-le, à percevoir notre interlocuteur comme n'ayant pas autant de valeur que nous (dans le +/-) ou, inversement, à nous vivre comme inférieur à notre interlocuteur (dans le -/+). Dans ce cas, nous n'avons pas toujours envie d'utiliser le bon canal : face à quelqu'un qui manifeste un très fort *driver* « Fais Plaisir », il n'est pas toujours facile de dire *« Je vous aime »*. Face à un très fort « Fais Effort », il est plus aisé de répondre : *« Vous m'exaspérez »* que *« On va rire un peu »*. Face à « super Sois Parfait », on a plutôt envie d'interrompre cette logorrhée par un : *« Vous me soûlez »*...

Dans ces situations, mieux vaut commencer par méta-communiquer. La méta-communication est une technique développée par l'école de Palo Alto, dans laquelle les interlocuteurs parlent (en position +/+) de leur relation. Elle est « l'autre réponse » que l'on peut adresser au comportement masqué. Toutefois, là encore, cette démarche n'est pas naturelle : *« Nous sommes continuellement en train de communiquer, pourtant nous sommes presque incapables de communiquer sur la communication »*[1].

Méta-communiquer, consiste à faire une offre telle que : *« Peut-on parler de ce qui se passe entre nous ? »* Si l'interlocuteur répond : *« D'accord, parlons-en »*, c'est le signal qu'il est repassé dans sa partie pensante et qu'il est possible d'échanger de l'information. Le *problème* peut ensuite être formulé ainsi : *« Ce qui m'est difficile actuellement, c'est que vous me donnez beaucoup d'informations et j'ai du mal à suivre. »* Ou alors : *« Je me rends compte que vous avez beaucoup d'attente par rapport à moi et je ne suis pas disponible pour y répondre actuellement. »* Ou bien : *« Je sens qu'il serait bon pour nous que l'on commence par rire un peu, n'est-ce pas ? »* Vérifiant par l'offre préalable qu'ils peuvent méta-communiquer, les interlocuteurs se donnent toutes les chances de résoudre le problème de communication. De plus, ce type d'exercice renforce la relation : chacun se sent pris en compte dans ses besoins. **On n'a encore rien trouvé de mieux que de se parler pour se comprendre...**

1. Paul Watzlawick, *op. cit.*

Sylvie, de base Empathique en phase Rebelle, est stressée : « Ce travail est si long, si compliqué... » Il lui semble qu'elle n'y arrivera jamais. Elle a l'impression que « cela n'avance pas ». Monte en elle le cri de l'Empathique sous stress de deuxième degré : « Au secours, je craque ! » À son supérieur hiérarchique, elle ne peut que manifester son sentiment d'impuissance : *« Oh là là, cela n'avance pas, je suis découragée... »* Manque de chance, Thomas présente toutes les caracté-ristiques de la personne en phase Promoteur... Son visage se fige, il ne dit rien pendant quelques instants, puis lâche froidement : *« Ne m'as-tu pas assuré que ce travail serait fini pour la fin de la semaine ? »* Sous-entendu : « Je serais très déçu qu'il n'en soit pas ainsi... » Ce que Sylvie entend, c'est : « Si tu n'es pas capable, c'est ton problème... » En plus, Thomas l'attaque sur le temps, qui est son point faible... Elle fait un effort surhumain pour lui répondre et défendre sa position. Sa voix est éteinte, ses arguments peu convaincants, elle se sent partagée entre la panique et la colère. Son manager, quant à lui, cherche inconsciemment à satisfaire son besoin : un travail qui avance, soit excitant et se fasse vite afin qu'il puisse en tirer les bénéfices personnels et professionnels qu'il escompte : renommée et retombées financières.
Aucun des deux interlocuteurs ne dispose alors de l'énergie suffisante pour offrir à l'autre son canal et gérer le processus. Ils sont tous les deux sous stress. En revanche, l'un d'eux peut proposer de méta-communiquer. Thomas, afin de restaurer la relation, peut dire par exemple : *« Je te propose que nous prenions un moment pour parler de ce problème. Est-ce que cela te convient ? »* Instantanément, le niveau d'énergie de Sylvie remonte. *« Très volontiers »*, répond-elle. Son regard est plus vif, son teint s'est éclairci, elle s'est redressée dans son fauteuil. Thomas ressent un plaisir certain à observer ce changement d'attitude.
En quelques instants, écouté par l'autre, chacun exprime son vécu interne, ses sentiments de peur et de colère mélangés et trouve en face un interlocuteur attentif et compréhensif. Rapidement, le travail apparaît moins long et moins compliqué à Sylvie d'autant plus qu'il est déjà bien avancé. Thomas réalise de son côté qu'il fait inutilement pression sur elle et ne l'a pas suffisamment soutenue dans les difficultés rencontrées. *« De quoi as-tu besoin pour terminer ce travail ? »* demande-t-il. En quelques mots, Sylvie, « regonflée », fait deux ou trois propositions acceptées par Thomas qui lui exprime combien elle est une précieuse collaboratrice.

7

LES SCÉNARIOS

Le scénario est le concept central de l'Analyse Transactionnelle développée par Eric Berne[1]. Richard Erskine le définit comme l'ensemble des croyances que nous avons sur nous-mêmes, sur les autres et sur la vie. Elles ont été décidées dans l'enfance, en fonction de l'interprétation que nous avons faite de ce que nous avons vécu. Par exemple : *« Moi, je n'ai pas de chance. », « Il faut toujours que cela se termine mal. », « Si je travaille très dur, Papa me reconnaîtra. », « Les autres doivent passer avant moi »*... Il serait possible de constituer une encyclopédie avec toutes les formules de ce genre ! Ce qu'il importe de savoir, c'est qu'un certain nombre de nos choix sont dictés par notre scénario : choix professionnels, amoureux, mode de vie, nombre d'enfants... ainsi que certains comportements plus quotidiens. Tout scénario comporte des aspects facilitants positifs qu'on appelle permissifs tels que : *« J'ai de la valeur, je peux réussir, je suis quelqu'un de bien »,* et des aspects inhibiteurs comme : *« Je ne suis pas capable, je n'y arriverai pas, ça c'est pour les autres, ce n'est pas pour moi... ».*

Dans les situations de stress, nous revivons en général notre scénario « préféré ». Le problème est, qu'à moins de nous lancer dans une démarche de développement personnel, nous ne sommes que rarement conscient de ces programmations. Phrases typiques de la personne en plein scénario répétitif : *« C'est plus fort que moi », « Je ne peux pas m'empêcher de »*...

Identifier les *drivers* et les mécanismes d'échec nous permet de mieux percevoir nos comportements scénariques. Les *drivers* agissent comme déclencheurs et participent au renforcement du scénario. Ce dernier

1. Eric Berne, *op. cit.*

se reforme et se réalimente sans cesse, tant que les besoins psychologiques ne sont pas satisfaits d'une façon positive.

SIX SCÉNARIOS

Les recherches de Taibi Kahler ont permis d'associer un des six scénarios mis en évidence par Eric Berne à chaque type de personnalité. Lorsque quelqu'un subit un échec professionnel ou personnel, il a fréquemment pour origine l'un de ces scénarios : « Jusqu'à ce que », « Après », « Jamais », « Toujours », « Presque I » ou « Presque II ».

Jusqu'à ce que

Les personnes qui ont un scénario « Jusqu'à ce que » pensent : je ne peux pas en profiter tant que... *« Je ne peux pas m'amuser avant de... »* et risquent ainsi de repousser la satisfaction à plus tard : *« quand j'aurai le temps, j'irai visiter l'exposition Matisse », « je ne peux pas prendre de congés tant que je n'ai pas fini mon travail », « j'irai au bout de ce conflit quel que soit le prix à payer »...*

Leur *driver* est le Sois Parfait ou le Sois Parfait Pour Moi ; leur type de personnalité : Travaillomane ou Persévérant.

Dans la vie professionnelle, il leur arrive de se dire des choses telles que : *« Je sais qu'il est tard. Je sais que mes enfants m'attendent, que je suis fatigué et plus très efficace. Mais je ne peux pas rentrer à la maison tant que ce dossier n'est pas complètement bouclé... »* Ou alors : *« Je sais que je dois faire un break pour me ressourcer et être à nouveau opérationnel. Mais je n'arrive pas à "décoller" du bureau. »* Ou encore, à la sortie d'un séminaire de formation : *« C'était très bien, mais je ne pourrai pas utiliser ce modèle tant que je ne le maîtriserai pas parfaitement. »*

Dans la vie personnelle, les personnes qui ont un scénario Jusqu'à ce que peuvent boire le calice jusqu'à la lie : *« Mon mariage est un échec, mais je me suis engagé, j'irai jusqu'au bout ».*

Dans la vie courante, elles se fixent également des contraintes telles que :

- *« Je ne peux pas aller me coucher tant que la vaisselle n'est pas faite. »*

- *« Je ne peux pas me détendre tant que le ménage n'est pas fait ».*
- *« Je ne partirai pas en vacances tant que je n'aurai pas fini les travaux dans la maison »...*

Lien entre driver et scénario

Comme nous l'avons vu ci-dessus[1], les types Travaillomane et Persévérant sous l'influence du *driver* Sois Parfait peuvent aller jusqu'à sacrifier leur vie personnelle. Ils ont appris qu'il fallait travailler d'abord et s'amuser ensuite, s'il reste du temps. Alors, s'ils n'y prennent garde, ils laissent le travail grignoter peu à peu leur temps libre et ne seront plus disponibles pour leur conjoint et leurs enfants.

> Tous les dimanche après-midi, je m'oblige à aller me promener avec ma femme, disait une personne de base Travaillomane. Je vis cette promenade comme une contrainte car je trouve que je pourrais faire des choses plus utiles de ce temps. D'ailleurs ma femme est systématiquement frustrée à la fin de la promenade en trouvant que je ne parle pas assez, que j'ai l'air tendu et préoccupé.

Quelques caractéristiques du scénario Jusqu'à ce que

N'arrive pas à décrocher, ne met pas de limites temporelles à son travail. Va jusqu'au bout quoiqu'il en coûte. Est agacé lorsqu'on l'interrompt ou le *dérange*. Manque de disponibilité. Ne réalise l'erreur que lorsqu'il l'a vécue. Fait preuve d'une grande volonté pour terminer ce qu'il entreprend.

Après

Les personnes qui ont un scénario « Après » ont tendance à penser : *« Tout va bien pour le moment, mais tôt ou tard quelque chose de mal va arriver », « Cela va mal se finir », « C'est trop beau pour être vrai »* et persistent à croire qu'il y a forcément des ennuis à l'horizon. Elles ressentent de l'anxiété, craignant que les choses soient trop belles pour durer. Certaines ont eu leur enfance bercée par des affirmations du style : *« Dans la vie, il y a le pain*

1. Voir la satisfaction négative des besoins psychologiques au chapitre 3.

blanc et le pain noir. Aujourd'hui tu manges ton pain blanc. Plus tard, tu devras manger ton pain noir... »

Leur *driver* est le Fais Plaisir ; leur type de personnalité : Empathique.

Elles construisent fréquemment leurs phrases en deux parties séparées par un *mais* conditionnel, implicite ou expli-cite : *« je me sens bien* mais*, avec le repas que nous allons faire ce soir, je risque fort d'avoir des problèmes... J'adore ce genre de soirée,* mais *je sais que je ne retiens rien de ce qui se dit »*.

Dans la vie privée, le scénario Après donne lieu à des *conclusions définitives* telles que :

- *« C'est une belle rencontre mais je n'arrive pas y croire... Je sens que cela ne va pas durer ».*
- *« Pour le moment je vais bien mais je redoute de tomber malade et de mourir. »*
- *« Les enfants sont partis en colonie mais je crains qu'il ne leur arrive quelque chose. »*

Dans la vie professionnelle :

- *« J'ai beau tout faire pour faire plaisir, les autres sont toujours en colère contre moi. »*
- *« J'ai atteint mes objectifs mais j'ai eu de la chance, je crains de ne pas y arriver la prochaine fois. »*
- *« Pour le moment cela marche... mais tu crois que cela va durer ? »*

Lien entre driver et scénario

La personne de type Empathique qui cherche à faire plaisir aura tendance à dire oui à tout le monde, à se « sacrifier » pour les autres. Par exemple, elle promet à tout le monde mais... ne peut tenir ses engagements. Ce qu'elle récolte (bénéfice négatif) : les autres sont frustrés et en colère. Elle se sent rejetée, victime et incomprise : c'était trop beau pour que cela dure !

Quelques caractéristiques du scénario Après

Attend la catastrophe. Tendance au pessimisme, à l'anxiété, au découragement. Peur du lendemain. Inhibition des initiatives.

Jamais

Les personnes qui ont un scénario «Jamais» se disent: *«Je n'arrive pas à avoir ce que je veux.» «Je me disperse trop.» «Je n'y arriverai jamais.»* Le *driver* est le Sois Fort; leur type de personnalité: Rêveur.

Elles ont tendance à commencer les choses sans les terminer. Lorsqu'elles ne mettent pas un terme à la commu-nication, elles s'expriment en *sautant du coq à l'âne: «Il m'est arrivé de... ensuite... au fait, je ne sais pas si tu te souviens... Pierre dit que...»*

Dans la vie privée, la personne qui a un scénario Jamais dira par exemple: *«Je n'arrive pas à me faire des amis», «J'aimerais me marier et fonder une famille mais je n'arrive pas à rencontrer la personne qui me convient».*

Dans la vie professionnelle: *«Je n'ai pas assez de temps, je suis trop lent(e)», «Ce n'est pas à moi que l'on penserait pour une promotion».*

Lien entre driver et scénario

Le type Rêveur au premier degré de stress manifeste un *driver* Sois Fort. Il se retire, devient trop passif et n'arrive pas à obtenir ce qu'il cherche. Exemple:

> Anne s'est fait de nombreux amis lors d'un voyage organisé. À la fin de celui-ci, tout le monde a promis de se revoir. Effectivement, deux ou trois fois, Anne a été invitée à ces rencontres. Mais, ne se sentant pas bien et préférant rester seule, elle a toujours décliné l'invitation. Depuis plus de six mois, plus d'appels... Anne souffre toujours de «n'avoir pas d'amis».

Quelques caractéristiques du scénario Jamais

Insatisfaction fréquente. Vie en pointillés: n'arrive pas à faire une ligne pleine, il y a toujours des coupures... Peut donner une sensation de flou et de confusion. Hésitation. Apathie. Fait preuve d'une hyperlucidité passive: perçoit très bien les choses, mais n'en fait rien.

Toujours

Les personnes qui ont un scénario «Toujours» pensent: Quoique je fasse, je suis coincé(e). Par exemple: *«Si je vais maintenant mettre de l'argent dans le parcmètre, je rate une partie du film. Si je n'y vais pas, c'est sûr, j'ai un PV».*

Elles ont pour *driver* le Fais Effort ou le Sois Fort Pour Moi ; leur type de personnalité : Rebelle ou Promoteur.

Dans la vie personnelle, un jeune homme de base Rebelle se dit par exemple : *« Si je pars en vacances en Grèce, je me repose, mais je ne vois plus mes meilleurs copains pendant un mois. Si je reste, je ne profite pas vraiment de mes vacances, de ma liberté... Je ne sais pas quoi faire. Je me sens coincé. »* Résultat : impossible de décider, jusqu'à ce que les avions soient complets !

Ou alors : *«J'ai deux invitations pour samedi soir. Je n'arrive pas à me décider», «Je voudrais me marier, mais je ne veux pas perdre ma liberté.»*

> Un cadre commercial de base Promoteur s'achète de superbes vêtements, avec sa carte de crédit. Il se justifie : «Je suis bien obligé de m'acheter des "super fringues", car si je ne le fais pas, je ne pourrai pas me présenter chez mes clients. Mais ce mois-ci, je n'ai pas de commission. Je suis coincé. Si je me paye ces fringues, on va me supprimer ma carte de crédit. Si je ne les achète pas, je ne pourrai pas faire des affaires... Quoique je fasse, je suis coincé. » Il n'envisage pas d'autres options pour résoudre son problème.

Dans la vie professionnelle : *« Si j'accepte cette promotion, je dois déménager or je ne veux pas quitter la maison, mais si je la refuse, je plafonne »*. Autre exemple : *« Si je confie cette mission à Pierre, Paul sera frustré, mais si je la confie à Paul, c'est Pierre qui sera frustré. »*

Lien entre driver et scénario

> Yves, avec un driver Sois Fort Pour Moi a horreur des gens dépendants. La vie de célibataire ne l'excite plus. Il a envie d'un « super mariage ». Le problème ? Dès qu'il a séduit la femme qu'il rêve d'épouser, il n'a plus envie de poursuivre la relation. Il a peur de se retrouver avec une femme « à charge » et part vers une nouvelle conquête. *«J'en ai assez du célibat mais je n'arrive pas à me décider. »*

Quelques caractéristiques du scénario Toujours

«Tout et rien», vouloir tout et cela ne mène à rien. Caprices possibles. Indécis, ou alors décide, fonce et regrette son choix... Ne sait pas renoncer. Peut sembler frustré en permanence ou opportuniste. Les cartes routières sont à revoir : il y a plein de chemins, mais ce n'est jamais le bon. Ne supporte pas la frustration.

Presque I

Les personnes en scénario « Presque I » réussissent *presque mais pas tout à fait : « Ah, si seulement.... »*. Leur *driver* est le Fais Effort et le Fais Plaisir ; leur type de personnalité : Empathique en phase Rebelle, ou Rebelle en phase Empathique.

Si vous leur donnez un travail pour le 20, il est possible qu'il ne soit achevé que le 21. Si elles décident de courir 5 km, elles s'arrêteront fréquemment à 4. Ou elles décideront de suivre une formation, et s'arrêteront avant l'examen, etc. Elles sont toujours prêtes à terminer sans finir complètement. Il y a toujours *le grain de sable* qui interdit la réussite du projet. Grain de sable qu'elles ont placé elles-mêmes, bien inconsciemment.

Dans la vie privée, ce sont des anecdotes telles que :

- *« J'ai décidé de faire un régime pour perdre cinq kilos. J'en ai perdu quatre, tout allait bien... un super repas avec des amis et paf ! Tout est à recommencer. »*
- *« J'en avais assez d'avoir des problèmes d'argent : j'ai fait un superbe budget, je notais mes dépenses tous les soirs. mon déficit s'est beaucoup amélioré. À ce moment, j'ai eu une occasion géniale de passer un week-end avec les copains. Et patatras !... »*
- *« J'ai oublié de payer mon tiers provisionnel... et j'ai 10 % de pénalité. »*

Dans la vie professionnelle, il se peut par exemple qu'elles se disputent avec un client deux minutes avant de signer un contrat soigneusement préparé. Ou qu'elles remettent un excellent rapport mais qu'elles aient bâclé leur conclusion. Ou encore qu'elles oublient chez elles les *slides* pour cette conférence si bien préparée...

Les phrases des personnes en scénario Presque I se constituent souvent d'une série d'éléments positifs que conclut un élément négatif qui vient annuler tous les précédents : *« C'est vraiment super ici. On est bien installés, les patrons sont très sympas, on a accès aux tables de ping-pong et à la piscine comme on le désire, la campagne est magnifique, mais la clientèle est nulle... »*

Quelques caractéristiques du Presque I

Le quatrième aux Jeux olympiques. L'inachèvement. La fourmi qui fait des efforts mais n'arrive pas à terminer. « Il a la poisse », dit-on parfois. La personne qui échoue dans la dernière ligne droite. Rate son train, son avion, tombe en panne d'essence...

Presque II

Les personnes en scénario « Presque II » éprouvent une sensation de vide, voire d'effondrement après l'aboutissement d'un projet : *Maintenant que j'y suis... et après ?!*

Ce ressenti peut les inciter à donner leur démission sans raison apparente. Sur le plan personnel, elles ont la sensation d'obtenir ce qu'elles désirent (le Presque II est un scénario de *réussite sociale*) mais, bizarrement, de ne pas être plus heureuses pour autant.

Leur *drivers* sont le Fais Plaisir et le Sois Parfait ; leur type de personnalité : Travaillomane ou Persévérant en phase Empathique, ou Empathique en phase Travaillomane ou Persévérant.

Exemple de « Presque II » personnel : *« J'ai tout pour être heureux et pourtant... ». « Cette voiture, j'en ai tellement rêvé... et maintenant que je suis au volant, je ne ressens rien. »*

Sur le plan professionnel, le patron déclare à son encadrement à l'occasion des vœux de fin d'année : *« Cette année nous avons atteint nos objectifs mais ne nous y trompons pas, nous avons bénéficié d'une conjoncture exceptionnelle qui ne se reproduira pas de sitôt. »* (Réponse du type Travaillomane Rebelle : *« Ah bon ? c'était la conjoncture ? Nous, là-dedans, on n'y est pour rien... ? »*)

Les personnes en Presque II, si elles ne sont pas attentives à leurs besoins, peuvent se sentir déprimées, voire même s'écrouler à la fin d'un travail et se trouvent facilement en situation de manque de contacts intimes et de joie de vivre.

Quelques caractéristiques du scénario Presque II

Le syndrome de « l'angoisse de la réussite ». La personne qui révise tout. « Empêcheuse de tourner en rond ».

Sa contrainte : toujours plus, toujours plus haut. Ne sait pas profiter de ce qu'elle a. A oublié ce que signifiait joie de vivre.

L'INTENSITÉ SCÉNARIQUE

Chaque individu peut vivre, sous stress, son scénario à divers degrés d'intensité (tableau 7.1).

Tableau 7.1 : Un scénario est plus ou moins intensif

Scénario	Version « hard »	Version « soft »
Jusqu'à ce que	Le bourreau de travail qui décède d'un infarctus quand il part à la retraite.	Le cadre qui ressent un léger malaise en fermant la porte du bureau parce qu'il n'a pas bouclé le programme prévu.
Après	La mère qui surprotège son enfant de crainte qu'il ne lui arrive quelque chose, qui vit son absence dans l'anxiété.	Le manager qui ressent une légère montée d'adrénaline après avoir refusé une augmentation à un collaborateur.
Jamais	« Ma vie est un échec. »	« Je n'ai jamais pu apprendre à nager. »
Toujours	Finir sa vie en prison.	Tergiverser, avoir du mal à se décider.
Presque I	Se faire licencier parce que « toujours en retard ».	Se promettre de souhaiter un anniversaire, oublier la date et appeler le lendemain.
Presque II	Atteindre sa « terre promise » et faire une dépression.	Refuser le compliment ou le remerciement en disant : « C'est bien peu de chose, c'est bien normal ».

Être conscient de ses comportements scénariques et les gérer permettent de libérer de l'énergie pour une vie plus heureuse, d'avoir plus d'efficacité dans la gestion de sa vie et des relations plus satisfaisantes avec son entourage. Cela permet également de les identifier plus facilement chez les autres et d'agir en conséquence. À titre d'illustration dans le tableau 7.2 sont énumérés des comportements scénariques de la vie professionnelle et la réponse adéquate du manager.

Tableau 7.2 : Quelques réponses possibles à des comportements scénariques

Scénario	Signes	Réponse du manager
Jusqu'à ce que	Le collaborateur de type Travaillomane ou Persévérant ne décolle plus de ses dossiers, pinaille, surcontrôle. Ne peut prendre de recul tant que son dossier n'est pas *parfaitement* bouclé.	Donne de l'information sur la satisfaction des besoins, encourage la lecture ou les stages de gestion du stress et de gestion du temps.
Après	Le collaborateur de type Empathique cherche à faire plaisir à tout le monde, ne sait pas dire non et provoque des situations de frustration et de rejet.	Encourage son collaborateur à s'affirmer, à mettre des limites et lui propose comme objectif de prendre conscience de ses limites et d'apprendre à dire « non ».
Jamais	Le collaborateur de type Rêveur n'a pas le temps de finir sa tâche, il abandonne et en commence une autre, a l'impression de ne pas pouvoir finir.	Encourage le collaborateur à terminer une tâche avant de passer à une autre en respectant son besoin de calme.
Toujours	Le collaborateur de type Rebelle ou Promoteur se vit comme « coincé », n'arrive plus à hiérarchiser les priorités, devient intolérant à la frustration.	Donne de l'information sur la prise de décision et sur le processus de stress. Indique à la personne que, dès qu'elle se sent « coincée », il est temps qu'elle s'occupe d'elle et que ce n'est pas le moment de prendre des décisions.
Presque I	Le collaborateur a tendance à échouer avant d'aboutir.	Soutient le collaborateur dans la dernière ligne droite.
Presque II	Le collaborateur semble déprimé ou en énergie basse après avoir atteint l'objectif fixé.	Propose de fêter la réussite.

8

L'INVENTAIRE DE PERSONNALITÉ

CONNAÎTRE LES TYPES DE PERSONNALITÉ permet déjà de repérer nos principaux comportements et ceux des personnes qui nous entourent. Mais la simple observation ne suffit pas à déterminer la structure de personnalité d'un individu. Il peut être utile d'établir son inventaire de personnalité – IDP.

CONSTRUCTION DE L'INVENTAIRE DE PERSONNALITÉ

Celui-ci est établi par ordinateur d'après les réponses à un questionnaire. Il permet de déterminer :

- la base ;
- la phase actuelle ;
- la structure de personnalité ;
- les sources de motivation actuelles ;
- les canaux de communication préférentiels ;
- le niveau d'énergie disponible à chaque étage de l'immeuble ;
- les réactions prévisibles sous stress.

L'IDP occupe une place de plus en plus appréciée parmi les outils de recrutement : il permet de prévoir, entre autres, quel environnement facilitera l'expression d'une personnalité et son efficacité.

Jérôme Lefeuvre a développé une application particulièrement pertinente et utile de l'inventaire de personnalité à l'usage du recruteur ou du manager. Il a nommé cet outil le Guide d'entretien.

Nous vous reproduisons ci-dessous, dans son intégralité, un exemple de ce guide.

SYNTHÈSE INVENTAIRE DE PERSONNALITÉ PCM®

Candidat : Jean Dupont Date : 8 janvier XXXX

Généralités

Base :	Empathique
Phase actuelle :	Empathique
Phase vécue :	Aucune
Structure :	Empathique, Rêveur, Travaillomane, Persévérant, Rebelle, Promoteur

Pour un entretien efficace

Durant l'entretien, impliquez-vous dans la relation, partagez des ressentis et personnalisez vos échanges tout en respectant le rythme relationnel de votre interlocuteur. Offrez plutôt un canal Nourricier, soyez chaleureux.

Votre candidat sera particulièrement sensible à la reconnaissance en tant que personne et à l'attention personnalisée, basée plus particulièrement sur le confort et le bien-être. Parlez-lui de lui (d'elle) et intéressez-vous d'abord à la personne et à son confort.

- Éléments attendus selon le profil Process Com® rempli par le candidat : Points forts clés : Compatissant, chaleureux et sensible

  Rappel du style de communication préférentiel : Bienveillant, axé sur l'autre et la relation, le partage des ressentis. Posture nourricière. Apprécie l'intimité, le partage d'informations personnelles. Tourné vers l'autre.
- Besoins de base : d'être reconnu(e) en tant que personne et travailler dans un environnement sensoriel agréable.
- Clé de motivation actuelle : Lorsque les collègues et le management offrent de la reconnaissance personnelle et que la personne peut trouver son confort sensoriel dans son travail.

- Style de management préférentiel : Management Bienveillant, sera plus efficace si la qualité des relations entre les gens est bonne. Et si le manager y veille.

Vous vérifierez si votre candidat(e), confronté(e) à un Management Autocratique orienté Promoteur, pourrait être démotivé(e) par des directives sans partage d'information et des challenges perçus comme gratuits et très probablement agressifs.

- Environnement de travail préférentiel : Préfère travailler au sein d'une équipe, entouré(e). Prend l'initiative de la relation et l'encourage.

Points sensibles (à vérifier avec votre candidat)

- Liés à la base : Possibles difficultés à dire non.
- Liés à la phase : une tendance à dramatiser et se plaindre.
- Sources de démotivation (à vérifier avec votre candidat) : Le candidat pourra se démotiver lorsqu'il (ou elle) ne se sent pas apprécié(e) ou perçoit l'ambiance comme hostile ou agressive. Autres causes possibles de démotivation : lorsque l'environnement de travail est perçu comme trop froid ou inconfortable.

Thème conscience de soi

Première étape de vérification du profil avec le candidat

Niveau de conscience de soi : Le candidat peut parler de ses préférences, de ses processus de communication et de ses déclencheurs de motivation.

Vérifiez les points forts dans lesquels se reconnaît le candidat

> *Q1 : Diriez-vous que vous êtes quelqu'un au tempérament plutôt compatissant, prenant naturellement soin des autres ? Par exemple ?*
>
> *Q2 : Vous percevez-vous comme une personne chaleureuse, facilement proche et authentiquement intéressé(e)par l'autre ? Par exemple ?*
>
> *Q3 : Êtes-vous quelqu'un de sensible à autrui et à vos propres ressentis ? Par exemple ?*

Q4 : Pour vous sentir bien et efficace dans votre travail, comment vous ressourcez-vous ? Que faites-vous pour vous faire du bien et retrouver votre bien-être ?

Vérifiez la connaissance par le candidat de ses besoins psychologiques avec la question Q4

- Avez-vous identifié le(s) besoin(s) suivant(s) : Être reconnu(e) et apprécié(e) en tant que personne ainsi que d'être dans un environnement chaleureux.

Dans la question suivante, Q5, vérifiez l'attente d'un style de management Bienveillant (le manager s'assure que les relations entre les membres de l'équipe sont bonnes et est vigilant au bien-être de chacun)

Q5 : Qu'attendez-vous de votre manager ?

Dans les questions Q6 et Q7, vérifiez la connaissance par le candidat de ses possibles déclencheurs de stress

Q6 : Avec quel genre de personnes appréciez-vous le plus de travailler ?

Q7 : Avec quel genre de personne avez-vous plutôt du mal à travailler ?

Q8 : Que se passe-t-il pour vous si recevez peu d'attention personnalisée ?

Q9 : Comment vous adaptez-vous à la dynamique de compétition dans le travail où chacun doit dépasser ses limites ?

Vérifiez pour finir dans les questions 8 et 9, la résonance avec le profil du candidat sur les éléments supposés être facteurs de stress selon son profil

- Votre candidat(e) a-il (elle) évoqué les comportements sous stress suivant : Difficulté à dire non, tendance à s'excuser sans que ce soit approprié. Se sent parfois victime de ses propres erreurs, dramatise.

Thème Empathie

Deuxième étape de vérification du profil avec le candidat

Niveau d'empathie : Le candidat a le sens de l'autre et sait ajuster ses processus de communication à son interlocuteur.

Capacité à répondre aux six types de personnalité

Lorsque l'on respecte son « ascenseur », votre candidat répond-il(elle) aux questions facilement et dans le process ? Vous trouvez ci-dessous une série de propositions pour tester la flexibilité Process Com' de Jean. Le principe est de les poser telles qu'elles sont proposées pour évaluer non pas le contenu, mais le processus.

Si vous avez besoin de quelque chose je suis là pour vous. Savez-vous pourquoi les gens vous aiment et vous apprécient ? Que voulez-vous partager sur vous ? Puis-je vous offrir quelque chose ? Je me sens très à l'aise en votre compagnie.

- ❑ Réponses OK
- ❑ Réponses OK pas dans le canal
- ❑ Driver

Prenez un moment pour imaginer votre situation professionnelle, disons dans cinq ans. Racontez-moi ce que vous voyez. Prenez le temps d'imaginer votre avenir, que voyez-vous ? Décrivez-moi vos perspectives sur l'avenir.

- ❑ Réponses OK
- ❑ Réponses OK pas dans le canal
- ❑ Driver

Y a-t-il une question que vous souhaitez me poser ? De quelle information avez-vous besoin pour continuer notre entretien ? Avez-vous cherché des informations sur le questionnaire que vous avez eu à remplir ? Avez-vous fait des recherches sur notre organisation ?

- ❑ Réponses OK
- ❑ Réponses OK pas dans le canal
- ❑ Driver

À votre avis quelle est de nos jours la règle éthique qu'une entreprise doit respecter ? Que pensez-vous de ce genre d'entretien ? Qu'avez-vous pensé du questionnaire que vous avez rempli ? Quelle est votre opinion sur la stratégie de notre organisation ?

- ❑ Réponses OK
- ❑ Réponses OK pas dans le canal
- ❑ Driver

J'adorerais que vous me disiez ce qui vous branche le plus dans la vie ! Vous aimez faire ce que nous sommes en train de faire ? J'adore votre style ! J'aime, j'aime pas, allez, et si vous me disiez ce que vous aimez et n'aimez pas dans le travail.

- ❑ Réponses OK
- ❑ Réponses OK pas dans le canal
- ❑ Driver

Votre candidature est retenue. Dites-moi ce que vous faites en arrivant. Racontez-moi un exploit dont vous êtes fier(e). Décrivez-moi ce que vous faites pour vous dépasser.

- ❑ Réponses OK
- ❑ Réponses OK pas dans le canal
- ❑ Driver

Quels types de personnalité (perceptions) semblent moins faciles pour le candidat ?

Vérifiez ensuite la sensibilité et la tolérance envers les types de personnalité les moins représentés dans la structure du candidat (Type Rebelle et Type Promoteur)

> *Q1 : Quelle est votre perception dans le travail des gens qui sont plutôt énergiques et joueurs, et qui demandent à leurs collègues beaucoup d'interactions pour maintenir leur propre concentration dans le travail ?*
>
> *Q2 : Quelle est votre perception dans le travail des gens qui sont plutôt axés sur l'action et la compétition et qui ont un certain talent pour sauter sur les opportunités et faire des jolis coups ?*

Thème Gestion de soi

Troisième étape de vérification du profil avec le candidat

Niveau de gestion de soi : Stratégies conscientes de management des groupes et des relations.

À remplir par l'interviewer : À ce point de l'entretien, si le profil est pertinent, vous avez eu l'occasion de l'entendre évoquer ou vous montrer en direct les tendances suivantes :

- Tendance à s'excuser et avoir l'air désolé, cherche à faire plaisir avec un air un peu inquiet.

  oui ❑ peu ❑ non ❑

  Et en cas de stress plus prononcé :
- Tendance à dramatiser ses propres erreurs. Se sent stupide.

  oui ❑ peu ❑ non ❑

  Vous pouvez vérifier en utilisant les questions Q1 et Q2 par exemple :

Q1 : Vous arrive-t-il de préférer vous excuser même quand c'est l'autre qui le devrait ?

Si le candidat a identifié des déclencheurs et des comportements de stress, vérifiez s'il (elle) a développé des stratégies conscientes de gestion de son stress.

Q2 : Comment vous y prenez-vous pour sortir du stress ?

Q3 : Pouvez vous me donner des exemples ?

Thème Leadership

Quatrième étape de vérification du profil avec le candidat

Niveau de leadership : Quelles stratégies de management des groupes et des relations vous reconnaissez-vous ?

À ce point de l'entretien et si le profil est valide, vous avez eu l'occasion d'entendre le candidat évoquer ou montrer les tendances suivantes : Compatissant, chaleureux et sensible.

Un style de management Bienveillant sera plus efficace si-les relations les membres de l'équipe sont bonnes. Et si le manager y veille.

Un style de management Autocratique orienté Promoteur, pourrait, par des directives sans partage d'information et des challenges perçus comme gratuits, être source de démotivation

Vérifiez si nécessaire avec les questions ci-dessous :

> *Q1 : Lorsque vous travaillez en équipe, comment gérez-vous la compétition, la recherche d'opportunité et des collaborateurs préférant jouer cavalier seul sur leur projet ?*
>
> *Q2 : Comment conciliez-vous votre besoin de relations chaleureuses et personnelles avec votre rôle dans l'entreprise ?*

Q3 : Comment exprimez-vous votre leadership lorsque vos collaborateurs ont d'autres besoin que les vôtres et en particulier besoins d'excitation, d'aventure et de challenges ou de contacts variés, ludiques et spontanés ?

Q4 : Pouvez vous me donner des exemples ?

Conclusion après entretien

Éléments observés

Base :
Phase actuelle :
Points forts :
Canaux +/+ :
Perceptions :
Drivers :
Remarques :

Partie

II APPLIQUER LES CONCEPTS DE LA PROCESS COMMUNICATION (OU PROCESS COM)

9

LA PROCESS COM : UN MANAGEMENT SUR MESURE

« Lorsqu'un individu est sur la défensive,
c'est la démotivation qui s'installe,
immobilisant parfois de manière définitive,
le processus d'apprentissage personnel
et la probabilité de changement. »

Goleman, Boyatzis, McKee

De nombreux problèmes de communication sont dus aux pressions qui s'exercent sur le manager. Ces problèmes, qu'ils proviennent de sa hiérarchie ou de l'environnement extérieur, pourraient être évités ou tout au moins limités, ainsi que les conséquences dommageables qui en découlent si le manager apprenait à mieux se connaître et à comprendre la dynamique liée au type de person-nalité de chacun de ses collaborateurs.

Bon nombre de managers ont une base Persévérant (environ 70 % du public rencontré dans nos séminaires). Ainsi que nous l'avons déjà souligné, le manager de base Persévérant est motivé pour être entendu, faire passer son message. Il a fréquemment besoin d'apprendre à écouter. Cette capacité d'écoute est la condition *sine qua non*, si l'on en croit Michel Crozier pour l'avènement d'un *management nouveau*[1].

1. *L'entreprise à l'écoute*, InterEditions, 1980.

La Process Communication représente pour l'entreprise une démarche simple d'accès et rapidement opérationnelle. Son efficacité est due en grande partie à l'adaptabilité de la méthode à tous les niveaux hiérarchiques et types d'activité, ce qui en fait un excellent moyen de créer un langage commun. En outre, elle permet d'aborder l'un des aspects essentiels du travail en entreprise : la motivation des hommes.

Malgré la simplicité du modèle, son application exige un engagement au plus haut niveau de l'entreprise et une réelle implication des managers. C'est pour cette raison qu'il s'adresse à eux en tout premier lieu, et met en place toute une série d'outils susceptibles de les accompagner dans leur apprentissage et leur expérimentation de celui-ci : définition des styles de management, plan d'action du manager, groupes de supervision. Ce chapitre est destiné à leur servir de repère sur le chemin du changement…

LES STYLES DE MANAGEMENT

« Être un bon leader exige de bien se connaître,
de cerner son style et de s'attacher
à l'élargir et à le nuancer. »

Meryem Le Saget

Les types de personnalité et les canaux de communication interfèrent bien évidemment avec les styles de management. En Process Communication, nous identifions quatre styles, avec chacun ses avantages et ses limites[1].

Le style Autocratique

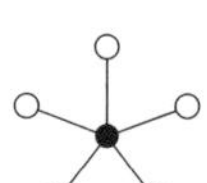

Le manager Autocratique donne des ordres et s'attend à ce que les collaborateurs les exécutent. Il utilise le canal Directif et ordonne par exemple : *« Faites-moi la synthèse de ce rapport s'il vous plaît. » « Définissez-moi vos objectifs pour notre prochaine réunion, je vous prie ».*

1. Le point noir symbolise le leader et les points blancs ses collaborateurs.

« Dites-moi ce que... », etc. Il s'agit d'un style qui, comme nous l'avons vu pour le canal Directif, vise la partie pensante de l'individu. Il a l'avantage d'être rapide et direct. Il permet d'affirmer de façon évidente un leadership. Il a pour inconvénient – de taille – de déplaire à la plupart des collaborateurs qu'il invite beaucoup à la rébellion ou à la suradaptation. Il n'encourage pas les remontées d'informations. Toutefois il est particulièrement utile dans les situations d'urgence. En cas d'alerte au feu, par exemple, on ne consulte pas tous les collaborateurs pour décider de la meilleure stratégie à adopter... Nous pourrions parler d'un « commandement militaire amélioré ». « Amélioré » parce que, dans l'armée, on s'attend à ce que la personne exécute : dans le style Autocratique, on lui demande de réfléchir pour exécuter un ordre.

C'est un style qui convient au type Rêveur, qui a besoin de directives explicites et Promoteur, car il est rapide et lui permet de privilégier l'action. Les managers de base Promoteur l'utilisent très volontiers, ce qui explique pourquoi ils peuvent rencontrer des problèmes de management et être perçus parfois comme étant dictatoriaux. En effet, ce style est à éviter avec les autres types de personnalité. Le collaborateur de base Empathique se dira : *« Pourquoi me parle-t-il ainsi ? Qu'est-ce que je lui ai fait ? »* Le collaborateur de base Travaillomane ou Persévérant : *« Moi, je sais ce que j'ai à faire. S'il me dit ce que je dois faire, cela prouve qu'il ne me fait pas confiance, ou ne me reconnaît pas comme compétent. »* Le collaborateur de base Rebelle se sentira immédiatement « accroché »... et se rebellera.

Le style Autocratique est donc à éviter avec 85 % de la – population. Or, il reste aujourd'hui largement répandu et utilisé en entreprise. Circonstance aggravante : il s'agit généralement d'un style Autocratique négatif, donc d'un masque. Lorsque quelqu'un dit d'un ton cassant : *« Vous faites cela, un point c'est tout »*, il a un masque d'Attaquant, ce qui n'a rien à voir avec le style Autocratique qui repose sur la position de vie +/+. Dans les séminaires, lorsque les managers s'entraînent, ils ont tendance également à le jouer sur un mode agressif. L'utilisation du style Autocratique positif est souvent leur point faible, ce qui explique la difficulté qu'ils peuvent parfois rencontrer en manageant des collaborateurs de base Rêveur ou Promoteur.

Le style Démocratique 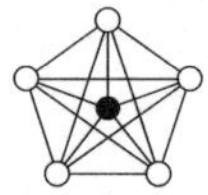

Le leader Démocratique considère que chacun dans l'équipe doit pouvoir exprimer son opinion, ses suggestions, ses désirs. Il en fera une synthèse, à partir de laquelle il élaborera sa décision. Il prend en considération les avis de chacun.

Ce style a pour immense avantage de mobiliser l'intelligence de l'entreprise. Les individus se sentent reconnus pour leur analyse, leurs idées et leurs suggestions. Il a pour inconvénient de décourager les personnes qui ont besoin de commencer par agir. Il peut être aussi chronophage, au sens où il occasionne beaucoup de réunions. Dernier inconvénient : il peut créer des frustrations si le manager n'est pas attentif aux besoins de reconnaissance, par exemple ceux du type Persévérant qui a défendu sa conviction pied à pied et dont l'opinion n'est pas retenue.

Toutefois ce style fonctionne bien avec les personnes de base Persévérant, et Travaillomane, et secondairement avec les types Empathique, Rebelle et Rêveur. On l'évitera avec les collaborateurs de base Promoteur car ils manqueront de stimulation et risquent de manifester de l'impatience pendant les réunions, de tambouriner des doigts sur la table en pensant : *« Qu'est-ce que c'est que ce bla bla... et si on passait à l'action ? »*

Le style Bienveillant 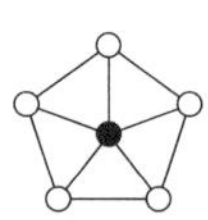

Le leader Bienveillant a la conviction que l'important est d'avoir une équipe unie, soudée, où l'ambiance est bonne. Son idéal se rapproche de celui d'une famille : l'entreprise « tourne » parce qu'elle est un peu une grande famille. Chacun s'y sent bien.

Ce management est pain béni pour les personnes qui ont besoin d'être prises en compte en tant qu'individu. Mais la plupart des collaborateurs, et particulièrement de base Persévérant et Travaillomane, s'y trouvent mal à l'aise. Ils le considèrent fréquemment comme un relent de « paternalisme » (qui pourtant n'est pas un style Empathique mais que l'on retrouve plutôt chez le type Persévérant « d'autrefois »), ou bien encore comme une intrusion dans leur vie privée, d'autant plus que le manager, de type Empathique bien sûr, n'établit pas toujours de limite nette entre emploi du temps personnel et professionnel : il encourage aux rencontres de week-end qui incluent les conjoints, les enfants…

En revanche, ce style est remarquablement efficace avec 30 % de la population qui est de base Empathique.

Le style Laisser-Faire

Le leader Laisser-Faire propose à chacun la plus large autonomie possible. Le grand avantage de ce style : il fait appel aux créativités et est particulièrement adapté aux situations de brainstorming. Il fonctionne également bien lorsque chacun des collaborateurs a déjà développé son style personnel d'efficacité. Son inconvénient majeur : pour nombre de collaborateurs, ce style manque de structure. Il occasionne éventuellement une grande déperdition d'énergie, lorsque chacun, livré à lui-même, fait un peu tout et n'importe quoi à la fois et risque de générer des conflits de territoire par manque de frontières clairement définies. Il convient toutefois particulièrement au type Rebelle créatif (toutefois, si ces collaborateurs ont besoin d'un style « Laisser-Faire », ils ont aussi besoin de limites). Il n'est pas approprié aux personnes de base Rêveur qui ne prendront pas d'initiatives et qui, avec un style « Laisser-faire », risquent justement… de ne rien faire.

Tableau 9.1 : Adapter les styles de management aux types de personnalité

Types de personnalité	Style de management à utiliser	Style de management à éviter
Empathique	Bienveillant	Autocratique
Travaillomane	Démocratique	Autocratique
Persévérant	Démocratique	Autocratique
Rebelle	Laisser-faire	Autocratique
Rêveur	Autocratique	Laisser-faire
Promoteur	Autocratique	Démocratique

LE MANAGEMENT INDIVIDUALISÉ

Chacun de ces styles est donc adapté à un ou deux types de personnalité et à éviter pour les autres. Il n'y a pas de style idéal et cela, les managers le savent bien. En Process Communication, on parlera de *management individualisé.* Le manager utilise ses différentes parties de personnalité pour adopter le style approprié à chaque collaborateur : Démocratique avec ceux qui ont une base Travaillomane ou Persévérant, Autocratique avec celles et ceux dont la base est Rêveur ou Promoteur, Laisser-Faire avec les collaborateurs de base Rebelle et Bienveillant avec les personnes de base Empathique.

Joëlle – Ah oui, quel beau slogan : Laissez faire les Rebelles et veillez sur les Empathiques…
Pierre (en fronçant les sourcils) – Mais si je réagis différemment avec chacun, ils vont trouver cela bizarre…
Isabelle – Tu crains de ne plus être naturel et de perdre ta spontanéité. On entend cela aussi chez les parents à qui l'on propose d'adapter leur comportement au tempérament de chacun de leurs enfants. Toutefois, reconnais qu'intuitivement tu ne te comportes pas de la même façon avec chacun de tes collaborateurs.
Joëlle (en pouffant) – Encore heureux…
Jacques (sur un ton rapide) – La connaissance des styles de management te permet d'affiner cette démarche. Lorsque chacun se sent pris en compte avec ses besoins psychologiques, lorsque le style de communication qui lui est adressé lui convient, il n'est pas frustré de constater que l'on utilise un autre style avec son collègue. J'entendais un de nos collaborateurs à la cafétéria ce matin : *« J'apprécie la relation avec mon manager. Je trouve qu'il me comprend. Je suis certain que s'il agissait avec moi comme avec Francis, je ne le supporterais pas… »*
Yves – Cela ressemble comme deux gouttes d'eau à de la manip', votre histoire…
Isabelle – Pas si tu informes tout le monde…
Joëlle – Sortez les violons…
Isabelle – Si, je t'assure… Si le manager informe son équipe sur ce qu'il vient d'apprendre, il peut l'inviter à participer…

Pierre (il se lève et se tourne vers Joëlle) – Bon, ce n'est pas tout, mais il me faut impérativement ta maquette pour ce soir. Sans faute.
Joëlle – euh... je crois que tu te trompes de style ! (*Éclat de rire général.)*

Le style individualisé est le meilleur garant de la motivation de chacun. Il exige des managers qu'ils s'adaptent à la personnalité de chaque collaborateur, ce qu'ils font déjà la plupart du temps mais... avec plus ou moins de bonheur.

Néanmoins, il n'est pas rare que cette démarche représente aussi pour eux un changement profond. En cas de mécommunication, le réflexe habituel consiste, dans la plupart des cas, à exiger que l'autre change... Les managers n'échappent pas à cette règle. Quelles que soient leurs facultés d'adaptation, ils ont souvent tendance à attendre des collaborateurs qu'ils soient les premiers à modifier leur comportement. *« Dans mon équipe, on fait comme cela... »*, entend-on parfois. Sous-entendu : *« Soyez conformes à mon mode de fonctionnement »*.

En cas de problèmes relationnels, la « règle des 50/50 » se révèle nettement plus appropriée pour retrouver une collaboration efficace. Quelles que soient l'origine du problème et sa gravité, chaque protagoniste se trouve toujours impliqué à 50/50. Habituellement, cette règle des 50/50, issue des études de l'école de Palo Alto, suscite de vives réactions de la part du public de nos séminaires. Chacun a bien naturellement tendance à mettre en cause le comportement de l'autre qui, à ses yeux, justifie sa propre attitude. Or, il est plus utile pour soi-même et pour son efficacité personnelle de se poser la question : *« Quelle est ma part de responsabilité dans ce problème ? »* que de rejeter la responsabilité du problème sur l'autre. Dès qu'un individu prend conscience de sa « part » dans un problème et décide de changer son comportement, aussitôt, par réaction, la situation change et il devient alors plus facile de « méta-communiquer »[1]. *L'aptitude à méta-communiquer de façon satisfaisante,* nous dit Paul Watzlawick, *n'est pas seulement la condition sine qua non d'une bonne communication. Elle a aussi des liens très étroits avec le vaste problème de la conscience de soi et d'autrui*[2].

1. Voir page126.
2. Paul Watzlawick, *op. cit.*

Toutefois le changement de comportement d'un des acteurs peut également entraîner, par réaction, un problème. C'est le cas, par exemple, de l'épouse à qui son mari, ayant réalisé qu'elle avait une base Empathique, offre des fleurs, ce qu'il n'avait pas fait depuis fort longtemps. En guise de remerciement il s'entend dire d'un ton suspicieux : *«Tu n'aurais rien à te reprocher par hasard ?»*.

Pour reprendre la métaphore d'un participant à un séminaire : «Avant de tourner, on commence par mettre son clignotant... ». Il est effectivement essentiel qu'après avoir pris conscience de son comportement – et s'il a décidé d'en changer – le manager prenne le temps d'expliquer ce qu'il a compris et ce qu'il souhaite en faire. Par exemple, depuis de longues années, un manager ne communique avec sa collaboratrice de type Empathique qu'en lui donnant des instructions. En rentrant de séminaire, il se met à répondre à ses besoins psychologiques en lui disant combien il l'apprécie. Il risque de déclencher une réaction de méfiance : *« Qu'est-ce cela cache ? Pourquoi me dit-il cela ? »*. On aboutit ainsi à une défiance accrue de part et d'autre car le manager se dit : *«Toutes ces théories qu'on apprend, c'est du bla-bla, cela ne marche pas dans la vraie vie... »*.

Chacun sait que, quand nous ne disposons pas de l'information, nous ne pouvons interpréter correctement les événements extérieurs. Un véritable dialogue avec les collaborateurs amène, en retour, plus de confiance, condition majeure d'une organisation efficace car, souvenons-nous, **plus d'info, c'est moins de parano...**

Jacques (se confiant à Joëlle) – Je comprends ce que ma femme me reproche, l'expression des sentiments m'est aussi étrangère que la vie parisienne pour un paysan de la Creuse ! Je comprends aussi pourquoi ma secrétaire a demandé sa mutation... Je ne sais vraiment pas interagir avec les personnes de type Empathique...

Joëlle – Explique-leur, cela ira déjà mieux. Et cesse de m'offrir des cafés sous prétexte que ma base est Rebelle et que j'aime les pauses, tu vas te rendre malade !

LE PLAN DE DÉVELOPPEMENT PERSONNEL DU MANAGER

« Le chef doit devenir un véritable animateur. Il doit être capable de faire confiance aux subordonnés, de les aider, de faciliter leur tâche et de leur permettre au travers cette tâche d'affirmer leur personnalité. »

Michel Crozier[1]

L'utilisation de la Process Com implique donc une volonté de changer pour le manager, à partir de laquelle il va utiliser son nouveau champ de connaissances. Il se peut qu'il se trouve limité dans ses capacités de changement par la culture de l'entreprise, surtout s'il est seul à effectuer cette démarche. L'idéal est qu'elle émane d'une forte volonté collective, initiée au plus haut niveau. Dans tous les cas, son apprentissage fait l'objet d'un plan d'action qui lui permet de repérer ses points forts et ses axes d'amélioration.

Imaginons qu'un manager soit *naturellement* peu enclin au style Laisser-Faire. C'est la raison pour laquelle il rencontre des difficultés avec les collaborateurs de base Rebelle. Il considère en effet que les choses doivent être structurées, claires, précises, vérifiables (et bien sûr, c'est important qu'elles le soient). Sa démarche de progrès consistera alors à acquérir, à sa manière, les caractéristiques du style Laisser-Faire pour arriver peu à peu à un bon niveau de confort en utilisant ce style et pour manager ces collaborateurs sans les « accrocher » négativement.

Cette démarche lui demandera du temps et de l'attention à ses propres habitudes comportementales. Apprendre à utiliser un style Laisser-Faire, pour quelqu'un d'habitué à un mode de fonctionnement Autocratique, peut soulever quelques inquiétudes. C'est pour cette raison que le *« développement personnel du manager »* est indispensable afin de *« devenir davantage soi-même pour pouvoir s'impliquer avec efficacité et ouverture dans les enjeux importants qui nous entourent »*[2]. À ce propos,

1. *L'entreprise à l'écoute, op. cit.*
2. Meryem Le Saget, *op. cit.*

beaucoup d'entreprises sont méfiantes. Elles craignent le syndrome « de la marmite », en redoutant « ce qui va se passer si l'on soulève le couvercle ». Or, il ne s'agit pas de déstabiliser quiconque mais d'entrer dans un travail progressif d'enrichissement de la palette comportementale du manager.

Yves – C'est quoi, ces histoires de développement personnel ? On n'est pas chez les psys, ici.

Isabelle (haussant les épaules) – Tu confonds. À la différence de la psychothérapie, qui consiste à dénouer des nœuds du passé pour libérer certains potentiels, le développement personnel intervient sur « l'ici et maintenant ». Il est fréquent que les personnes aient un potentiel disponible qu'elles utilisent peu. Si tu veux, c'est comme si elles disposaient d'un immeuble avec six appartements. Ils sont tous superbes, même si les étages supérieurs sont plus petits. Ce qui est dommage c'est qu'elles vivent la plupart du temps entre le rez-de-chaussée et le premier étage. Si elles savaient que, d'en haut, elles ont une vue imprenable sur toute la ville...

Yves (l'air de s'ennuyer) – Ouais...

Anne – Si je comprends bien, se « développer personnellement » consiste à occuper son espace vital. Mais il y a tout de même un changement de paradigme sans lequel rien n'est possible...

Joëlle – Pardon ?

Anne – Oui, un changement de croyance. Accepter de *changer* avant que de chercher à *changer l'autre*, et croire que la relation gagnant/gagnant est vraiment la plus efficace... Tout simplement parce qu'il est beaucoup plus facile d'agir sur son propre comportement que sur celui de l'autre et de l'inciter à changer par l'exemplarité plutôt que par des « bons conseils ».

Pierre – J'ajouterais que plus on comprend, plus on peut accepter de changer. Il est beaucoup plus facile d'interagir avec quelqu'un de type Persévérant en état de stress lorsqu'on a pu l'identifier, plutôt que si l'on garde de lui l'idée que c'est simplement un tyran. N'est-ce pas, Joëlle ?

Joëlle – Oui, mon Général. *(Elle se tourne vers les autres.)* J'ai une bonne nouvelle à vous annoncer. La plupart des tyrans ne sont pas de *vrais* tyrans. Derrière leur *horrible* comportement se cachent des besoins. Y a que pour Pierre qu'on a encore des doutes...

L'accompagnement du manager peut représenter un prolongement des séminaires de Process Communication, sous forme de groupe de supervision.

LE GROUPE DE SUPERVISION

À l'occasion du groupe de supervision, le manager réfléchit à sa pratique et apprend à développer son efficacité managériale à partir de sa nouvelle grille de référence. Ce groupe constitue une aide au changement et facilite l'intégration du modèle.

Il se passe en effet avec la Process Communication la même chose qu'au tennis. Beaucoup ont commencé par apprendre ce sport en autodidactes. Jusqu'au jour où ils se sont dit : *« J'ai atteint un bon niveau mais maintenant je plafonne. »* et ils ont décidé de faire un stage. La première chose qu'ils constatent tout de suite après, c'est qu'ils jouent moins bien qu'auparavant. Il y a une régression précédant l'intégration de la technique et son utilisation naturelle. De même, après un séminaire, les managers ont l'impression de perdre leur naturel dans la communication et de devenir moins performants, un peu comme ces enfants qui traversaient la salle de séjour en 12 secondes à quatre pattes et mettront 5 minutes dès qu'ils tiendront debout, avec quelques bascules inattendues sur le parcours.

Le groupe de supervision permet de les accompagner pendant cette phase d'intégration. Il démarre deux à quatre mois après le séminaire et a lieu tous les quinze jours ou tous les mois. Il permet à chacun de développer son aptitude à utiliser tous ses étages, à identifier les types de personnalités des collaborateurs, à résoudre les problèmes de management qu'il rencontre, à traiter ses difficultés dans les relations avec les supérieurs hiérarchiques.

Suite à une formation qui représente un « package », le groupe de supervision optimise l'appropriation de ce package par le moyen d'un accompagnement personnalisé et de l'échange d'expériences avec d'autres participants.

LA PRISE DE DÉCISION

Henri Mintzberg[1] a classé les activités du manager en trois catégories : les relations interpersonnelles, la transmission d'informations et la prise de décision. Nous avons vu comment la gestion du processus de management à travers les outils de Process Communication peut améliorer l'efficacité managériale et la qualité des relations interpersonnelles.

Compte tenu des enjeux de plus en plus complexes, la prise de décision nécessite de mobiliser toutes les facettes de notre personnalité. Plus le stress est important, moins il est facile de décider sereinement. Dans ces cas où le manager ressent des « tiraillements internes » concernant un problème à résoudre, l'exercice du « tour du propriétaire » peut lui apporter une aide précieuse. Cet exercice consiste à « donner la parole » à chacune des parties en lui et d'écouter ce qu'elles pensent, veulent ou ressentent à propos de la décision à prendre. L'idéal sera d'interroger d'abord sa base puis l'étage suivant et ainsi de suite jusqu'au sixième étage de son immeuble, en se posant les questions suivantes :

Travaillomane – De quelles informations factuelles je dispose pour résoudre ce problème ?

Persévérant – Quelles sont mes valeurs concernant celui-ci ?

Rebelle – Quelles sont toutes les idées originales que je peux avoir pour le résoudre ?

Empathique – Qu'est-ce que je ressens face à ce problème ?

Rêveur – Quelle analyse approfondie puis-je en faire ?

Promoteur – Qu'est-ce que je veux faire immédiatement pour le résoudre ?

Exemple :

Hervé, créateur d'entreprise, alors que son activité a pris son rythme de croisière, a l'opportunité de s'associer. La décision est d'importance, il s'agit d'un « mariage » professionnel à 50/50. L'ensemble de son entourage lui déconseille ce type d'association. Hervé sent pertinemment qu'au bout de quelques semaines, les choses ne sont pas encore complètement « claires » pour lui. Bien qu'il soit en phase promoteur, donc habitué à décider très vite... il hésite. Son immeuble est le suivant : Empathique

---

1. cf. Henri Mintzberg, *Le Manager au quotidien*, Editions d'Organisation.

(base) / Promoteur (phase) / Rebelle / Travaillomane / Persévérant / Rêveur. Nous lui proposons de faire le tour du propriétaire. Son « voyage » donne les résultats suivants :
Empathique – Ce que je sens, c'est d'abord l'envie de ne plus être seul. Avec cet éventuel associé je me sens bien, il n'y a pas de rivalité, de compétition négative. Je me sens en sécurité. En revanche, j'ai peur de devoir partager et de modifier mes façons de faire.
Promoteur – Ce que je veux faire, c'est du business, en termes de développement, d'utilisation du réseau relationnel, etc. C'est l'opportunité pour moi de doubler ou tripler rapidement mon chiffre d'affaires.
Rebelle – On est deux fortes personnalités indépendantes et pour lui, il n'y a pas d'affectif dans le business, et moi, je ne peux pas m'associer sans affectif... (rappel sur la base Empathique). Un super truc à faire : on crée chacun notre boîte et on bosse en synergie. Bref, tout le plaisir, l'énergie, et pas les inconvénients. Génial !
Travaillomane – Les informations dont je dispose sont les suivantes : je suis habitué à une large autonomie de décision ; mon marché est actuellement difficile, avoir un associé avec un salaire important peut grever l'entreprise ; l'option des deux structures permet de prendre son temps avec un niveau de risque moindre.
Persévérant – Ce que je crois, c'est que, pour moi, une bonne association repose sur une bonne entente affective. Cela fait partie de mes valeurs. Je sais que je privilégie toujours l'aspect relationnel. Je ne conçois pas le business autrement
Rêveur – En termes d'analyse approfondie, je pense qu'il est important de ne pas méconnaître les deux ou trois signaux d'alarme que j'ai eu sur le plan relationnel (cette personne attache peu d'importance à la gestion de la relation). Il est essentiel de ne pas « m'embarquer » là où je sens un frein de ma part, surtout sur un projet d'une telle importance.

À la fin de cet exercice le visage d'Hervé est détendu et souriant. Il a l'impression de mieux savoir ce qu'il veut maintenant, de voir plus clair dans ses enjeux psychologiques et d'être plus conscient de la réalité externe. L'idée de la partie Rebelle lui convient bien et il décide de la proposer à son partenaire.

Autre exemple :

Paul est chef d'entreprise. Il est membre très actif d'une importante association de dirigeants. On lui demande, lors d'un Congrès dont il a largement pris en charge l'organisation, de témoigner de sa propre expérience de vie. Et ceci dans le Journal d'Événement qui sera distribué le jour même de la manifestation. L'immeuble de Paul est le suivant : Promoteur / Persévérant (phase) / Travaillomane / Empathique / Rêveur / Rebelle. Cette question soulève chez lui un conflit entre le désir d'action

de son côté Promoteur et les principes du côté Persévérant... Voici son tour du propriétaire :
Promoteur – C'est un projet excitant ! Cela me plairait de dire : « Voilà ce que j'ai fait, comment j'ai saisi les opportu-nités, etc. »
Persévérant – L'idée de transmettre quelque chose à propos de mes convictions n'est pas pour me déplaire, mais j'adhère aux valeurs que m'a transmis mon père lorsqu'il disait : « ne te mets pas en avant, c'est ton œuvre qui compte. La valeur ne se commente pas, elle se prouve... Les êtres qui ont une éthique forte savent se taire... »
Travaillomane – Il me manque des informations : Quel est l'objectif, Est-ce que cela s'est déjà fait ? Comment est-ce perçu ?
Empathique – Ce que je ressens, c'est de la peur et, aussi quelque chose du genre : « ne sois pas important, ne te montre pas ».
Rêveur – Je dois avoir le temps de préparer cet article afin qu'il comporte des éléments de réflexion sur mon expérience. En termes d'analyse du problème, il est clair que je vis un conflit entre l'envie d'être reconnu et la conviction qu'un certain silence est garant d'une fiabilité.
Rebelle – Cela pourrait être sympa de raconter l'histoire de mon entreprise, l'originalité de l'aventure, son côté novateur...

À l'issue de cet exercice, Paul est détendu. Il est étonné de la richesse des différents points de vue et prend conscience du conflit interne entre son goût pour l'action et la retenue que lui a enseignée son père. Il se donne un peu de temps pour réfléchir avant de décider. Dans cet exemple, il est intéressant de noter combien le côté Persévérant à l'image de son père est un contrepoids puissant au côté Promoteur chez lui. Paul peut parfois être vécu par son entourage comme ayant une double personnalité. Il manifeste à la fois un côté fonceur fonctionnant à un très haut niveau d'énergie et recherchant les défis, et un côté profond et réservé, ne cherchant pas la gloire, caractéristiques rares chez les personnes de base Promoteur.

Autre exemple de rôles impartis aux différents étages de la personnalité, raconté par une psychothérapeute :

« J'ai un client qui a un côté Persévérant et un côté Promoteur. Il a un parent critique négatif très fort, qu'il exprime au travers de son Persévérant... qui passe son temps à inhiber le Promoteur, à lui dire : "Mais non, tu n'y arriveras pas, tu ne fais rien, tu ne travailles pas assez, fais plus d'efforts...". Du coup, il s'est complètement empêché d'agir en tant que Promoteur. Progressivement, il a commencé à s'accepter, à mettre du positif dans sa partie Persévérant. En ce moment, tout change pour lui car il s'est lancé à fond dans un projet. Maintenant, je pense qu'il pourra s'appuyer sur son côté Persévérant pour que la partie Promoteur n'aille pas trop loin ou trop vite. »

L'exercice du tour du propriétaire permet de recueillir des informations précieuses sur son vécu interne. Il procure une sensation de détente et de recul sur la situation. La personne peut identifier le cas échéant des incohérences, l'existence de conflits entre différentes parties d'elle-même, et tendre vers plus d'intégration. Par exemple, elle réalisera qu'il y a conflit entre une partie Empathique (rechercher la compagnie, l'ambiance chaleureuse et détendue) et une partie Travaillomane (faire passer le travail ou l'activité en priorité). Ce qu'éprouve la personne une fois qu'elle a donné « la parole à tout le monde », c'est de l'apaisement comme lorsque, dans une famille, chacun à pu s'exprimer sur un point donné. Cet outil est bien sûr applicable en dehors de l'entreprise, dans tous les domaines de la vie personnelle où la décision à prendre est difficile.

LA GESTION DES ÉQUIPES

L'utilisation de la Process Communication pour gérer une équipe comporte une démarche de fond qui conduit le manager à identifier le type de personnalité de chaque collaborateur, la fonction et l'environnement qui lui conviennent le mieux, dans la mesure du possible. Elle se traduit ensuite par l'exercice des attitudes quotidiennes qui visent à satisfaire les besoins psychologiques. Comme nous l'avons déjà souligné, l'information partagée facilite grandement la démarche quotidienne du praticien de Process Communication...

Pierre – À ce propos, je me suis parfois demandé si la Process Communication ne risquait pas d'être utilisée afin de manipuler les collaborateurs...

Isabelle – L'idée de manipulation vient de celle de domination de l'autre. Mais celui qui se sent dominé a tendance à investir beaucoup moins d'énergie positive dans l'entreprise, comme pour lui-même. La relation gagnant/gagnant s'avère bien plus efficace. Elle signifie : *« Vous avez de la valeur, j'ai de la valeur »*. À *« utiliser ce que j'ai appris pour manipuler mon collaborateur »*, on préfère *« nous savons tous les deux ce qui est important dans notre mode de travail et de relation, et nous pouvons "méta-communiquer" sur ce qui se passe. »* L'idéal serait que tout le monde suive ce séminaire. Mais ce n'est pas toujours possible. En revanche, si le manager qui rentre d'un séminaire prend du temps pour expliquer et échanger sur ce qu'il a appris et expérimenté, et ce qui lui semble opportun de changer, il n'y a plus de risque de manipulation, et l'on parle alors de gestion de la relation…

Anne – Il s'agit d'établir toujours des relations gagnant/gagnant. Mais le +/+ n'est pas naturel[1]. C'est ce que Laborit[2] décrit lorsqu'il dit que, dans le monde vivant, s'instaurent toujours des relations de dominant/dominé. Ce qui correspond à des relations +/-. Beaucoup d'énergie est dépensée à gagner sur l'autre, obtenir plus de pouvoir, plus d'avantages… Le +/+, cela s'apprend et… ce n'est pas naturel.

Jacques – Tout le problème est là : apprendre… et prendre le temps !

Joëlle – Moi je dis que si le manager ne le prend pas là, il va le perdre ailleurs…

Anne – Dans les sables du stress…

Joëlle – Sortez les mouchoirs… Dans la série « trucs rigolos », je me suis amusée à repérer comment chacun de nous « trahissait » son besoin psychologique préféré. Par exemple, je ne sais pas si vous avez remarqué, mais Jacques, grand Travaillomane devant l'Éternel, a parfois coutume de faire remarquer le temps qu'il a passé sur un dossier : *« Vous savez, j'ai travaillé jusqu'à trois heures du matin »*… Une tentative inconsciente de s'attirer de la reconnaissance pour son travail, non ? Durant nos petites fêtes, alors que chacun, ô miracle, « monte à son étage Rebelle », avez-vous vu comment Anne « baisse le rideau » ? Elle prend un air absent, regarde ailleurs, genre : « Je n'y suis pas, laissez-moi me retirer intérieurement… ». Lorsque Isabelle se met en quatre pour faire plaisir à son entourage, sourit systématiquement au croisement d'un regard, que cherche-t-elle ? Probablement à être reconnue pour elle-même…

Isabelle – Oh, ça va…

Pierre – Ce n'est pas idiot, tout ça…

Joëlle – Merci, Pierre, pour ce compliment… Je dirais même que c'est intelligent. Est-ce que tu t'es entendu débuter les trois quarts de tes discours maison ? *« Mesdames, Messieurs, soyons sérieux… »* Ce n'est pas du Persévérant en quête de reconnaissance, ça ? Quant à Yves, notre Promoteur bien-aimé, j'ai remarqué qu'en réunion, il a vite fait de tapoter des doigts sur la table, signe qu'il piaffe d'impatience en attendant de passer à l'action !

---

1. Voir les positions de vie page 122.
2. Henri Laborit, *La Nouvelle Grille*, Robert Laffont, 1985.

Jacques – Il manque quelqu'un…

Joëlle – Qui ?

Jacques – Toi !

Joëlle – Ah oui…

Jacques – Tu t'es vue à la réunion du lundi matin ? Quand on décide de travailler plus de 30 minutes sans plaisanter ? En général, tu commences à t'agiter sur ta chaise, tu regardes partout… À mon avis, tu es en train de penser à la nouvelle décoration de ta salle de bains.

Pierre – Ou comment utiliser sa créativité totalement hors sujet…

Il suffit parfois de peu de chose pour signaler à un collaborateur qu'il est « reconnu » dans ses besoins… Le ton adéquat et un mot juste offrent déjà les conditions pour une communi-cation claire et positive. Imaginons le patron de l'équipe Sofia's & Cie qui arrive au bureau :

> Bonjour Jacques, je vous félicite pour votre rapport ! Pouvez-vous m'en tirer trois idées principales d'ici demain soir ? Bonjour Pierre, j'aimerais connaître votre avis sur la meilleure façon de réorganiser notre service. Salut Joëlle, alors cette partie de bowling hier soir, comme s'est-elle passée ? Que diriez-vous de créer l'animation couleur pour notre dernier logiciel ? Eh, Yves, trouvez-nous trois nouveaux clients d'ici demain et on fêtera cela dignement ! Bienvenue Isabelle, comment allez-vous ? Je viens d'apprendre les succès de votre fils aux examens, voulez-vous lui transmettre mes sincères félicitations. Je serais heureux que vous vous chargiez de ce projet qui me tient beaucoup à cœur, concernant l'amélioration de notre service-client[1]. Bonjour Anne, chargez-vous de l'analyse approfondie de nos principales sources de dysfonctionnement telles que nous les avons définies hier, je vous prie.

Dans cet exemple de stratégie motivationnelle utilisée par le manager de l'équipe SOFIA's & Cie, nous tendons vers ce que Martin Bubber[2] appelle « l'humanité réelle » : *« La base de la vie de l'homme avec l'homme est double et en même temps unique : le désir qu'a tout homme d'être confirmé dans ce qu'il est et dans ce qu'il peut devenir par les autres hommes, et l'aptitude innée de l'homme à répondre*

1. Quelqu'un de Base Travaillomane notera probablement que l'interaction avec Isabelle dure deux fois plus de temps qu'avec les autres collaborateurs. Il serait toutefois exagéré d'en déduire qu'il est plus chronophage de manager un collaborateur de base Empathique plutôt que d'un autre type de personnalité.

2. Cité par Paul Watzlawick dans *Une logique de la Communication*, *op. cit.*

à ce désir de ses compagnons humains. Que cette aptitude soit laissée en friche à un degré inimaginable constitue la faiblesse et le caractère problématique effectif de l'espèce humaine. L'humanité réelle n'existe que là où cette aptitude peut s'épanouir.»

L'EFFET DE TRANSFERT

Le manager est naturellement un support de transfert, c'est-à-dire qu'il est vécu par nombre de ses collaborateurs comme une figure parentale. Hors du champ de la conscience, beaucoup de choses vont se rejouer entre collaborateur et manager en fonction de l'histoire de chacun. L'autre n'est plus l'autre, mais ce à qui ou à quoi il nous renvoie de notre histoire : c'est ce qu'on appelle l'effet de transfert.

Alain ne comprend pas pourquoi il éprouve des sentiments positifs ou négatifs vis-à-vis d'individus qu'il ne connaît pas. Il est probable que quelque chose se rejoue hors du champ de sa conscience et que ces personnes le renvoient à d'autres, connues dans le passé et pour lesquelles il ressentait ces s-entiments-là. Imaginons qu'il ait eu des relations très conflictuelles avec son père. Si son manager réunit un certain nombre de caractéristiques de celui-ci, il est probable que lorsque Alain entre sous stress, il ait tendance à rejouer ce scénario. Il se peut qu'il lui dise : *Je me sens très impressionné par vous »,* ou *«Je me sens toujours en faute en face de vous ».* À ce moment-là, il projette sur son supérieur hiérarchique une figure parentale vécue comme répressive.

Le transfert constitue un des aspects de la relation dont tout manager a intérêt à connaître l'existence et l'importance. L'utilisation d'un canal de communication inapproprié peut déclencher ce mécanisme de transfert. Il ne s'agira pas pour le manager de traiter ce phénomène, lié à l'histoire du collaborateur, mais de veiller à la qualité de la relation et de la communication, afin d'éviter son émergence.

TRANSFERT ET MASQUES

Les masques de deuxième degré sont parfois dus à des effets de transfert.

Lorsqu'il était enfant, Alain a intégré un masque d'Attaquant de la part de son père. Lorsque son manager utilise avec lui un canal Directif, il se peut qu'il ne reçoive pas ce canal mais *entend* plutôt le masque d'Attaquant paternel qui déclenche par réflexe conditionné son propre masque de deuxième degré. Il se manifestera alors par des réactions archaïques telles que : *« Je suis incapable »*, ou *« Il peut toujours courir, je ne me laisserai pas faire », etc.*

Plus le manager dispose d'informations pour comprendre les comportements, plus il sait quels sont les besoins, plus il lui sera facile de s'adapter plutôt que penser : *« Qu'est-ce qu'il a encore, celui-la »*. Personne n'attend du manager qu'il joue les psychologues. Ce n'est pas son rôle mais il peut, en revanche, gérer le processus pour éviter ce genre de phénomène. Si deux personnes qui communiquent sont dans la pensée claire, il ne peut pas y avoir de transfert puisqu'elles se trouvent toutes deux dans l'ici et maintenant et non dans l'autrefois et ailleurs...

Prenons le cas où quelqu'un *transfère* sur son supérieur hiérarchique une figure parentale répressive et arbore un masque de Geignard ou de Blâmeur. Si le manager répond en « Attaquant », il reproduit le scénario d'enfance de son interlocuteur et... la boucle est bouclée. Ce dernier a la confirmation inconsciente que c'est bien « toujours pareil ». En revanche, si le manager répond de façon adaptée à la personne, nourricière ou ludique, le scénario passé n'est plus alimenté et elle expérimente une réalité... différente. Malheureusement, les masques invitent les masques et c'est ce qui provoque habituellement l'escalade...

André dirige un cabinet d'assurances dans une petite ville de province. Il passe le plus clair de son temps en clientèle et a récemment licencié sa secrétaire de base Empathique qui, depuis quelque temps, n'arrivait plus à assumer son rôle. Peu après ce licenciement, il a participé à un séminaire de Process Com et découvert qu'il a une base Travaillomane actuellement en phase Promoteur. Il réalise alors qu'une partie des difficultés rencontrées avec sa secrétaire étaient dues à sa phase en prenant conscience qu'il avait tendance à attendre d'elle qu'elle se débrouille seule et qu'il ne l'a pas assez soutenue dans les nouvelles tâches dues au développement rapide de son cabinet.
Pour recruter une nouvelle assistante, il décide de ne pas embaucher le même profil (il sait qu'il a du mal à les soutenir) ni une candidate de base Rebelle (il a pris conscience que son style de management autocratique naturel à tendance à les « braquer »). Il recrute alors une collaboratrice de base Persévérant en phase Travaillomane qui semble très autonome. Quelques mois plus tard, celle-ci présente parfois des réactions correspondant à celles du type Rebelle sous stress qu'il ne comprend pas et tous les deux commencent à avoir de sérieux problèmes relationnels. André propose à sa collaboratrice de participer également à un séminaire Process Com.
Elle en revient très enthousiaste : « J'ai compris une chose fondamentale pour moi à propos de l'effet de transfert, lui explique-t-elle. Je me suis rendue compte que, à chaque fois que vous montrez du "Promoteur

hard", je me cabre et réagit négativement. Or, mon frère aîné a une base Promoteur. Autrefois, à la maison, il était toujours le plus beau, le meilleur et c'était le préféré de mon père. Moi je me révoltais contre ce favoritisme. Je me rends compte combien, lorsque vous avez le même type d'attitude que mon frère, j'ai tendance à réagir très fort... comme autrefois. »
André comprend alors la signification profonde de leurs difficultés relationnelles et manifeste sa compréhension à sa collaboratrice. Ils décident ensemble de méta-communiquer si ce type de situation se reproduit. De son côté, il réalise également combien il est sensible à l'agressivité exprimée par une femme, ce qui, chez lui également, est dû à un effet de transfert.

LES TIMBRES PSYCHOLOGIQUES

daté

Eric Berne[1] a développé le concept des timbres psychologiques en référence à ce que parfois, enfants, nous recevions chez l'épicier du quartier. Quand nous allions y faire nos courses, nous recevions des timbres en échange de nos achats. Plus nous achetions de marchandise, plus l'épicier nous donnait de timbres. Nous rentrions vite à la maison et collions ces timbres sur un carnet. Quand le carnet était plein, tout content, nous allions l'échanger contre un cadeau. Plus la collection de timbres était importante, plus le cadeau l'était également.

L'analogie avec la collection de timbres est facile à faire dans ces situations où, par exemple, des individus « encaissent » sans rien dire. Ils « collent des timbres » :

- *« Ah bon, tu m'as fait cela. cela ne fait rien, je m'en souviendrai... »*
- *« C'est moi le spécialiste et je ne suis pas consulté. C'est clair, je vois ce que cela signifie. »*
- *« Je n'ai pas été augmenté cette année. Ils vont me le payer... »*

Ces réactions correspondent à l'alimentation de la collection de timbres. Quand la personne estime que sa collection est complète, cela lui donne droit à un « juste cadeau psychologique » :

- *« J'ai bien eu raison de le licencier après tout ce qu'il a fait ! »*
- *« Puisque c'est comme ça, je me mets huit jours en arrêt maladie. »*
- *« Dans ces conditions, je me ferais un plaisir de lui glisser quelques peaux de banane. »*

---

1. Eric Berne, *op. cit.*

Les timbres psychologiques figurent parmi les grands pollueurs de la relation. Plus la collection est importante entre deux individus, plus la relation est polluée, plus ils se retrouvent en situation de mécommunication. Plus cette mécommunication augmente, plus la collection de timbres s'enrichit et ainsi de suite. La relation est prisonnière d'un cercle vicieux.

La stratégie du manager consistera à encourager les membres de son équipe à procéder à des échanges de timbres. Comment faire ? Il ne s'agit pas de régler des comptes – ce qui reviendrait à accroître le nombre de timbres – mais plutôt d'établir la relation et d'être écouté et entendu dans ses besoins. On peut apprendre à dire par exemple : *« J'étais frustré que tu confies cette tâche à un autre »* ou *« Voilà ce que j'ai ressenti par rapport à cela »*. Si l'interlocuteur reçoit ces remarques en manifestant disponibilité et compréhension, il en résulte un soulagement, mais aussi un renforcement de la relation, qui va restaurer un climat de confiance : *« Je sais maintenant qu'il est réellement possible de dire ce qui ne va pas sans risque d'escalade »,* concluait à la fin d'un séminaire d'équipe, un collaborateur à la collection bien chargée !

Toutefois, rendre les timbres n'est pas plus naturel que de communiquer en position +/+... La démarche nécessite d'en avoir la volonté et de vaincre quelques solides réticences, suivie d'un apprentissage et d'un entraînement, à l'occasion de séminaires par exemple. Dire les choses, pour beaucoup, constitue une démarche difficile et inhabituelle : *« Je ne sais pas dire positivement quelque chose qui ne va pas »*. Ceci demande fréquemment un accompagnement dans un premier temps. Cette nouvelle « culture » permet de perdre progressivement l'angoisse du « syndrome de la marmite » (*« Ouh là là, si je l'ouvre, tout va sauter... »*) et de réaliser à quel point ce mode de fonctionnement est libérateur d'énergie (le stockage de timbres est gros consommateur d'énergie et générateur de mal-être).

Le travail d'une équipe avec un animateur permet notamment de faire la différence entre un règlement de comptes, agrémenté de masques de second degré et un échange de timbres. Par la suite, l'équipe peut se programmer des réunions d'échanges régulières. Elle ne se vit plus alors comme un « panier de crabes », mais comme un groupe de personnes qui travaillent ensemble et expriment leur ressenti. Cette démarche occasionne toujours des retombées très positives au niveau de la qualité relationnelle d'un groupe et donc de son efficacité, à condition bien sûr que le processus soit géré positivement.

LA COHÉSION D'ÉQUIPE

Autre étape de l'utilisation de la Process Communication en entreprise : la cohésion d'équipe. Elle constitue, le moyen le plus efficace de partager l'information et apporte également une prise de conscience intéressante sur la structure de l'équipe et ses opportunités de performance.

Elle permet d'intervenir à plusieurs niveaux :

- meilleure connaissance de soi, des besoins psychologiques et des techniques de gestion du stress ;
- meilleure connaissance des autres membres de l'équipe ;
- apprentissage d'un langage commun pour la communication au quotidien et la gestion des conflits ;
- définition du *profil de l'équipe* et d'un plan d'action et de développement prenant en compte ses points forts et ses axes d'amélioration.

L'ensemble du projet nécessite une formation avec l'équipe et son manager. Il repose sur les inventaires de personnalité de chaque participant.

Durant la formation, l'équipe découvre trois concepts fondamentaux pour la compréhension de son fonctionnement, de sa communication interne et des processus qui président aux conflits. Ces concepts sont le *profil de l'équipe, la dynamique des conflits et le pattern d'interaction.*

Joëlle – Pardon ?

Jacques – Le pattern d'interaction. Le schéma des interactions au sein de l'équipe, si tu préfères. Chaque membre y inscrit les types de personnalité pour lesquels il dispose d'au moins 60 % de son énergie, c'est-à-dire ceux qu'il peut mobiliser facilement pour communiquer (voir tableau ci-après le tableau 9.2).

Joëlle – Bref, sa base et éventuellement sa phase.

Jacques (ton légèrement agacé) – Non. *Tous* les types pour lesquels il dispose de 60 % d'énergie. Ce peut être le cas pour les trois ou quatre premiers étages de son immeuble. Une fois que chacun a inscrit ses types sur un tableau, en respectant des codes de couleur par type, il est facile de visualiser d'éventuelles difficultés relationnelles.

Isabelle – Imaginons qu'une personne utilise le plus facilement son énergie dans l'Empathique et le Rebelle, et côtoie tous les jours un collaborateur qui s'épanouit principalement dans les étages Rêveur et Promoteur... Il est probable qu'ils éprouvent quelques difficultés à se comprendre. Le simple fait de béné-ficier d'une description des problèmes d'interaction désamorce les éventuelles tensions et permet de communiquer à propos de la relation. L'un dira : *« En effet, j'aurais envie d'un contact plus chaleureux avec toi... »*. L'autre : *« Je n'y aurais jamais pensé. Mon réflexe est d'avoir envie qu'on fonce... »* L'utilisation de la Process Com sert alors de médiateur et « désamorce » tout jugement de valeur.

Anne – On pourrait dire que le pattern d'interaction permet de comprendre les forces naturelles existantes dans l'équipe et d'acquérir un regard différent sur les « nœuds relationnels » inhérents à tout système.

Ce travail permet également d'envisager comment les besoins psychologiques des uns et des autres peuvent être satisfaits. Prenons l'exemple d'une équipe composée de membres dont la base est soit Travaillomane ou Persévérants... et qu'un membre de l'équipe ait une base Rebelle et soit en phase Rêveur. Il est probable qu'il s'y sente aussi à l'aise qu'un hérisson dans un supermarché et qu'il éprouve des difficultés à fonctionner avec ses collègues. Dans le cadre du séminaire, l'équipe entière réfléchit à cette situation afin d'enrichir son efficacité à partir de cette spécificité. Le préalable est d'accepter les différences. Or, c'est beaucoup plus facile de le faire une fois qu'elles sont comprises (en particulier pour les types Travaillomane et Persévérant, qui ont besoin de comprendre pour agir).

À titre d'illustration, voyons maintenant une équipe composée de François, Annie, Jean-Paul, Claudine et Antoine. Leur structure de personnalité est présentée sous forme d'histogramme avec la base à gauche et la phase actuelle en gris (figure 9.1). C'est à partir des profils de chacun que l'équipe va représenter son « pattern d'interaction » (tableau 9.2 et figure 9.2). Les scores du tableau sont relevés sur le profil de chacun (figure 9.1).

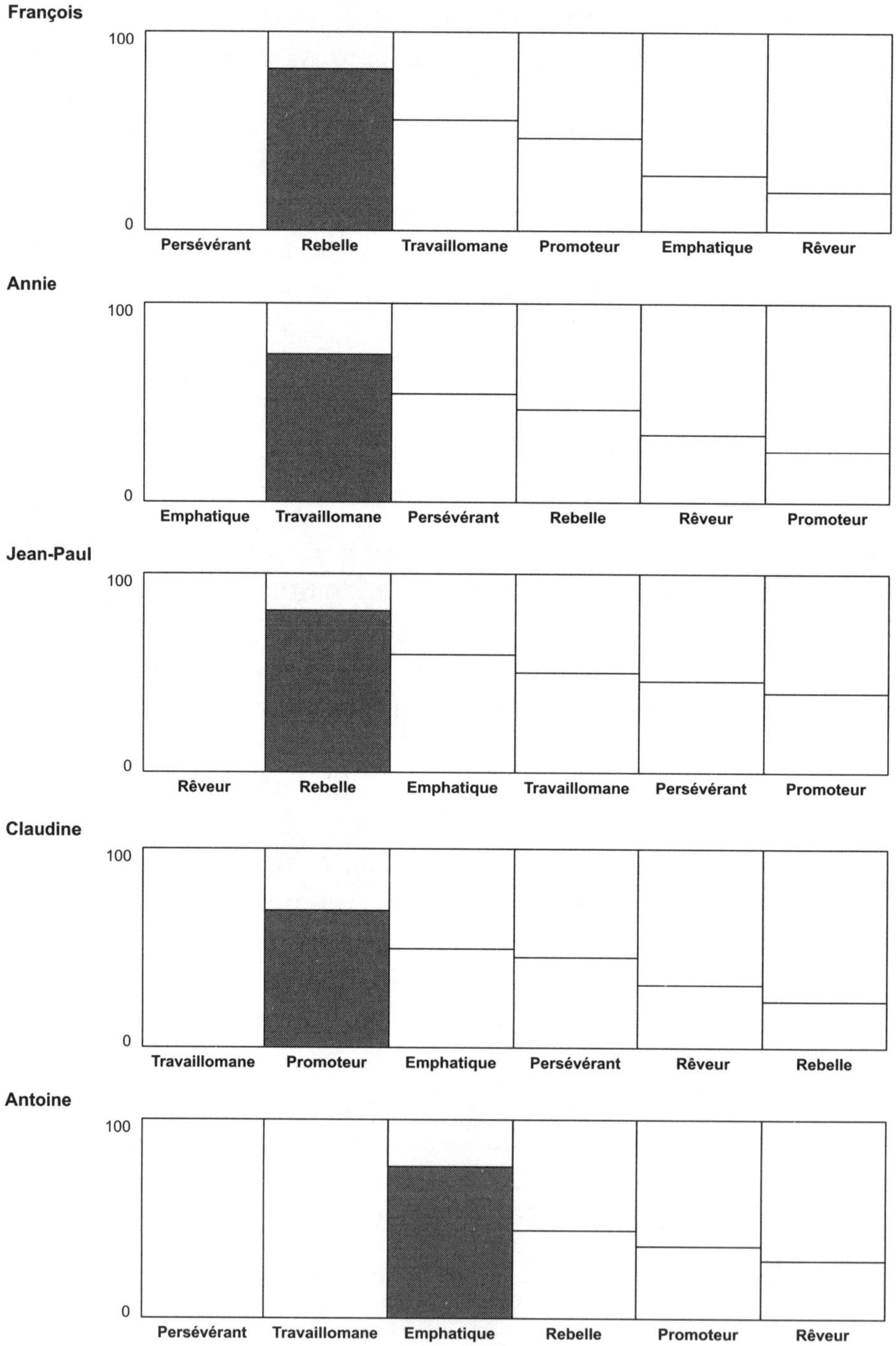

Figure 9.1 : Le profil des membres de l'équipe

François, Annie, Claudine et Antoine peuvent aisément communiquer à partir de leur partie Travaillomane et Persévérant. Jean-Paul, ne partageant la partie Rebelle qu'avec François, aura besoin de maintenir un bon niveau d'énergie pour être adapté au mode de fonctionnement dominant de son équipe (accepte-t-elle sa tendance naturelle à la plaisanterie répétée et fait-elle appel à sa créativité ?). La partie Promoteur de Claudine rencontre probablement peu d'écho dans cette équipe.

Tableau 9.2 : Les patterns d'interactions issus des profils individuels

	Persévé-rant	Rebelle	Travaillo-mane	Promo-teur	Empa-thique	Rêveur
François	100	80	55	40	35	25
Annie	50	45	75	20	100	30
Jean-Paul	45	85	50	40	55	100
Claudine	45	20	100	65	50	30
Antoine	100	40	100	35	75	30
Total	340	270	380	200	315	215
Moyenne (Total : 5)	68	54	76	40	63	43

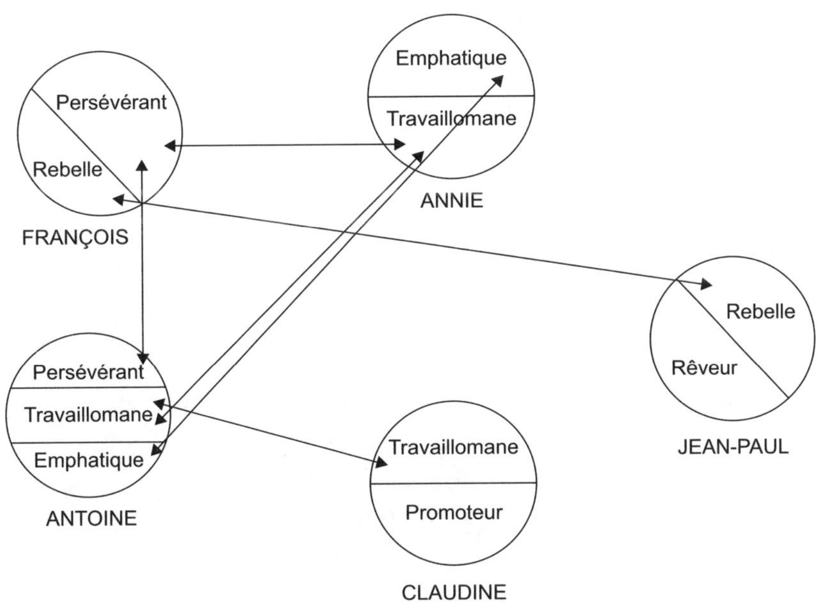

Figure 9.2 : Le pattern d'interaction au sein de l'équipe

L'équipe dispose maintenant des éléments nécessaires à l'élaboration de sa structure de personnalité. Celle-ci correspond à la moyenne arithmétique des composantes de chaque membre. Le profil obtenu a l'avantage d'être simple et immédiatement opérationnel (figure 9.3).

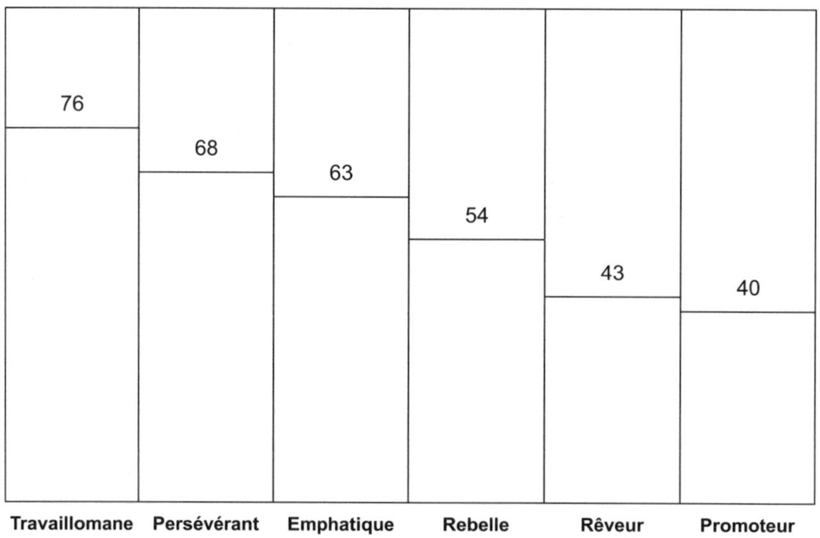

Figure 9.3 : Le profil de l'équipe

Joëlle – Nous, on est l'équipe idéale. Produit intégral, garanti 100 % dans chaque type. Comment se fait-il que nous ne soyons pas déjà au gouvernement ?

Jacques – Idéale, cela dépend pour qui...

Pierre – Si j'ai bien compris, la structure des équipes de direction est souvent la suivante : Persévérant / Travaillomane / Empathique / Rebelle / Rêveur / Promoteur. Elles disposent de beaucoup d'énergie aux deux premiers étages, et d'assez peu d'énergie dans les deux ou trois derniers... Leurs points forts : professionnalisme « Travaillomane », sens de la gestion, de l'organisation, de la planification, niveau d'exigence morale et de combativité « Persévérant ». Leurs axes d'amélioration : l'écoute (syndrome également « Persévérant »), recherche de certitude et pointillisme (tendance « Travaillomane »), souci relatif des hommes (manque d'Empathique), peu de créativité, difficulté d'adaptation et manque de réflexion approfondie... par défaut de temps, cela va de soi.

Isabelle – De ce profil, elles peuvent déduire un plan d'action. Prendre conscience du travail de développement qu'il reste à effectuer pour optimiser les ressources. Il s'agira, par exemple, de sélectionner des actions visant à améliorer leurs points faibles.

Lors d'un de nos derniers séminaires, la composition d'une équipe de direction répondait au profil ci-dessus évoqué. Les différentes bases et phases de cette équipe étaient les suivantes : Persévérant/Empathique, Persévérant/Promoteur, Travaillomane/Persévérant, Persévérant/Rebelle, Travaillomane/Empathique, Persévérant/Travaillomane. Réaction des participants :

Ce profil nous a fait beaucoup réfléchir. Notre équipe sait analyser les problèmes et en faire la synthèse mais elle est plus faible dans l'action. Nous devons être attentifs à cet aspect. D'autant que le seul membre très tourné vers l'action est en phase Promoteur, mais… il va beaucoup trop vite. Nous devons mettre en place des fonctionnements et des systèmes de « veille » qui garantissent une meilleure répartition de nos ressources.

De même que pour les styles de management, l'intégration de la Process Com par une équipe représente un substantiel gain de temps. On entend parfois les managers dire : *« Dans notre entreprise, 40 % de l'énergie sont dépensés en problèmes de communication. »* Et l'on entend aussi des collaborateurs qui ajoutent : *« Oh là là, si ce n'était que 40 % ! »*

Rien n'est « magique » pour autant. Les luttes d'influence et de pouvoir ne disparaissent pas du jour au lendemain. Simplement les antagonistes disposent d'un outil pour les gérer sainement s'ils le décident. Le leader doit rester garant de la pérennité de la démarche. C'est son propre engagement qui autorise les autres changements. Plus une équipe dirigeante veille à répondre aux besoins psychologiques de ses membres, plus ceux-ci seront en mesure de faire la même chose avec leurs équipes. En revanche, s'ils sont stressés par le leader, ils auront aussi tendance à répercuter ce stress sur leurs collaborateurs.

La mécommunication est donc le principal risque qui guette une équipe. Elle conduit à la frustration, au malaise, au manque d'énergie et à des situations conflictuelles. Le succès ou l'échec de l'équipe dépendent en grande partie des moyens dont elle dispose pour optimiser la qualité de ses relations. Plus, ils seront simples, personnalisables et connus de tous, plus ils seront garants de son efficacité.

L'un des bénéfices immédiats de la formation pour une équipe est de découvrir l'importance de la méta-communication : l'un des exercices les plus appréciés par les participants est celui qui consiste, pour chacun, à exprimer ce qu'il apprécie et n'apprécie pas dans le comportement d'un collègue. Conclusion fréquemment tirée de ces séances de « feed-back » : *On travaille ensemble depuis dix ans* (voire plus) *et l'on ne se connaissait pas.*

> Suite à un séminaire, un participant nous a fait le retour suivant : « Durant le stage, l'un de nous s'est révélé en phase Empathique et cela nous a beaucoup surpris car il ne le manifestait pas. Le fait de le découvrir lui a permis de s'ouvrir beaucoup plus et d'être considéré d'un œil différent avec des conséquences positives dans les relations. »

La réticence habituelle à dire ce que l'on pense et ce que l'on sent provient, d'une part, d'une crainte souvent explicite *« que cela me retombe dessus »* et, d'autre part, de la pression culturelle qui incite à une grande *retenue* dans ce domaine.

Pourtant ce type d'exercice est précieux, donnant des informations sur la façon dont chaque individu est perçu, de ses points forts (parfois méconnus) et de ceux qui sont à améliorer (parfois méconnus eux aussi ou exagérés). Il permet aux participants de retrouver un très haut niveau d'énergie et de confiance en eux-mêmes et provoque un net renforcement de la cohésion de l'équipe. Bien évidemment le rôle de l'animateur est fondamental dans ce type d'expérience. Il doit être le garant d'un climat d'acceptation, de bienveillance et d'authenticité.

La formation à la cohésion d'équipe fournit à la fois des outils personnalisés et des références pour le groupe. Elle permet également l'émergence d'un langage commun. Lors d'un conflit, un membre non impliqué dans celui-ci peut tirer la sonnette d'alarme en disant : *« Peut-on parler un instant de ce qui se passe ? »* et inviter les autres à décoder la situation conflictuelle en Process Com.

LA DYNAMIQUE DES CONFLITS DANS UNE ÉQUIPE

Lorsque les besoins psychologiques ne sont pas satisfaits dans une équipe, il s'ensuit des problèmes conflictuels prévisibles et observables, qui sont une tentative pour les personnes de satisfaire leurs besoins mais de façon négative. La grande majorité des conflits entre les membres d'une équipe sont dus au fait que l'un d'eux n'obtient pas ce qu'il désire. Le degré du conflit nous indique l'étendue du stress subi par cette personne et qui porte atteinte à son travail. Il nous indique également la stratégie à utiliser pour intervenir et aider l'équipe à résoudre et dépasser ce conflit. De même qu'une chaîne a la solidité de son maillon le plus faible, une équipe a l'efficacité de son membre le plus stressé...

En cas de conflit, il faudra donc commencer par en identifier la nature, en décoder la signification en analysant le mécanisme négatif enclenché et y apporter la réponse appropriée. Celle-ci consiste à répondre positivement au besoin psychologique sous-jacent et à revenir dans une communication positive par le canal de communication approprié.

Chaque type de personnalité présente trois degrés de conflit prévisibles.

Le type Empathique en conflit dans l'équipe

Le type Empathique, dans un premier degré de mécommunication, pense que l'équipe l'acceptera s'il fait plaisir. Il commence alors à donner des réponses sans intérêt pour le travail, mais qui sont des tentatives pour se faire accepter et apprécier.

Dans un deuxième degré, le collaborateur porte un masque de Geignard et fait des erreurs qui poussent l'équipe à le critiquer.

S'il va jusqu'au troisième degré, il sera rejeté par l'équipe, se fera licencié pour fautes, avec comme ressenti qu'on ne l'aimait pas. Inconsciemment la personne peut aller jusqu'à provoquer le rejet inconditionnel.

Tableau 9.3 : La dynamique de conflit du type Empathique

1er degré	 Fais plaisir	Je fais tout ce que je peux pour vous faire plaisir.
2e degré	 Geignard	Je suis un idiot, je n'ai rien compris.
3e degré	 Désespéré	C'est trop dur, je suis à bout, je n'en peux plus.

Le type Travaillomane en conflit dans l'équipe

Le type Travaillomane sous stress du premier degré pense que l'équipe l'acceptera s'il est parfait. Aussi, il sur-détaille, pense pour les autres et délègue mal, puisqu'il est persuadé qu'il peut faire mieux, plus vite et plus efficacement que son collaborateur.

S'il passe sous stress de second degré, il met un masque d'Attaquant et son comportement manifeste frustration, colère et critique. Il surcontrôle et se sent frustré par les membres de l'équipe qui n'acceptent pas ses idées. Il attaque verbalement les collaborateurs qui « ne réfléchissent pas », critique les membres de l'équipe sur les horaires, l'équité, la responsabilité, l'ordre ou le travail.

S'il rentre dans une mécommunication du troisième degré, le type Travaillomane se persuade qu'il est sans intérêt de rester avec des gens qui ne savent pas résoudre les problèmes. Il rejette l'équipe et ses membres, sous prétexte qu'ils sont incompétents ».

Tableau 9.4 : La dynamique de conflit du type Travaillomane

1er degré	 Sois parfait	Je vais le faire moi-même, c'est plus sûr !
2e degré	 Attaquant	Montrez-moi où vous en êtes. Faites-le comme cela. Vous êtes stupide ou quoi ?
3e degré	 Désespéré	Décidément, tous des incapables. Ah, si je n'étais pas là ! Ici, il n'y a personne sur qui je puisse compter.

Le type Persévérant en conflit dans l'équipe

Dans un premier degré de mécommunication, le collaborateur de type Persévérant porte le masque Sois Parfait Pour Moi et considère que les autres doivent être parfaits s'ils veulent appartenir à la même équipe que lui. Il en attend autant de dévouement, de loyauté, de travail qu'il en fournit lui-même, et se focalise sur ce qui ne va pas, ne voyant plus ce qui va bien.

Dans un deuxième degré, il arbore un masque d'Attaquant et éprouve frustration, rigidité et colère. Il se sent incompris par les membres de l'équipe qui n'acceptent pas ses opinions, pour lesquelles il part en croisade. Il aura tendance à attaquer verbalement toute personne qui lui semble s'engager insuffisamment. Il se montrera critique et suspicieux envers ceux qui ne croient pas à la « cause ».

Enfin, en cas de troisième degré, le type Persévérant éprouve un profond sentiment de frustration : « Si vous n'êtes pas avec moi vous êtes contre moi ». Il abandonnera l'équipe persuadé qu'ils ne sont pas loyaux ou que « personne ne lui fait confiance ».

Tableau 9.5 : La dynamique de conflit du type Persévérant

1er degré	 Sois parfait Pour Moi	Votre conclusion manque de consistance. Vous avez tort. Ce n'est finalement pas une si mauvaise idée.
2e degré	 Attaquant	Prouvez-moi ce que vous affirmez. L'entreprise ne compte donc pas pour vous, c'est bien ça ? Je vous ai demandé 100 fois d'être plus exigeant, je parle français non ?
3e degré	 Désespéré	Ils sont tous ligués contre moi !

Le type Rêveur en conflit dans l'équipe

Dans un premier degré de stress le collaborateur de base Rêveur est persuadé que l'équipe l'acceptera s'il est « fort ». Il va donc « se protéger » en s'intégrant le moins possible à l'équipe et en devenant passif.

Dans un deuxième degré de mécommunication, il porte le masque de Geignard et éprouve un sentiment d'embarras et d'inadéquation. Le comportement caractéristique de ce degré pour le type Rêveur est de commencer plusieurs projets sans les terminer.

Enfin, persuadé d'être négligé et non désiré (sa question existentielle est « Suis-je voulu » ?), il s'arrangera pour rester dans un coin et être totalement ignoré par l'équipe : « Personne ne m'a dit quoi faire ! ».

Tableau 9.6 : La dynamique de conflit du type Rêveur

1er degré	 Sois fort	Les gens font trop de bruit, je baisse le rideau.
2e degré	 Geignard	Je me sens loin de tout ça. Je suis mal à l'aise, je ne sais pas comment faire. Je n'ai pas assez de temps.
3e degré	 Désespéré	Je suis tout seul. Plus personne ne m'adresse la parole. Je ne sais plus quoi faire.

Le type Rebelle en conflit dans l'équipe

Lorsqu'il glisse rentre en mécommunication, le collaborateur de type Rebelle est persuadé que l'équipe ne l'acceptera que s'il fait encore

Tableau 9.7 : La dynamique de conflit du type Rebelle

1er degré	 Fais effort	J'y arrive pas. C'est trop dur, je n'y comprend rien ! J'sais pas comment faire !
2e degré	 Blâmeur	Quoi, votre rapport ? C'est pas de ma faute s'il n'est pas terminé. J'en ai marre, vous en avez toujours après moi !
3e degré	 Désespéré	Vous ne perdez rien pour attendre, vous allez me le payer

plus d'efforts. Il montrera donc qu'il ne comprend pas et invitera les membres de l'équipe à faire ou à penser à sa place : « Je ne comprends pas ce que vous me demandez », ou bien : « Je ne sais pas le faire ».

Ce type de personnalité au deuxième degré de mécommunication joue les fauteurs de troubles dans l'équipe, blâme, se plaint, accuse les autres, refuse d'assumer ses erreurs, bref, c'est le perturbateur typique.

Si on le laisse glisser dans le troisième degré de mécom-munication, il désapprouve et contredit avec un esprit de vengeance, ce qui aboutit à le faire totalement exclure par les membres de l'équipe et à rompre dans la haine et l'esprit de revanche : « Vous me le paierez ».

Le type Promoteur en conflit dans l'équipe

Le *driver* du type Promoteur le conduit à considérer que les membres de l'équipe doivent « être forts » s'ils veulent faire partie de la même équipe que lui. Il attend donc de chacun qu'il se débrouille et ne soutient pas ses collègues ou collaborateurs.

Tableau 9.8 : La dynamique de conflit du type Promoteur

1er degré	 Sois fort Pour Moi	Ici c'est chacun pour soi ! C'est pas mon problème ! Débrouille-toi tout seul !
2e degré	 Blâmeur	Si t'as pas été augmenté cette année, c'est à cause de Pierre… Tu sais à qui tu parles, là ? T'es vraiment nul !
3e degré	 Désespéré	Votre boîte, je ne lui donne pas six mois avant de se casser la g… Tous des ringards, là-dedans !

Dans un deuxième degré de mécommunication, il se vit comme coincé et devient revanchard. Il éprouvera une colère empreinte de vengeance. Il aura tendance à manipuler, à monter les membres de l'équipe les uns contre les autres, à créer des conflits au sein de l'équipe, à tromper ses membres, et d'une façon générale à adopter une attitude visant à faire croire ou à faire savoir qu'il est un cas particulier, et « qu'il a le droit à un statut spécial ».

Enfin, dans un troisième degré de mécommunication, il réagira par le mépris en considérant que les autres ne sont pas capables et abandonnera l'équipe et ses membres avant qu'ils ne puissent l'abandonner.

Tableau 9.9 : Les trois degrés de conflit des six types de personnalité

Types de personnalité	Premier degré	Deuxième degré	Troisième degré
Empathique	Se sent contraint à faire plaisir. Donne des réponses sans intérêt pour le travail ou se suradapte.	Fait des erreurs stupides. Devient la risée de ses collègues.	Est rejeté : « Je sentais bien qu'ils ne m'aimaient pas ».
Travaillomane	Se sent contraint à être parfait. A du mal à déléguer. « Je peux le faire mieux et plus vite que les autres. »	Surcontrôle.	Rejette l'équipe : « Ils sont stupides ».
Persévérant	Attend des autres la perfection. Se focalise sur ce qui ne va pas.	Part en croisade. Devient méfiant et suspicieux. Tente d'imposer son point de vue.	Abandonne l'équipe : « Personne ne me fait confiance ».
Rêveur	Se sent contraint à être fort et se retire. Devient trop passif.	Attend passivement. Se sent piégé par le temps. N'arrive pas à terminer la tâche.	Est ignoré par l'équipe. « Personne ne me dit ce que je dois faire ».
Rebelle	Se sent contraint à faire des efforts. Ne comprend plus. Invite les autres à faire ou à penser à sa place.	Blâme. Rejette la responsabilité : « Ce n'est pas de ma faute ».	Est rejeté et devient revanchard.
Promoteur	Attend des autres qu'ils soient forts. Ne soutient pas ses collègues quand ils ont des difficultés : « Ici, c'est chacun pour soi ».	Manipule. Crée des tensions dans l'équipe. Adopte une attitude : « Je suis spécial »	Abandonne les autres avant qu'ils ne puissent l'abandonner.

10

LA PROCESS COM AU SERVICE DE LA VENTE

PLUS ENCORE QU'EN SITUATION DE MANAGEMENT, la qualité de la relation est fondamentale pour réussir la vente. Autant le manager peut améliorer une relation mal engagée, autant le vendeur « n'a pas le droit à l'erreur », car le client frustré dans sa relation au vendeur est rarement enclin à lui donner une seconde chance.

Là où la qualité intrinsèque des produits, leur coût, leur fiabilité sont de plus en plus proches de ceux de la concurrence, c'est bien évidemment de la qualité de la relation établie par le vendeur avec son prospect ou client que dépend, pour une bonne part la réussite ou l'échec d'une négociation. C'est d'abord parce qu'il saura s'adapter à son client, créer un bon contact, écouter et prendre en compte ses besoins, faire l'offre qui répond à sa demande et traiter avec sérénité et efficience ses objections ; c'est ensuite parce qu'il saura conclure le moment venu, le tout dans une position gagnant-gagnant, que le commercial aura les meilleures chances d'atteindre son objectif.

Toutes ces qualités fondamentales sont rarement réunies chez un seul individu. Elles peuvent toutefois être développées, en particulier, grâce à l'aide que le vendeur trouvera dans la connaissance et l'utilisation de la Process Communication. L'approche offre deux apports essentiels :

- permettre au commercial de gérer la relation avec le client en fonction des sources de motivation de ce dernier et d'utiliser le canal de communication adéquat ;

- lui apprendre à veiller sur son propre niveau d'énergie, en connaissant ses besoins psychologiques et signaux de stress. « Chargé » en énergie positive, le vendeur dispose en effet de toute sa capacité d'adaptation et acquiert davantage de souplesse dans la gestion des relations.

La stratégie générale dans la vente est la même que pour le management. Il s'agira dans un premier temps de réaliser le diagnostic de son prospect et puis d'utiliser les trois motivateurs de la vente que sont les besoins psychologiques, les canaux de communication et les perceptions du client.

De nombreuses situations d'achat peuvent être un stress pour le client, quelles qu'en soient les raisons. Nous verrons donc, plus loin, comment le client va manifester ce stress en fonction de son type de personnalité et quelles peuvent être les réponses appropriées du vendeur.

Enfin, la vente étant fréquemment un stress également pour de nombreux commerciaux, nous verrons comment chacun le manifeste et comment le gérer.

Lors du séminaire, le vendeur, en découvrant sa propre structure de personnalité, réalise pour quelles raisons il se trouve *naturellement* en phase avec certains clients, alors qu'avec d'autres la négociation peut apparaître comme une bataille perdue d'avance.

Par exemple, si un commercial a une base Persévérant et une phase Travaillomane (de nombreux technico-commerciaux, en général d'abord des techniciens, ont ce profil), c'est naturellement avec les prospects qui ont la même structure de personnalité que le processus de la négociation lui paraît le plus simple. Inversement, si les types Empathique et Rebelle se situent en haut de son immeuble, il a peu d'énergie pour eux et il sait combien les séances de négociation avec les clients présentant ces caractéristiques sont source de stress, coûteuses en énergie et débouchent parfois sur un échec.

Un chef des ventes d'une concession automobile de province qui s'était formé à la Process Communication avait observé que la durée de l'entretien de vente était en moyenne de deux à trois fois supérieure quand le client présentait les mêmes caractéristiques que le vendeur et que le ratio client/ventes réalisées variait dans la même proportion. L'enquête à laquelle s'était livrée ce chef des ventes était basée sur des entretiens avec ses vendeurs durant lesquels il leur demandait de décrire les clients de la journée. C'est à partir de ces descriptions qu'il avait porté le diagnostic.

La description que les vendeurs faisaient de leurs clients était importante car, plus ils décrivaient les caractéristiques positives et proches de leurs propres caractéristiques, plus cette description indiquait qu'ils se sentaient en phase avec leurs clients et inversement.

Joëlle – C'est marrant tout ça. Figurez-vous que j'ai appelé le plombier pour un problème et qu'il m'a préconisé un adoucisseur d'eau. Il m'a envoyé un représentant spécialisé. Celui-ci a démarré bille en tête : « Mais Mademoiselle, a t-il dit, je ne comprends pas que votre installateur ne vous ait pas obligé à mettre un adoucisseur d'eau ! » Ce à quoi je lui ai répondu tout de go : « Monsieur quand on veut m'obliger à faire quelque chose, j'ai tout sauf envie de le faire ».

Yves – Tiens cela me fait penser à une anecdote. Je voulais changer de voiture et je m'étais informé des conditions que l'on pouvait me faire à Paris. Je suis allé chez le concessionnaire local. Il avait une voiture disponible qui me plaisait beaucoup. J'ai dit au vendeur : «À Paris, on me fait 7 %, est-ce que vous suivez ? ». Celui-ci m'a répondu : « Ici Monsieur, on ne suit personne ». Il m'a fait un discours super Persévérant négatif, moi cela m'a accroché et j'ai transformé la relation en défi du style : «Toi tu me résistes, cela me plaît, nous verrons bien qui gagnera ». J'étais à deux doigts de lui claquer la porte au nez et de m'en aller.

Isabelle – Moi quand j'ai acheté ma voiture, le vendeur, charmant, m'a proposé de me la livrer à domicile. Le jour de la livraison, il m'a dit : « je vous rappellerai dans un mois pour savoir si vous êtes satisfaite » et il l'a fait. J'ai été très sensible à cette marque d'attention. Quand j'aurai besoin d'une nouvelle voiture, c'est lui que je retournerai voir.

Joëlle – Et bien tu as eu du bol. Moi, j'ai acheté une petite voiture sympa. Le vendeur m'a prévenu d'aller mettre de l'essence en sortant de la concession, je suis tombée en panne sèche avant même d'arriver à la station service la plus proche.

Anne – C'est intéressant ce que vous dites, quand j'ai dû changer ma voiture, je me suis sentie agressée par un vendeur qui plaisantait tout le temps. Je suis repartie indécise et mal à l'aise. Je suis allée voir un autre concessionnaire un peu éloigné de la ville, j'ai rencontré un vendeur beaucoup plus calme, je me suis sentie bien avec lui et c'est à lui que j'ai acheté ma voiture.

Jacques – Vos anecdotes montrent encore une fois combien nous sommes différents. Pour ma part, je n'ai jamais acheté de voiture sans avoir fait

le tour de tous les concessionnaires et j'ai toujours pris ma décision à la maison après avoir étudié et comparé toutes les documentations fournies. Je ne me suis jamais laissé influencer par un vendeur.
Pierre – Pour moi, cela fait 25 ans que j'achète toujours une voiture de la même marque et j'ai de la chance, au même vendeur...

L'IDENTIFICATION DES CLIENTS

Tous les commerciaux savent combien les premières secondes du premier entretien ont une importance capitale pour la qualité de la relation commerciale. Cette relation ne s'établira pas de la même manière avec un client de type Empathique, Travaillomane, Promoteur... Pour ce faire le vendeur, initié à la Process Com, observe ce qui se passe afin de s'adapter à ce que lui montre son interlocuteur. Il note, par exemple, si le client montre des signes d'impatience au niveau de l'heure, s'il est fréquemment dérangé, s'il va surtout poser des questions cherchant des informations (Travaillomane) ; s'il a besoin de parler de lui, de ses valeurs, de ce qu'il a fait, de l'histoire de l'entreprise (Persévérant). Est-ce quelqu'un qui établit d'abord la relation avec le commercial en s'occupant de son bien-être, propose un café, demande si le voyage s'est bien passé... (Empathique) ou cherche plutôt à plaisanter (Rebelle) ou bien quelqu'un qui recherche le challenge, invite tout de suite à la compétition (Promoteur) ou au contraire parle peu et entre peu en contact (Rêveur). Bref, le vendeur note les premiers signaux montrés par le prospect qui lui indiquent quelle est sa base la plus probable. Ces quelques secondes d'observation lui apportent des informations précieuses pour l'aider dans son diagnostic. Voici ci-dessous les grandes tendances de chaque type de personnalité dans leur façon d'entrer en relation et leurs sources de motivation fondamentales.

Le type Empathique : Voici quelqu'un d'attentionné

Le client de base Empathique vient vers le vendeur en souriant, lui serre chaleureusement la main, prend de ses nouvelles, recherche des informations personnelles : *« Êtes-vous marié(e), avez-vous des enfants »*... ou encore lui parle de sa vie personnelle, est très à l'écoute du vendeur (surtout si celui-ci est chaleureux). Il lui arrive de se dévaloriser : *« Vous savez, je n'y connais rien »*, ou d'avoir l'air impressionné par ce que lui dit le vendeur.

Les clients de type Empathique préfèrent travailler avec quelqu'un qui les reconnaît en tant qu'individus et qui veut établir une relation personnalisée et chaleureuse. Tenter de les brusquer est le meilleur moyen de les entraîner dans la confusion, ce qui en aucun cas, n'est une bonne affaire pour le vendeur. Ils aiment qu'on les appelle par leur nom, voire leur prénom, apprécient les compliments sincères, les déjeuners dans des endroits agréables. Dans les cas appropriés, des cadeaux qui font appel aux sens sont les bienvenus (café, thé, chocolat, boisson fraîche, fleurs, vins fins voire même un bon cigare pour les amateurs...).

Besoins psychologiques : reconnaissance de la personne / satisfaction des besoins sensoriels

Le type Travaillomane : Lui, c'est un professionnel

Le type Travaillomane, en général, va droit au but, sait ce qu'il veut, a souvent une bonne connaissance des produits du marché, et recherche des informations. Il est sérieux dans son contact et cherche à évaluer le professionnalisme du vendeur. Il fait fréquemment référence à son métier, ses compétences, son entreprise et ne cherche pas de relations de nature personnelle.

Ces clients aiment traiter avec quelqu'un qui sait de quoi il parle, qui a bien préparé ses dossiers et arrive, armé de faits et de données utiles. Leur donner toutes les informations nécessaires en un temps record constitue un bon moyen d'alliance. Ils apprécient les signes de reconnaissance pour leur compé-tences et leurs succès professionnels. Ils aiment prendre leur propre décision et être sollicités pour leurs idées.

Besoins psychologiques : reconnaissance du travail et structuration du temps

Le type Persévérant : Voici quelqu'un à qui je peux faire confiance !

Le client de base Persévérant observe attentivement, regarde droit dans les yeux, semble jauger le vendeur. Il peut paraître méfiant ou peu ouvert. Il recherche les références sur la fiabilité, la durée, l'investissement, la sécurité, etc. Il sourit peu ou pas, exprime d'entrée de jeu son avis sur le produit ou les services proposés. Il cherche à évaluer s'il peut faire confiance au vendeur parce qu'il ne fera affaire qu'avec quelqu'un en qui il a confiance, avec qui s'est établi un respect mutuel. Il tient à être informé avec beaucoup d'intégrité et de professionnalisme. Toute confrontation sur ce qui est juste, approprié ou équitable n'est guère de mise. Les clients de base Persévérant ont besoin de temps… le temps d'accorder leur confiance.

Besoins psychologiques : reconnaissance des convictions

Le type Rêveur : Je vais y réfléchir !

Le client de base Rêveur est plutôt en retrait, semble parfois ne pas savoir quoi dire. Il ne cherche pas à avoir de longs échanges, répond par quelques mots brefs aux questions que lui pose le vendeur. Il interagit peu et peut paraître indécis voire peu intéressé.

Il préfère se retrouver seul le plus vite possible, n'a pas particulièrement envie de bavarder ou de développer des relations amicales avec le commercial. Ce dernier doit se préparer à être direct et concis et à prendre éventuellement l'initiative. Il n'hésitera pas à offrir des suggestions ou des avis mais de la manière la plus brève et concrète possible, sans prise en charge ni plaisanteries, ni de tentatives d'établir des relations personnelles. Le petit resto sympa par exemple est probablement inapproprié avec les clients de type Rêveur.

Besoins psychologiques : solitude et directives

Le type Promoteur : Et combien je gagne avec ça !

Le client de base Promoteur va droit au but et propose des challenges : *« Chez votre concurrent, on me fait 10 %, vous suivez ? »* Il est plus intéressé par l'apparence, par « ce qui en jette » que par les informations techniques. Impatient, il veut son produit ou service sur le champ. Il cherche à négocier jusqu'au bout, n'hésite pas à manier le défi, voire la douche écossaise, c'est un fervent adepte des ultimatums : *« C'est à prendre ou à laisser »*.

Les clients de type Promoteur se situent généralement sur le registre de l'action. « En quoi, c'est nouveau ? Combien cela peut-il rapporter rapidement ? ». Une fois qu'ils se décident à acheter, ils voudront souvent conclure sur le champ et obtenir tout de suite la livraison du produit. Ils aiment faire de bonnes affaires et ont tendance à voir à court terme en visant l'essentiel. Ils préfèrent traiter avec quelqu'un de stimulant qui leur offre des occasions uniques et partage leur sens du défi. Il est possible d'aller droit au but avec ces clients sans que cela ne les offense. Les détails et les compliments fleuris les ennuieraient plutôt.

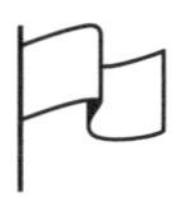

Besoin psychologique : excitation

Le type Rebelle : Vous êtes marrant vous… !

Le client de base Rebelle aime passer un bon moment et – plaisanter. Il a horreur de ceux qui se prennent au sérieux. Il cherche à établir des relations de *copains* avec le vendeur. Il aime le tutoiement et échanger sur tous les trucs sympa de la vie : *« Où est-ce qu'on s'amuse par ici ? »*. Il cherche peu les informations techniques (sauf si c'est un passionné) mais plutôt l'originalité, les gadgets et l'ambiance cool et sympa dans la relation avec le vendeur. Dès qu'il s'est fait un « copain », il ne va pas voir la concurrence.

Le client de type Rebelle préfère traiter avec des sociétés et des gens « marrants ». Aller droit au but risque de lui paraître ennuyeux et non motivant. Il attend du vendeur un contact positif et vivant et apprécie d'être invité à des déjeuners ou à des fêtes. Il est possible de l'appeler spontanément à l'occasion d'une idée, d'un produit ou d'un service nouveau. Il est probable qu'il se décide vite. Tenter de l'entraîner là où il n'a pas envie d'aller serait une erreur. Il détecte et réagit immédiatement à ce qui pourrait ressembler de près ou de loin à de la manipulation.

Besoin psychologique : contacts ludiques

MAÎTRISER L'ART DE LA VENTE

Quand le vendeur identifie la phase de son prospect, il sait quels besoins psychologiques celui-ci cherche à satisfaire dans la relation. L'art de la vente consiste à manier cette délicate alchimie de la relation entre deux ou plusieurs individus, tout en fuyant les dérapages toujours possibles vers la manipulation. Voici un exemple d'utilisation du modèle cité par un commercial d'une société de restauration collective expliquant la différence qu'il fait entre la manipulation et la position +/+ :

> « Nous commerciaux sommes de grands manipulateurs, c'est bien connu. Pourtant, nos clients ne sont pas vraiment manipulés, nous avons de très bonnes relations, les plus transparentes possible, avec eux. C'est ce qui fait la différence aujourd'hui avec nos concurrents. Nous avons même envoyé certains d'entre eux faire Process Com ! À partir du moment où ils connaissent les outils avec lesquels nous travaillons, nous ne pouvons qu'être gagnants ».

Savoir d'entrée de jeu répondre aux besoins psychologiques manifestés par le client est le garant de l'ouverture de celui-ci et de sa motivation.

Les canaux de communication du client

Après avoir identifié la phase de son client et noté le besoin psychologique « moteur » dans la relation, le vendeur va, pour communiquer avec lui et répondre à son besoin, utiliser son canal de communication préférentiel. Il a alors toutes les chances que son client se sente en phase et motivé *pour faire affaire avec lui.*

Inversement, si le vendeur offre un canal de communication inapproprié à son client, celui-ci risque de mettre un masque et de descendre en mécommunication.

Tableau 10.1 : Utiliser le canal de communication adéquat

Type de personnalité client	Canal de communication	Exemples
Empathique	Nourricier	Je serais heureux de vous renseigner, si je puis vous être utile. Je suis conscient que ces informations peuvent vous sembler un peu austères ; est-ce qu'un café vous ferait plaisir ? Je comprends qu'il est parfois difficile de se décider, vous avez tout votre temps, je suis à votre disposition.
Travaillomane	Interrogatif/ Informatif	Nous pouvons vous livrer ce produit dans trois jours. Les caractéristiques techniques sont les suivantes... Nous avons une documentation complète sur nos prestations...
Persévérant	Interrogatif/ Informatif	Notre maison a 25 ans d'expérience. Nos principaux clients sont... Quelles sont vos exigences en ce qui concerne ce produit ?
Rêveur	Directif	Donnez-nous vos instructions, nous les exécuterons au pied de la lettre. Précisez-moi ce que vous entendez par... Donnez-moi quarante-huit heures et je vous rappelle.
Promoteur	Directif	Nous aimons les challenges... Décrivez-nous le produit que vous recherchez. Regardez-moi ces couleurs, ça en jette, non ? Dites-moi si cette offre exceptionnelle vous intéresse ?
Rebelle	Ludique	C'est sympa de discuter avec vous... Ce que j'aime le plus dans le produit, c'est..., et vous ? Ça, c'est pour une clientèle très branchée ! Qu'en dites-vous ?

Les perceptions du client

Nous avons vu que chaque type de personnalité a tendance à appréhender le monde (et donc le vendeur et ses produits) à partir d'une perception principale. Le type Persévérant perçoit le monde à travers ses opinions, Travaillomane par la pensée et les faits, Empathique à travers ses émotions, Rebelle en réaction à ses émotions (il aime ou il n'aime pas), Promoteur par l'action et Rêveur a besoin être invité à l'action (il ne prend pas l'initiative).

Tableau 10.2 : Identifier le type de personnalité à partir des mots du client

Types de personnalité	Perception	Verbes, mots, expressions
Empathique	Émotions	Sentir, ressentir, être touché, sensible, chaleureux, harmonieux, doux, contact, joyeux, triste, envie, aimer, proche, craindre, effrayer, séduire...
Persévérant	Opinions	Vouloir, croire, confiance, fiabilité, investissement, fidélité, qualité, courage, juger, bien, mal, approprié, adéquat, inadéquat, juste, faux, sûr, vous avez raison...
Travaillomane	Pensée factuelle	Penser, compter, comprendre, connaître, expérimenter, informations, faits, mesures, caractéristiques, données, évaluer, mesurer, délais, coût, garantie, comparer, objectifs...
Rêveur	Imagin'action	Attendre, écouter, comprendre, réfléchir, imaginer, penser, indécis, calme, tranquille, paix, temps, solitude...
Rebelle	Réactions	Super, j'aime, je n'aime pas, envie, marrant, bof, sympa, s'amuser, gadget, original, actuel, branché... *et tout le registre des onomatopées.*
Promoteur	Actions	Foncer, droit au but, défis, tout de suite, sans-gêne, voyant, unique, conditions, mode, branché, bénéfices, exciter, chiche, capable, mec...

Nous pouvons repérer les perceptions du client à travers les verbes, les mots, les expressions qu'il utilise pour communiquer. Les utiliser constitue, avec les besoins psychologiques et les canaux de communication, une source de motivation essentielle. Inversement, lui parler un langage qu'il *n'entend* pas, conduit tout droit à l'échec de la négociation.

Vous trouverez dans le tableau 10.2 quelques exemples de mots « indiquant » la perception favorite de chacun.

Écouter la perception du client est d'une aide précieuse également pour aider au diagnostic de sa base.

Le client sous stress

Quand ses besoins psychologiques ne sont pas satisfaits ou que le canal de communication est inapproprié, le client va rentrer sous stress et manifester un comportement *« driver »*[1] ;Voici quelques exemples pour chaque

1. Voir définition page 97.

type de personnalité de manifestation du *driver* et la réponse du vendeur qui se situe sur le canal de communication approprié.

EMPATHIQUE :
Fais plaisir

Comportement observable :
– se suradapte
– doute de lui

Exemples :

Client – Je vais peut-être dire une bêtise mais à quoi sert ce bouton ?

Vendeur (ton encourageant et compréhensif) – Vous pouvez me poser toutes les questions qui vous intéressent, ce bouton sert à…

Client – Vous pourriez être assez gentil pour m'expliquer la différence entre ces deux modèles ?

Vendeur (avec un sourire chaleureux) – Avec grand plaisir ! Ce modèle sert à…

Client – Je ne sais pas quoi choisir, je n'arrive pas à me décider.

Vendeur (avec un ton rassurant) – Vous avez tout votre temps, je comprends, je suis là pour vous aider.

TRAVAILLOMANE :
Sois parfait

Comportement observable
– surdétaille
– peut être « pinailleur »

Exemples :

Client – Je ne suis pas certain d'avoir toutes les informations concernant ce produit.

Vendeur – Je suis disponible pour répondre à vos questions.

Client – Quel est le montant exact des remboursements mensuels et leur durée ?

Vendeur – Sur un crédit à 12 mois, les mensualités, assurance comprise, sont de…

Client – J'ai très peu de temps à vous accorder.

Vendeur – Vous pouvez être tranquille, je serai bref.

PERSÉVÉRANT :
Sois parfait
Parent

Comportement observable :
– pose des questions compliquées
– peut paraître sévère et parental

Exemples :

Client – Quels sont précisément les avantages essentiels de ce modèle.

Vendeur – Comptez sur moi, ce modèle a comme caractéris-tique majeure de… (*finir par :*) Ai-je répondu à votre question ?

(Les personnes de base Persévérants répondent fréquemment « en partie » jugeant la réponse « insuffisamment parfaite ». À ce moment le vendeur peut faire une nouvelle offre sur le canal Interrogatif/Informatif : *« Voulez-vous me préciser les points que vous souhaitez que je développe ? »*.)

Client – Qu'est-ce que c'est que cette manie de mettre des mots anglais partout ? Nous sommes en France, non ?

Vendeur – Je comprends votre agacement. Voulez-vous que je vous expose les raisons techniques qui sont à l'origine de ce choix ?

Client – Je voudrais connaître les caractéristiques de votre produit et les avantages essentiels qu'il présente face au produit équivalent de la concurrence et quelle garantie vous m'accordez.

Vendeur – J'entends bien votre besoin de précision. Pour commencer, je vais vous présenter les caractéristiques de notre produit.

RÊVEUR :
Sois fort

Comportement observable :
– interagit peu
– tendance au retrait

Exemples :

Client – Je voudrais des informations sur la livraison…

Vendeur – Votre commande sera livrée sous huit jours sans que vous ayez à vous déranger. Si vous êtes d'accord, il vous suffit de signer là.

Client – Je ne sais pas quoi décider.

Vendeur – Dans votre cas, je vous recommande ce modèle.

Client – Ces démarches me paraissent compliquées.

Vendeur – Soyez tranquille, nous nous chargeons de tout.

PROMOTEUR :
Sois fort
Parent

Comportement observable :
– pousse à la compétition
– jauge la « puissance » du vendeur

Exemples :

Client – Combien vous me faites là-dessus ?

Vendeur – Pour vous, ce sera les meilleures conditions, bien sûr ! *(Avec un petit clin d'œil complice, sous-entendu : on se comprend.)*

Client – Et tout ça, ça me rapporte combien ?

Vendeur (ton direct et stimulant) – Avec ça, vous gagnez...

Client – Votre truc, là, je suis sûr qu'ailleurs, on le trouve à moins cher.

Vendeur – Chiche ! Je vous parie que non.

(*ou encore*) – Impossible, à ce prix-là, c'est déjà une super affaire !

REBELLE :
Fais effort

Comportement observable :
– ne « comprend » pas
– invite le vendeur à « ramer »

Exemples :

Client – J'ai rien compris à ce que vous m'avez expliqué.

Vendeur (avec clin d'œil et un sourire) – J'ai dû vous donner trop d'infos. Qu'est-ce que vous avez envie de savoir ?

Client (ton laborieux) – Je voudrais connaître le... la..., hum, différence entre, entre... ces produits.

Vendeur (avec un sourire complice) – Je vais vous montrer cela, ça va être très simple, d'accord ?

Client – Bof, j'trouve pas ça génial.

Vendeur (ton ludique) – Ah oui ? Ce serait quoi pour vous quelque chose de génial.

Le vendeur sous stress

L'utilisation de la Process Communication pour la vente permet au vendeur de s'adresser au client en fonction de son type de personnalité et, le cas échéant, d'identifier les signaux de stress pour y remédier, mais également de gérer son propre stress.

Sous tension, le vendeur risque de développer des comportements négatifs qui peuvent le mener à l'échec. Quelles seront donc les réactions du commercial stressé ? À chaque type, ses petites manies.

Sous stress, le vendeur de type **Travaillomane** active un *driver* Sois Parfait. Il se sent contraint à la perfection, ce qui veut dire qu'il aura tendance à sur-détailler et à sur-informer. S'il rencontre un client qui a la même base que lui, celui-ci pensera probablement : *« Voici quelqu'un qui connaît bien son métier »*. Si en revanche, il est en négociation avec un client de type Empathique, ce dernier risque de ressentir : *« Mais c'est une vraie porte de prison, cet homme, je ne risque pas de lui acheter quelque chose »*. Le client de base Rebelle : *« Il me saoule ce type, qu'est-ce que c'est que ce truc, j'y comprends rien ? »*. Le client de base Promoteur : *« Si son produit est aussi peu excitant que lui, ce n'est pas la peine que je lui achète »*. Le client de base Rêveur risque de se sentir un peu envahi par ce sur-détail et désirer des informations beaucoup plus synthétiques.

Le vendeur de type **Rebelle** activant un *driver* Fais effort aura des difficultés à donner les informations essentielles de façon simple et concise. Pour la plupart des types de person-nalité, il sera perçu comme peu clair et son client aura du mal à appréhender l'intérêt du produit.

Le vendeur de type **Persévérant** sous l'influence du *driver* Sois Parfait Pour Moi aura plutôt tendance à se placer en position dominante. Le client risque alors de se sentir en position d'infériorité. Il se peut qu'il achète par soumission et donc dans l'inconfort, ou bien qu'il se rebelle en disant : *« Je n'ai pas envie d'acheter quoi que ce soit à un type comme ça, pour qui il se prend ? »*

Le vendeur de type **Empathique** sous stress aura tendance à vouloir faire plaisir avant tout et à se suradapter. Il en « fera trop », au risque que son client le trouve « collant » ou trop « mou ». Il peut également rencontrer des difficultés pour définir des limites claires au contrat ou méconnaître ses intérêts et ceux de son entreprise face à ceux de son client. Il peut perdre son objectif de vue et « s'empêtrer » dans la relation avec le client.

Le vendeur de type **Promoteur** sous stress, dans un comportement *driver* Sois Fort Pour Moi présente deux types de caractéristiques. Il peut montrer un côté un peu « cow-boy » capable de tout promettre. Dans un premier temps, il crée une relation très appréciée. Il sait user de son charme mais, si le client ne lui « plaît pas », il risque de le laisser se débrouiller avec la documentation. Dans un deuxième temps, une fois qu'il a décroché l'affaire, il a tendance à délaisser le client, il se désintéresse du suivi qui est dénué d'excitation pour lui. C'est frustrant pour le client qui peut se dire : « *Je me suis fait avoir, il ne m'aura pas une deuxième fois.* »

Le vendeur de type Rêveur sous stress aura tendance à ne pas suffisamment s'investir dans la relation. Il en découlera des conséquences négatives avec les clients pour qui la qualité de la relation constitue une source de motivation importante. Peu de personnes de base Rêveur sont motivés par l'activité commerciale qui les oblige à des contacts fréquents avec leur clientèle.

Dans le contexte hautement exigeant qu'est la vente, gérer son stress est un atout majeur. Plus le commercial a conscience de son comportement naturel, plus il peut y veiller. Par exemple, le vendeur de type Travaillomane pourra être vigilant à éviter d'entrer dans le sur-détail et à ne donner que les informations dont son client a réellement besoin. Ce sera l'inverse pour le type Promoteur pour qui donner des informations n'est pas très excitant. Il est du genre à dire : « *Vous trouverez tout dans la documentation que je vous donne* » et devra donc veiller à accompagner son client dans la découverte du produit. Pour le vendeur de type Rebelle, il s'agira de veiller à donner de l'information, à avoir une démarche structurée, à ne pas sauter d'étapes dans le processus de vente. Quant au type Persévérant, il peut veiller à ne pas paraître trop sérieux ou rabat-joie ou mettre la pédale douce sur son côté « bulldozer ». Enfin, le vendeur de type Empathique aura besoin d'apprendre à mettre des limites positives, sans se sentir mal à l'aise, afin de ne pas se laisser déborder par les clients qui en veulent trop. Le vendeur de base Rêveur, lui, sera vigilant à établir une relation « consistante » avec le client.

Les atouts du vendeur, ses zones de vigilance et les étapes de la vente

La formation de nombreux commerciaux à la Process Communication nous a permis de mettre en évidence les points forts et ceux à améliorer que l'on retrouve fréquemment chez chaque type de personnalité. Nous avons synthétisé ces observations dans le tableau 10.3. Nous avons observé égale-ment une corrélation significative entre les étapes de la vente décrites par le vendeur comme faciles et inversement celle pour laquelle il peut éprouver des difficultés. Ce tableau est naturellement à interpréter en prenant compte la structure de personnalité du vendeur, son expérience et tout ce qui fait son côté « unique ».

Tableau 10.3 : Gérer son stress pour améliorer ses ventes

Type	Points forts	Points à améliorer	Étape de la vente +	Étape de la vente –
Empathique	Qualité de contact. Disponibilité. Écoute.	Affirmation de soi. Capacité à dire non sans être mal à l'aise.	Contact.	Conclusion (pourrait se contenter de « passer un bon moment avec le client »).
Travaillomane	Organisation, méthode préparation de l'entretien, structuration.	Flexibilité. Empathie.	Connaissances. Recueil des Informations. Synthèse.	Contact (avec les autres types de person-nalité).
Persévérant	Rigueur. Méthode. Fiabilité. Analyse.	Décontraction. Ludique. Écoute. Analyse (à tendance à interpréter).	Convaincre.	Contact (peut paraître trop « parental » ou donneur de leçons).
Promoteur	Capacité d'adaptation. Charme. A toujours quelque chose à proposer.	Empathie. Soutien. Suivi.	Contact. Conclusion.	Recueil des informations. Analyse des besoins (peut avoir tendance à « plaquer des solutions »). Peut passer pour un « cow-boy ».
Rebelle	Décontraction. Créativité.	Rigueur. Organisation.	Contact. Toute solution faisant appel à sa créativité.	Conclusion. Pour lui, cela peut être laborieux de conclure.
Rêveur	Écoute. Imagination. Sang-froid.	Investissement dans la relation au client.	Connaissances.	Contact. N'est habituellement pas un « relationnel ».

Une approche gagnante de la vente

Après avoir identifié le type de personnalité du client et satisfait ses propres besoins psychologiques tout en restant attentif à ses signaux de stress et ceux de son client, le vendeur avec de l'entraînement, communique avec celui-ci en utilisant le canal de communication approprié, en répondant à son besoin psychologique et en utilisant son mode de perception préférentiel (tableau 10.4).

Tableau 10.4 : L'approche gagnante : s'adapter à son prospect

Type	Besoin	Perception	Canal
Empathique	Attention personnelle. *« Je m'intéresse à vous en tant que personne. »*	Émotion	Nourricier
Travaillomane	Reconnaissance du travail. Structuration du temps. *« Je vous donne les faits et les informations dont vous avez besoin et vous décidez. »*	Pensées	Interrogatif/ Informatif
Persévérant	Respect de ses convictions. Reconnaissance de son travail. *« Vous pouvez nous faire confiance, ainsi qu'à nos produits et nos service. »*	Opinions	Interrogatif/ Informatif
Rêveur	Solitude. Directives. *« Dites-moi ce que vous voulez et je ferai le reste. »*	Inactions / Imagination	Directif
Rebelle	Contact. Jeu. *« C'est amusant de travailler avec vous. »*	Réactions	Ludique
Promoteur	Excitation. *« Je suis là pour vous donner ce que vous voulez au meilleur prix. »*	Actions	Directif

11

LA PROCESS COM… OU COMMENT LEUR DIRE : « JE T'AIME » !

« Tout ce qui rapproche est essentiel. »

Jean Moulin

Les participants au séminaire de Process Communication expérimentent fréquemment le modèle d'abord… en famille. Ils « testent » les canaux, expliquent les types de personnalité, la dynamique des besoins psychologiques à leur conjoint et à leurs enfants. Cette séance donne fréquemment lieu à un joyeux moment de méta-communication spontanée dont les effets se révèlent très bénéfiques sur l'ambiance générale.

Les phénomènes de mécommunication existent dans la vie de couple et dans les relations parents-enfants, comme partout ailleurs. Ils génèrent des situations difficiles : *« Je ne comprends plus mon fils ou ma femme… »*. Pouvoir décoder les « comportements-problèmes », savoir en décrypter le sens, permet d'apporter la réponse appropriée et d'éviter des « tsunamis » de stress. Par exemple, tenir compte de la dynamique des besoins psychologiques facilite la compréhension et la résolution de la plupart des conflits entre conjoints ; utiliser un canal approprié avec son enfant amène souvent un changement considérable dans la relation (alors que plus l'on s'acharne à lui « faire rentrer les choses en tête », plus il va se buter). Pour un enseignant, savoir qu'un élève de type Rebelle n'apprend pas de la même façon que celui qui a une base Travaillomane ou Empathique est d'une aide précieuse dans sa pratique d'une pédagogie individualisée.

LA DYNAMIQUE DES CONFLITS DE COUPLE

« Quand Papa et Maman se disputent,
c'est qu'ils se comprennent pas. »

Mathieu 8 ans

Au-delà d'une vie matérielle et sexuelle satisfaisantes, la réussite du couple dépend en grande partie de la satisfaction des besoins psychologiques par le conjoint. Inversement, l'échec du couple vient fréquemment du fait que peu à peu les partenaires n'ont pas su gérer et entretenir leur relation, que les malentendus se sont accumulés et que finalement le plaisir, voire le bonheur, ont définitivement déserté les lieux.

Des perceptions différentes

Éric et Marie ont participé à un séminaire pour couples pour tenter de résoudre une crise importante. Éric, avant le séminaire, envisageait de se séparer de Marie. Il a 28 ans, a une base Rêveur et il est en phase Rebelle. Il est éducateur spécialisé en Prévention. Toute la journée, il est en contact avec des jeunes en difficulté :

> Quand je rentre le soir à la maison, je suis fatigué, j'ai envie d'être tranquille, de m'étendre sur le canapé, d'écouter de la musique, de lire un bon livre ou de ne rien faire. Marie vit très mal mon attitude, elle se sent délaissée, se plaint et me dit que si je l'aimais, je la prendrais dans mes bras, je serais proche d'elle. Moi, je me sens envahi par ses demandes et je me recroqueville dans ma bulle et me retire psychologiquement. Parfois même, je sors faire un tour pour respirer.

Que se passe t-il ? Éric est dans sa phase Rebelle toute la journée. Le soir, il a besoin de solitude indiquant qu'il « redescend » dans sa base Rêveur.

Marie a une base Empathique, elle ressent beaucoup d'amour pour Éric et attend de lui les mêmes sentiments. Le soir, elle très demandeuse de tendresse et de chaleur. Elle interprète le comportement froid et distant d'Éric comme un signe de détachement et de perte d'intérêt de sa part.

C'est ainsi que, malgré l'amour qu'ils éprouvent l'un pour l'autre, chacun invite son compagnon à rentrer sous stress. Plus Éric est « absent », plus Marie demande de l'amour et plus Marie demande de l'amour, plus Éric se retire. Chacun est naturellement convaincu que l'autre est à l'origine du problème et que si Éric était plus attentionné, Marie se sentirait mieux et inversement pour Éric, si Marie était moins envahissante, l'air serait plus respirable pour lui.

Quand ils prennent conscience de la signification réelle du problème, Marie et Éric peuvent trouver des réponses plus adaptées à leurs besoins réciproques.

Éric – Je réalise que Marie ne cherche pas à me « bouffer » ou à m'envahir. Elle a une base Empathique et a besoin de tendresse et de chaleur.

Marie – Je croyais que je n'étais plus importante pour Éric, je comprends maintenant qu'étant de base Rêveur, il a d'abord besoin de calme et de solitude à la fin d'une journée où il a été « pompé » par son boulot.

De nombreux conflits dans le couple peuvent être évités et remplacés par une intimité plus gratifiante si les conjoints comprennent le vécu interne de l'autre et apprennent à parler de leur relation. De plus lorsque chacun accepte de prendre en compte sa part de responsabilité dans le conflit, il devient beaucoup plus aisé de résoudre le problème.

De nombreuses sources d'incompréhension au sein du couple viennent de ce que chacun s'attend à ce que l'autre perçoive la vie comme lui-même :

- *« Il est normal de penser avant d'agir »* déclare le type Travaillomane.
- *« Celui qui n'est pas en contact avec ses émotions est un handicapé du cœur »* affirme le type Empathique.
- *« Ce qui compte chez un individu ce sont d'abord ses valeurs et ses opinions »* soutient le type Persévérant.
- *« Y a que l'action qui paye ! »* lâche le type Promoteur.
- *« Moi, c'est facile, j'ai envie ou j'ai pas envie »* réagit le type Rebelle.
- *« L'important, c'est la richesse de la vie intérieure »* murmure le type Rêveur.

L'histoire de Patrick et Geneviève illustre les difficultés que rencontrent bien des couples dans la compréhension et l'acceptation de la différence de l'autre.

Patrick et Geneviève, couple «sans histoires», sont mariés depuis maintenant une dizaine d'années. Patrick est cadre supérieur dans l'industrie agroalimentaire; Geneviève travaille à mi-temps dans le secteur social et consacre le reste de son temps à ses enfants.

Patrick a une base Travaillomane, Geneviève, Empathique.

Un soir, Patrick rentre à la maison vers 20 heures comme d'habitude. Il voit que sa femme ne va pas bien et lui demande ce qui se passe.

– «Je ne sais pas, cela ne va pas», répond-elle d'une voix lasse et plaintive.

– «Je vois bien que cela ne va pas, mais que s'est-il passé?» lui demande t-il à nouveau avec cette fois une légère impatience dans le ton de la voix.

– «Mais, je ne sais pas, je te dis, cela ne va pas, c'est tout». Geneviève est au bord des larmes.

– «Non, l'interrompt-il sèchement, tu ne vas pas recommencer, je te demande de m'expliquer, un point, c'est tout».

– «Tu ne me comprends pas, tu ne me comprends pas» – répète Geneviève qui va fondre en larmes.

Patrick est frustré, il est vrai qu'il ne comprend pas et qu'il a horreur de ne pas comprendre. Il quitte la pièce en claquant la porte et retrouve enfoui au fond de lui cette vieille croyance que les femmes ne sont décidément pas capables de s'expliquer sans faire de drames.

Geneviève, qui, avant que son mari ne rentre, ne se sentait pas bien, se sent maintenant vraiment mal, incomprise et pas aimée.

Observons ce qui s'est passé: Geneviève, sous stress, est envahie par l'émotion. Elle ne peut pas accéder immédiatement à sa partie pensante et fournir à son mari les informations qu'il lui demande.

Patrick, lui, a besoin d'informations pour penser ensuite à ce qui permettrait de résoudre le problème. Étant frustré dans son besoin, il rentre également sous stress et ne peut accéder à sa partie Empathique.

Geneviève cherche à communiquer avec son mari à travers ses émotions, alors que Patrick a besoin d'échanger par la pensée. C'est-à-dire que chacun tente, inconsciemment, d'imposer à l'autre son propre cadre de référence. C'est cela qui génère, puis renforce le stress chez chacun des acteurs, obscurcissant le problème et inhibant leur capacité à le résoudre

C'est par la compréhension de la dynamique de chacun qu'il sera possible au couple de rétablir la communication et de sortir du stress. Patrick peut, par exemple, accepter d'être chaleureux et réconfortant même quand il ne comprend pas et Geneviève apprendre à gérer ses émotions et à ne pas interpréter l'incompréhension comme un signe de non-amour.

Des changements de phase

Fréquemment, le changement de phase d'un des partenaires du couple, voire des deux, entraîne une période de turbulence plus ou moins sévère. Le couple rentre dans une période d'incommunicabilité ; ce qui avait fait la solidité de l'union apparaît désuet ou hors d'atteinte. Parfois, l'un des deux va chercher, à l'extérieur, la satisfaction de ses propres besoins.

Prenons deux exemples de changement de phase :

Jean-Paul a épousé Madeleine il y a 17 ans. Ils ont trois enfants qui grandissent sans poser de problèmes particuliers, Jean-Paul a une base Persévérant et Madeleine Empathique. Jean-Paul se souvient que Madeleine lui a d'abord plu pour sa compassion. Elle rêvait d'avoir des enfants, de les élever. Tous les deux ont vécu heureux pendant des années. Les rôles au sein du couple étaient tacitement partagés. Madeleine s'occupait de la maison et des enfants, veillait à ce que le cadre de vie soit agréable, aimait recevoir leurs nombreux amis et entretenir des relations harmonieuses avec leurs deux familles. Jean-Paul, lui, attachait beaucoup d'importance à transmettre ses valeurs à ses enfants. Son métier l'absorbait beaucoup, mais il s'arrangeait pour être disponible tous les week-ends pour sa femme et ses enfants. Au sein du couple, c'est lui qui prenait les décisions sur les investissements, la scolarité des enfants, et l'organisation du temps libre.

Peu à peu, le comportement de son épouse a changé, elle a envisagé de reprendre une activité professionnelle. Puis, devant le refus de son mari (afin, disait-il, d'aider les enfants dans leurs études) elle s'est mise à revendiquer un changement de rôle, ce que Jean-Paul a très mal pris, lui demandant de s'investir davantage dans des tâches du ménage. Les tensions se sont faites plus fortes, et naturellement, plus Madeleine revendiquait, plus Jean-Paul se butait et plus il se butait, plus Madeleine revendiquait.

Comment analyser la crise traversée par le couple Jean-Paul-Madeleine ? Jean-Paul a épousé une femme de base Empathique et attendait donc d'elle qu'elle « fonctionne » en Empathique. Leur couple a bien réussi jusque là, parce que leurs besoins respectifs étaient satisfaits. Il avait une vie conforme à ses valeurs ; elle était nourricière et se sentait heureuse dans sa vie.

Madeleine a changé de phase, elle est passée en phase Travaillomane. Ses motivations et son comportement ont changé. Son rôle de bonne épouse et de mère ne répond plus à ses aspirations, elle a envie de se réaliser. Jean-Paul est désta-bilisé par ces nouveaux comportements (fréquemment les personnes de base Persévérant n'aiment pas le changement et recherchent la continuité). Il ne reconnaît plus celle qu'il aime et n'aime pas ce qu'elle devient

Prenons un autre exemple :

François a 41 ans, il est cadre supérieur dans l'industrie aéronautique. Il a épousé à 26 ans Janine dont il a une fille de 14 ans. François est de base Travaillomane. Ce qui l'a séduit chez Janine, de base Rêveur, c'est son côté sérieux et calme. Auprès d'elle, il s'est toujours senti paisible. Il aimait particulièrement son indépendance et les longues discussions qu'ils pouvaient avoir ensemble (il disait volontiers à ses collègues que sa femme était très autonome). Parfois, dans de rares occasions, il se laissait aller à des confidences sur son enfance et décrivait une mère très envahissante, étouffante. *« Avec Janine au moins, je respire... »* disait-il avec un petit sourire.

Depuis quelque temps, François découvre un nouveau – sentiment qu'il n'aime pas (souvent les personnes de base Travaillomane n'expriment pas ce qu'elles ressentent, les émotions n'étant pas rationnelles et parfois bien difficiles à comprendre). Ce qu'il ressent, c'est de l'ennui. Les grandes discussions ne l'intéressent plus, le calme de sa vie devient étouffant (et retrouver ce sentiment de son enfance lui fait horreur). Bref, comme il dit, il a envie de « s'éclater ». Janine, devant les tentatives de son mari pour changer son comportement, a tendance au contraire à se mettre en retrait et à rentrer dans sa coquille. François ressent de la colère en réponse au comportement de Janine. Depuis quelque temps, il veut s'acheter une moto, a envie de se laisser pousser les cheveux et de s'acheter un blouson de cuir. Il aime désormais les chemises de couleurs vives et va parfois même au bureau en jeans. Bien sûr, il commence à avoir des difficultés avec sa hiérarchie. Il a tendance à se plaindre de la monotonie de sa fonction et à rechercher un poste faisant davantage appel à sa créativité. Bref, François est passé en phase Rebelle et il « étouffe » dans ce qu'il vit maintenant comme « un carcan Travaillomane ». Là où sa vie professionnelle, mais aussi personnelle lui convenait parfaitement, il se sent désormais déphasé.

De nombreux divorces peuvent être analysés en termes de changement de phase de l'un ou des deux partenaires. Dans les deux exemples précédents, le travail psychologique « à faire » est pour Jean-Paul d'accepter le changement « naturel » de Madeleine car si celle-ci renonce à la satisfaction des besoins de sa phase, elle sera frustrée, ce qui retentira sur le couple et sur la famille. Ce travail d'acceptation du changement de l'autre et de l'établissement d'un nouvel équilibre réclame fréquemment un accompagnement approprié : le couple a des amis qui les soutiennent pour traverser cette crise ou bien va chercher de l'aide auprès de spécialistes…

Le couple François-Jeanine va probablement traverser une crise sévère. Fréquemment les personnes de base Travaillomane qui passent en phase Rebelle adoptent le comportement du « parfait Rebelle » et leur entourage s'étonne : *« C'est maintenant qu'il fait sa crise d'adolescence »*. Il n'est pas rare qu'elles remettent « parfaitement » en cause leur vie professionnelle et personnelle.

Bruno, à 40 ans, commençait à en avoir sérieusement marre de sa vie, disait-il. Il s'est arrangé pour se faire licencier. Avec son indemnité, il s'est offert deux ans et demi à voyager à travers le monde, il a demandé le divorce et s'est remarié avec une jeune Tahitienne de 26 ans. Aujourd'hui, il a repris un emploi régulier avec un seul rêve : avoir assez d'argent pour prendre sa retraite à 50 ans.

LES CONFLITS AVEC LES ENFANTS

Les problèmes dans la relation parents-enfants apparaissent fréquemment lorsque l'un ou l'autre des parents qui se trouve dans une phase différente, ne comprend pas le fonctionnement et les besoins de l'enfant. Par exemple :

Stéphane est un jeune lycéen de 16 ans. Son père, de base Persévérant en phase Travaillomane, considère que sa vie professionnelle est un échec. Il attend beaucoup de son fils unique.
Stéphane, toujours premier, a une base Travaillomane. Il répond parfaitement au désir de son père qui veut qu'il devienne médecin, exerçant un contrôle très strict sur sa scolarité. En classe de première, il passe « brutalement » en phase Rebelle et a de plus en plus envie de faire ce qui lui plaît, ce que son père n'accepte pas : *« Occupe-toi d'abord de tes études,*

ensuite tu feras ce que tu voudras». Peu à peu, les relations se tendent. Le père devient de plus en plus rigide, le fils de plus en plus Rebelle négatif. Il adopte un comportement très provoquant, contestant l'autorité parentale et compromettant la poursuite des études.

Tous les adolescents passent-ils par une phase Rebelle ? Ce n'est pas forcément le cas bien que la plupart d'entre eux passent par une phase plus ou moins durable de rébellion. La rébellion de l'adolescent est généralement la réaction face à un système qu'il vit, à tort ou à raison, comme « Persévérant négatif» l'invitant à des réactions de type « Rebelle négatif». C'est aussi la période où les invitations au stress et la mécommunication sont les plus fréquents.

Les parents qui se rendent compte d'un blocage dans la relation avec leur enfant sont fréquemment étonnés de découvrir combien la situation s'améliore s'ils changent leur mode de communication. Mais leur grande difficulté est ce changement extrêmement rapide de leur progéniture, ce bouillonnement perpétuel, ces sautes d'humeur ainsi que l'activité souvent « volcanique » qui les accompagne. Cette période est pour la plupart des parents un stress devant les exigences d'indépendance du jeune qui cherche à rompre les amarres tout en cherchant jusqu'où il peut ne pas aller trop loin. Les parents, eux, craignent pour les études, pour la santé, pour la drogue...

C'est le moment où la communication parents-enfants a probablement le plus d'importance mais est aussi la plus difficile : un professeur de philosophie nous disait qu'en terminale 8 adolescents sur 10 déclaraient ne pas pouvoir parler avec leurs parents de ce qui leur tenait le plus à cœur...

INDIVIDUALISER L'ÉDUCATION

Il arrive que des parents hésitent, tout comme le manager, à individualiser leur mode de communication. Prenons, par exemple, le cas d'une famille avec un enfant de base Travaillomane et l'autre de base Rebelle. Très vite le premier est devenu autonome pour faire ses devoirs. Il s'est organisé et travaille sans problème. C'est important pour lui d'obtenir de bonnes notes. Son frère, de base Rebelle, n'a pas du tout la même motivation. Si ses parents ont les mêmes attentes le concernant, ils courent droit à la catastrophe... Imaginons un enfant de base Rebelle à qui on demande de participer à une tâche, mettre la table par exemple. On obtient généralement toute une série de « Pfff... », soupirs, etc. et une très nette résistance. Imaginons un parent de type Persévérant qui affirme : « C'est normal, tu dois acquérir le sens des responsabilités, et tu n'as pas à râler... », il ne fera que renforcer le problème. En revanche, s'il plaisante, s'il joue en disant par exemple : «Tu mets la table en râlant le plus que tu peux», il se donne plus de chances d'obtenir un résultat positif et mettre la table devient un jeu... d'enfant !

Parmi les « couples parents-enfants » susceptibles de rencontrer quelques difficultés :

- le jeune de base Rebelle a horreur qu'on le prenne dans les bras et qu'on lui fasse des câlins s'il n'en a pas envie. La maman de base Empathique peut se sentir mal aimée par cet enfant et exercer un chantage affectif à son égard ;
- quant au papa de type Persévérant, il pourra tenter de le convaincre : « Mon fils, les choses sont comme cela... moi, je n'avais pas le droit de répondre à mon père... » ;
- avec un enfant de base Persévérant, le même papa pourrait également connaître quelques difficultés, chacun escaladant son versant de la montagne sans écouter l'autre. Lors d'un groupe de supervision, l'un des stagiaires, de base Persé-vérant, raconte :

> «Je me sers beaucoup de Process Com avec mon fils qui a trois ans et qui se comporte comme un petit Persévérant déjà affirmé ! Quand il a une idée en tête il continue, il s'accroche et je dois faire attention à ne pas m'emporter... Dans son discours cela donne : «J'ai raison Papa, n'est-ce pas ?» «Tu n'as pas le droit de faire cela», «J'ai le droit...» «Je peux», «Je veux...», etc. Bien sûr, il ne faut pas caricaturer : il se «promène dans ses étages» comme tout le monde. Mais en situation de tension, la nature des clignotants est évidente...

Le père de base Promoteur, lui, risque de se désintéresser d'un fils de base Empathique qui perçoit le monde non par l'action, mais davantage par l'émotion et la sensation.

Si les enfants ont leur style, les parents aussi...

Au risque de créer des conflits au sein du couple, certains estiment fondamental de présenter un front uni face à leur progéniture et de ne pas exprimer d'éventuels désaccords sur les options éducatives. Or, ils méconnaissent par là-même que l'appréhension du comportement de leur enfant dépend de leur propre type de personnalité et est donc sujet à des divergences de perception naturelles. Pour l'anecdote, on remarquera les nuances suivantes :

Situation : l'enfant revient à la maison en étant collé le samedi matin pour chahut en classe.

Réaction parentale :

Persévérant – Il est important que tu donnes une image responsable de toi. Tu seras de plus privé de sortie samedi soir.

Travaillomane – Comment vas-tu occuper ton temps durant cette colle ?

Empathique – Mon pauvre chéri, tu as dû être entraîné.

Rebelle – Les colles, c'est le moment le plus sympa à l'école !

Promoteur – L'important vois-tu, c'est de ne pas se faire prendre.

Rêveur – Bon alors... tu ne seras pas là samedi matin...

À ce propos, soulignons que le travail scolaire est un terrain tout trouvé pour expérimenter la Process Com. Plus un parent comprend le comportement de son enfant, plus il connaît les clés de sa motivation. Laisser un enfant de type Rebelle ou Promoteur s'ennuyer deux heures devant son bureau est inutile. Mieux vaut l'envoyer faire une partie de foot ou tout autre jeu qui le ressource. Il y a plus de chances qu'il puisse, ensuite, monter à son étage Travaillomane. Renvoyer sévè-rement un enfant de type Empathique à ses devoirs sans accompagnement et soutien l'amènera probablement à faire quelques erreurs « stupides ». Lui assurer qu'il est aimé pour lui-même et être proche de lui contribue davantage à sa réussite scolaire. Imposer à son fils de base Rêveur de faire partie d'une équipe de foot ou d'animer une patrouille de scouts est le plus sûr chemin vers le stress... et « clouer le bec » au jeune Travaillomane-Persévérant en lui disant « qu'il n'a rien compris » est le plus sûr moyen d'inhiber sa confiance en lui.

À L'ÉCOLE

De nombreux parents ont vécu cette aventure : leur enfant, qui était bon jusque-là en mathématiques, semble tout d'un coup perdre toute intelligence pour cette matière. Lorsqu'on interroge l'enfant sur cette chute de performance, en général, il en rejette la responsabilité sur le professeur : « Avec lui je ne comprends rien », « Si je lui pose une question, il m'envoie promener », etc.

Dans l'enseignement comme ailleurs, la performance des élèves dépend en grande partie de la qualité de la relation qu'ils entretiennent avec le professeur : sont-ils en phase avec lui ou non ? Qui n'a jamais entendu quelqu'un dire : « Durant toute ma scolarité l'histoire et la géographie m'ont toujours profondément "barbé". Sauf une année où le prof' était tellement génial, tellement vivant que nous buvions tous ses paroles ».

Taibi Kahler et son équipe ont mené une étude concernant une population de 300 étudiants de troisième cycle, considérés à risque. Ceci signifiait que leurs comportements négatifs étaient si sévères et si fréquents qu'ils risquaient de compromettre le succès de leurs études. Cette recherche a montré[1] que 295 d'entre eux avaient la phase Travaillomane au dernier étage de leur immeuble et étaient, pour la plupart, de base Rebelle ou Promoteur. On peut facilement imaginer l'énergie qu'ils ont dû investir dans un système conçu la plupart du temps par (et donc pour) des enseignants de type Persévérants ou Travaillomane… L'archétype du professeur idéal, pour ces étudiants, ne serait-il pas le professeur de littérature du *Cercle des Poètes Disparus*, un « merveilleux » Persévérant en phase Rebelle, qui a à cœur de faire passer son message et qui le fait de façon ludique ?

Dans les processus d'apprentissage, la pédagogie la plus efficace est celle qui fait appel :

- aux émotions pour les élèves de type Empathique : aimer leur prof est fondamental. Ils auront à cœur de réussir leurs études et feront l'effort d'apprendre pour faire plaisir au prof et aux parents ;
- aux faits et à la structuration du temps pour les élèves de type Travaillomane qui, la plupart du temps, rencontrent peu de difficultés dans leur scolarité ;
- aux faits également pour les jeunes Persévérants et Rêveurs, qui fonctionnent bien dans un système informatif. Les élèves de type Persévérant

1. Entretien de Gérard Collignon avec Taibi Kahler à Little Rock, juillet 1990.

aiment aller jusqu'au bout des choses, pouvant parfois même se noyer dans une boulimie de vouloir tout savoir et tout connaître. Le jeune de base Rêveur, pour sa part, sera parfois confronté au stress des examens durant lesquels il se vit facilement comme ayant du mal à terminer par manque de temps.

- au jeu et à l'expérimentation pour les élèves de type Rebelle (c'est souvent pour eux que « cela se corse ») ;
- à l'excitation et à un haut niveau d'énergie pour les élèves de type Promoteur (c'est assez fréquemment un combat « perdu d'avance »...) et c'est souvent dans le sport qu'ils vont donner le meilleur d'eux-mêmes.

L'une des participantes à un séminaire, directrice d'un établissement d'enseignement technique, nous explique comment elle utilise la Process Communication dans son métier :

– Dans nos établissements, nous sommes toujours dans le « Vous devez faire ». Or, nos élèves se trouvent dans des filières techniques parce qu'ils n'ont pas réussi à un moment donné, et ceci toujours pour des raisons affectives. Parce qu'à un moment donné, ils n'ont pas reçu la reconnaissance dont ils avaient besoin. D'où l'importance d'utiliser le bon canal de communication pour approcher la réalité de chacun. Par ailleurs, cela permet de les conseiller dans leurs rapports avec leurs professeurs. Leur faire comprendre qu'ils ont le droit d'être en colère, de critiquer, mais qu'ils ont tout intérêt à s'exprimer de façon à ce que le message passe.
– Et ça marche ?
– Oui... En tout cas ça marche pour moi ! Cela me permet d'avoir, dans les situations difficiles, un type de dialogue où je ne m'énerve pas et où j'ai l'impression d'être plus utile que si je leur faisais simplement la morale. À certains, je dis : « J'ai fait un stage qui s'appelle Process Com. On se rend compte que, etc. » Là, ils sont contents parce que nous sommes à égalité. Je suis, moi aussi, en situation d'apprentissage.

12

ENTRE LES MURS

Le film de Laurent Cantet, Palme d'Or à Cannes en 2008, raconte, à la façon d'un documentaire, la vie d'une classe de 4e dans un collège « sensible ». François, prof de Français et prof principal de surcroît, va gérer tant bien que mal une bande d'ados à l'énergie Rebelle pas facile à canaliser : un monument de mécommunication. Nous avons choisi quelques séquences particulièrement significatives de cette difficulté à être en communication, comme s'il était beaucoup plus *naturel* d'être en conflit que d'être en synergie. Revoyons les positions de vie au sujet desquelles nous affirmons que l'authentique position +/+ est tout sauf naturelle, ce qu'illustre parfaitement ce document. (Nous avons cherché à retranscrire le plus fidèlement possible le langage parlé des différents protagonistes.)

Nous proposerons au lecteur pour chaque séquence l'analyse Process Com de celle-ci et suggérerons des options pour éviter ou sortir des mécanismes d'échec mis en évidence tout au long de ce très beau film.

LA RENTRÉE

Les élèves rentrent en classe, bavardent, se taquinent et rient beaucoup, François tente de reprendre le contrôle :

François – Bien, bien, bien, bien, bien, hé, hé, hé ho. (*Il frappe sur son bureau.*) On se calme maintenant. Toi qui t'agites tellement que ça, déjà tu vas commencer par baisser ta capuche. J'aimerais que ce soit clair dès le début de l'année, hé, ho ! On perd 5 minutes à se ranger en bas, on perd 5 minutes à monter, on perd 5 minutes à s'installer ici. On perd un quart d'heure sur une heure. Je ne sais pas si vous vous rendez compte de ce que ça fait, un quart d'heure sur une heure. À raison de 25 heures par semaine et presque 30 semaines dans l'année, ça fait des milliers de minutes qu'on perd. Y'a d'autres collèges où, sur une heure, ils travaillent une heure. Vous vous rendez compte l'avance qu'ils ont sur vous par an ? Et après on s'étonne...

François porte un masque d'Attaquant, il est en position de vie +/-. Cette attaque est déclenchée par son besoin de structuration du temps non satisfait. Il cherche, inconsciemment, à culpabiliser les élèves sur le thème : « les bons élèves travaillent une heure, vous qui n'en faites pas autant vous voyez où vous en êtes ».

Khoumba – Mais on fait jamais une heure hein ?

Les masques invitent les masques et comme l'on pouvait s'y attendre, Khoumba répond en position +/- également : « j'ai raison, vous avez tort ».

François – On lève le doigt si on veut parler.

Tentative de contrôle +/-.

Khoumba lève le doigt.

François – Qu'est-ce qu'il y a ?

Khoumba – On fait jamais une heure de cours, hein ? Toujours vous dites ça, les profs y disent toujours ça, on fait jamais une heure de cours. On commence à 8 h 30 et on finit à 9 h 25, ça fait jamais une heure.

François – D'accord, ça fait 55 minutes. Effectivement. Merci, la remarque est très importante (*ton ironique, se gratte l'oreille*).

Le ton indique que, malgré son embarras, François est toujours en position +/-. Toutefois, l'ironie manifestée indique qu'il porte maintenant un masque de Blâmeur, ce qui suggère chez lui une phase Rebelle.

Khoumba – Mais on fait jamais une heure, arrêtez de dire, les autres y font une heure aussi. Les autres collèges aussi y font pas une heure.

J'ai raison/vous avez tort. Khoumba porte un masque d'Attaquant, le mécanisme d'échec déclenché suite à l'intervention de François est « part en croisade »

François – Moi, c'que j'dis, c'est qu'on perd du temps et là on est en train d'en perdre également. Ce que vous allez faire pour commencer, vous allez sortir une feuille, la plier en deux de sorte qu'elle puisse tenir sur la table et écrire dessus votre nom et prénom.

François utilise maintenant un canal Directif. Il n'y a pas de dévalorisation des élèves sur cette interaction.

François – On perd pas de temps avec ça, ça devrait aller plus vite. Un nom et un prénom, ça prend 5 minutes. Qu'est-ce que ça veut dire ?

François dévalorise le rythme de ses élèves (+/-).
Option : (François applaudit.) Ouah vous avez une superbe énergie en rentrant de vacances.
(Il regarde amusé sa classe) Et vous savez quoi ? On va utiliser toute cette énergie pour faire de belles choses et croyez-moi, on ne va pas perdre une minute. Hein Khoumba ? Hé, Rabah, tu vas mourir de chaud sous ta capuche, aère tes cheveux, ils ne s'en porteront que mieux et, Rabah, tu sais quoi ? Tu n'es même pas obligé de soupirer pour te découvrir. Allez, on décolle (j'ai pas dit on déconne) pour une année scolaire qui restera dans les annales ! Est-ce que tout le monde connaît tout le monde, là, non ? OK alors prenons une feuille comme ceci *(François montre l'exemple)* et chacun note ou dessine au choix (mesdemoiselles les cœurs sont autorisés !) ses prénom et nom. Allez, c'est parti. Qui nous fait le plus beau dessin ?

CHRONIQUE D'UN ÉCHEC ANNONCÉ

Étudiant un texte, les élèves énumèrent les mots qu'ils ne connaissent pas. Autrichienne est cité. Wei demande des explications, Esméralda intervient.

Esméralda – Oui, Autrichienne, tout le monde sait ça veut dire quoi. Ils viennent d'Autriche.

François – Oui, mais il se trouve que Wei sait pas.

Option : Presque tout le monde, Esméralda, presque tout le monde.

Esméralda – Oui, mais c'est le seul qui sait pas. Tout le monde le sait.

François – Oui, très bien on a compris ; toi, tout à l'heure, tu savais pas ce que voulait dire trompeur, je pense que tu n'es pas très avisée pour nous parler de tout ça. On est toujours l'imbécile de quelqu'un.

Masque d'Attaquant. Le mécanisme d'échec activé est le surcontrôle qui suggère, avec le besoin de structuration du temps exprimé plus haut, une base Travaillomane chez François.
Cette fois-ci, le thème de l'attaque est « tu ne comprends pas », ce qui peut signifier la perception inconsciente d'une menace à la question existentielle du type Travaillomane « Suis-je (ou vais-je être) compétent ?
Option : As-tu aimé tout à l'heure pouvoir demander pour trompeur ? Cool ! C'est bien qu'ici chacun se sente libre de demander ce qu'il ne sait pas. Tu vas pas nous dire Esméralda que t'es pas d'accord avec ça, hein (avec un clin d'œil)

François – Souleymane, tu peux peut-être noter les mots comme tout le monde.

Option : Que dirais-tu, Souleymane, de noter les mots qui sont au tableau ? *(avec un sourire)*

Souleymane – J'ai pas mes affaires.

François – Et personne peut te donner une feuille ?

Masque d'Attaquant sur le thème « tu n'es pas organisé ».
Option : Aïe, aïe, aïe, comment tu vas faire alors *(visage rieur)*

Souleymane – Je vais les recopier à la maison.

Option : T'as une mémoire d'enfer alors si tu te souviens de tous ces mots.

François – Et tu vas les recopier à la maison ? D'accord, bien sûr *(ton ironique)*. Toi, c'est ta politique, je fais rien en classe, je fais tout à la maison.

François blâme Souleymane, n'arrivant pas à en venir « à bout » ; il ne parvient pas à instaurer une relation +/+ avec lui.

Souleymane – Vous inquiétez pas pour moi.

Façon déguisée de dire « allez vous faire voir » +/-

François – J'ai un peu de mal.

Souleymane – Ça va aller, ça va aller, merci.

François – Bien.

François, Khoumba et Souleymane ont activé leur(s) mécanisme(s) d'échec, comportements dont l'issue est prévisible comme nous le constaterons à la fin du film.

SÉQUENCE 3

François, pour expliquer le mot *succulent*, écrit sur le tableau : *« Bill a mangé un succulent cheese burger. »*

Esméralda – Mais pourquoi vous arrêtez pas de mettre des Bill ? Toujours des mots bizarres, là, pourquoi vous mettez pas... *(François l'interrompt)*

Type Persévérant qui « ne lâche pas » à partir d'une position : J'ai raison, tu as tort (+/–).

François – C'est pas du tout un nom bizarre, c'est un nom de Président américain, récent je te rappelle.

J'ai raison, tu as tort (+/–).

Esméralda – Pourquoi vous mettez pas Aïchata ou Rachid ou Mohamed, vous mettez tous le temps que des noms de batosses.

J'ai raison, tu as tort (+/–).

François – Des noms de ?

Esméralda – Des noms de batosses

François – C'est quoi batosses, quoi ?

Esméralda – Des noms de Français, quoi

François – Et toi, t'es pas Française, Esméralda ?

Esméralda – Non je suis pas Française.

François – Ah bon, j'étais pas au courant *(mi-ironique, mi-amusé).*

Esméralda – En fait, je suis Française mais je suis pas fière de l'être.

François – Moi non plus en fait, moi non plus je ne suis pas fier de l'être.

Cette intervention peut être perçue comme démagogique.
Option : Tu nous dirais pas pourquoi t'es pas fière d'être Française ?
– Pourquoi utiliser une forme interro-négative ? Parce que les jeunes de type Rebelle, et Esméralda en est une belle illustration, commencent en général par s'opposer, « tu ne nous dirais pas » inviterait Esméralda à « s'opposer » en répondant : « si, je vais le dire ».

Khoumba – Mais pourquoi vous mettez toujours des noms comme ça ?

François – Khoumba tu comprends bien *(François se tient le front)* que si je choisis à chaque fois des prénoms en fonction des origines diverses qu'il y a dans cette classe, je vais pas m'en sortir.

Option : Oui effectivement, je réalise. Quels sont les noms que tu aimerais voir utiliser, Khoumba ?

Khoumba et Esméralda – Ben changez un peu.

Souleymane – Ben ouais, Bill, Boule, Bob, c'est bon.

François – Alors qu'est ce que tu proposes ?

Khoumba et Esméralda – Bintia, Faïatou, Fatou, non Aïatia

Option : François note les prénoms proposés au tableau pour valoriser ces élèves contestataires.

SÉQUENCE 4

Frédéric (prof d'histoire) et François (qui corrige ses copies).

Frédéric – Excuse-moi, c'est bien toi qui a les 4e 3 en français ?

François – Oui, professeur principal aussi.

Note : Il est généralement important, pour les personnes de type Travaillomane, de donner toutes les informations, surtout celles qui ont trait à leur statut professionnel.

Frédéric – Et tu sais déjà ce que tu vas leur servir cette année ?

François est dérangé par ce collègue, il va tout au long de l'entretien se montrer peu coopératif, créant ainsi « un problème ».

François – Non, je n'ai pas encore réfléchi.

Façon polie de tenter de mettre un terme à cette interruption.

Frédéric – Parce que moi, en histoire, je risque de commencer par l'Ancien Régime, donc, si ça te dit de faire des ponts, euh, ce qu'il pourrait y avoir comme bouquin.

François – Ouais y auraient Les Lumières, forcément, mais c'est un peu dur en 4e.

Frédéric – Mais Voltaire, Voltaire, c'est dur ?

François – Disons que c'est pas évident.

Frédéric – J'sais pas, Candide, ça s'lit tout seul.

François – 4e *(François secoue la tête).*

Frédéric – Zadig ?

François – Oui, oui mais pfffft, on rame quoi.

Parle à ma base, sinon gare à ma phase. François termine l'échange avec un driver Fais Effort, Frédéric pourrait être dans une position « Si c'est comme ça, on va voir ce qu'on va voir »

Option :

Frédéric – Excuse-moi de t'interrompre, François, à quel moment pourrions-nous parler de nos programmes ?

François – Dès que j'ai fini mes corrections.

Frédéric – Très bien, à tout de suite.

François se sentant pris en compte dans son besoin de structuration du temps se montrerait probablement beaucoup plus coopératif que dans la précédente version.

SÉQUENCE 5

Esméralda – Pourquoi c'est pas l'imparfait ?

François – Je te retourne la question Esméralda. *(François fronce les sourcils.)* Pourquoi est-ce qu'on dit de l'indicatif?

Esméralda – Là c'est abuser. Mais si je savais, j'vous le demanderais pas.

Masque d'Attaquant, mécanisme d'échec «part en croisade».

François – Oui, certes. Alors les autres, pourquoi est-ce qu'on précise: imparfait de l'indicatif?

...

François – Est-ce que quelqu'un peut me donner un exemple de l'imparfait du subjonctif?

Khoumba lève la main

François (plaisantant) – J'y crois pas Khoumba, mais je t'écoute.

François utilise le canal ludique

Khoumba rit.

Cette réponse non verbale de Khoumba indique qu'elle accepte ce canal.

Khoumba – Attendez, je pense, je peux me tromper *(rieuse).*

François (complice) – Oui, je crois aussi.

Khoumba – Je fusse.

François – Je fusse, bien sûr, du verbe fusser

Khoumba – Je fusse, tu fusses, nous fussions...

François – C'est pas si bête, c'est pas si bête. Tu ne sais pas l'utiliser, seulement tu as retenu une vague terminaison de l'imparfait du subjonctif.

Quel dommage que François revienne à une (légère) position +/- pour conclure ce bel échange en canal ludique.
Option : Allez, tous ensemble, on complète ce que Khoumba a en tête.

SÉQUENCE 7 – L'ÉCHEC

Le conseil de classe a eu lieu. Louise et Esméralda sont les deux déléguées des élèves. Au cours de ce conseil, elles ont une – attitude provocatrice, fou rire, plaisantent toutes les deux, chahutent. Aucun adulte n'intervient pour mettre un terme à ce chahut.

François donne un cours sur la poésie. Rabah intervient brusquement.

Rabah – M'sieur, m'sieur, on a baissé ma moyenne, 11,47 c'est 11,5.

François – 11,5, c'est le nombre de syllabes qu'il y a au tableau ?

Offre sur un canal ludique dont le contenu n'est pas approprié à la préoccupation de Rabah.
Option : Ouah, effectivement, viens me voir à la récré qu'on regarde ça de très près. OK ? (OK aurait pour but de vérifier si l'offre est acceptée par Rabah.)

Rabah – Ma moyenne, ils m'ont baissé ma moyenne.

François – C'est quoi ? Quel rapport avec la poésie ? Tu peux expliquer ? Qui est-ce qui t'a donné ta moyenne ? Tu devrais pas l'avoir. Il n'y a pas encore les bulletins.

Rabah – C'est Esméralda qui me l'a donnée.

François – Ah ! *(silence)* C'est bien, je constate que les délégués ont fait au moins un peu de leur boulot. Ils ont transmis les moyennes *(avec emphase).*

Masque de Blâmeur (phase Rebelle).

Louise – Vous rigolez ? Vous avez vu tout ce que j'ai écrit ?

Masque d'Attaquant (base Travaillomane ou Persévérant ?)

François – J'avais pas l'impression.

Masque de Blâmeur (phase Rebelle).

Louise – Tout ça, j'ai écrit.

Besoin de reconnaissance pour le travail.

François (ironique) – Oui, je suis ravi. Je vois que vous avez très très bien fait votre travail de transmission de l'information. D'accord ?

Masque de Blâmeur (phase Rebelle) teinté par la base Travaillomane.

Donc je vais continuer sur la poésie si vous voulez bien. Une fois qu'on a compris la règle, c'est-à-dire... *(Souleymane l'interrompt.)*

Souleymane – Hé, m'sieur, m'sieur, j'ai une question.

François – Quoi ?

Souleymane – Ben, à c'qui paraît, hier, au conseil, vous m'avez cassé.

François – C'est encore une remarque sur la poésie, je le constate.

Masque de Blâmeur (phase Rebelle) teinté par la base Travaillomane.

Souleymane – Mais moi, je parle pas de poésie.

François (provocateur) – Qu'est-ce que ça veut dire: «Vous m'avez cassé»?

Masque de Blâmeur (phase Rebelle) teinté par la base Travaillomane.
Option: Raconte-nous comment je t'aurais cassé.

Souleymane – Ben, je sais pas, moi, vous m'avez cassé.

François (enrobant ses propos) – Il y a des gens qui ont dit que si tu continues comme ça, je n'en étais pas vraiment, mais des gens ont pu dire, des profs ont pu dire que si tu continuais comme ça, tu aurais peut-être quelques ennuis. Il ne s'agissait pas de te casser *(il insiste sur casser).*

«Je n'en étais pas vraiment», affirme François. Il se décrédibilise en rejetant la responsabilité sur les autres: Masque de Blâmeur (phase Rebelle).

Souleymane – Mais c'est de la vengeance là, je comprends pas, tous les profs ici, ils veulent se venger, pourquoi?

Souleymane n'est pas conscient de sa part de responsabilité; au second degré de stress, le type Persévérant développe un côté «parano».
Option: Imaginons que ce soit vrai, pourquoi penses-tu que tous les profs *(en soulignant tous)* voudraient se venger?

François – Quel rapport avec la vengeance?

Souleymane – Quand vous dites que je vais avoir des problèmes, c'est de la vengeance.

François – Ça n'a rien à voir avec de la vengeance.

Souleymane – Comment ça? Ça n'a rien à voir?

François – Mais pas du tout, on n'est pas dans la rue, là, ce n'est pas ça. On te prévient. On n'est pas là pour se venger des gens, on est là pour essayer de faire régner la discipline. Tu comprends la différence?

Canal Interrogatif/Informatif qui ne permet pas de résoudre le problème. François vise la perception «pensée factuelle»; Souleymane est dans la perception «Opinions».

Souleymane – J'comprends pas.

Driver Fais Effort qui indique la nécessité de changer de canal de communication.

François – Quand un juge, euh, condamne quelqu'un à une peine, c'est pas pour se venger de lui, c'est simplement pour faire en sorte que la société fonctionne.

Donne de l'information qui n'a aucun impact sur Souleymane.

Souleymane – C'est de la vengeance que vous faites, vous avez envie de vous venger.

François – Tu crois que j'ai que ça à faire ? Avoir envie de me venger de toi ? Quand je me réveille le matin en me disant je vais me venger de Souleymane.

Masque de Blâmeur (phase Rebelle) teinté par la base Travaillomane.

Esméralda – Vous dites que vous n'avez pas que ça à faire en tout cas (bras et doigt tendus vers François), hier vous l'avez bien insulté. Hein Souleymane, en tout cas, hier il t'a trop insulté, trop insulté, hein ?

Masque de Blâmeur (phase Promoteur ?), Esméralda sème la zizanie.

François – Mais pas du tout.

Option : Allez Esméralda, dis-nous comment j'aurais insulté Souleymane.

Esméralda – Si, il a dit quoi, Louise, déjà ?

Louise – Il a dit que t'étais limité. J'ai même souligné tellement ça m'a choqué.

Souleymane – Quoi ? Moi je suis limité moi ?

François (temps de silence) – C'est bien, c'est bien *(découragé)*. Je sais pas, Esméralda et Louise, votre boulot de délégué, c'est quoi ? C'est de représenter les élèves de sorte que la classe se passe le mieux possible ou de foutre le bordel entre moi et les élèves, c'est quoi finalement le truc ?

François s'enfonce vers la position -/-.
Option : Oui, j'ai dit que peut-être les difficultés rencontrées venaient du fait que tu es limité intellectuellement. Attends Souleymane (qui s'apprêtait à réagir) et bien je vais te dire deux choses, Souleymane. *(Le ton est grave, François regarde Souleymane dans les yeux.)* La première, c'est que j'ai dit une grosse connerie et la seconde, la plus importante, c'est que je te demande pardon.
Esméralda ricane.
Arrête Esméralda, c'est très important ce qui se passe maintenant. Il nous arrive à tous de commettre des erreurs et lorsque nous en commettons une, alors, ce que nous avons à faire, c'est de demander pardon.

François est à son étage Persévérant, il est ferme et convaincant, la classe se tait, le message passe François montre l'exemple.

Louise – Ah, mais nous, on fait juste notre rôle.

« Sûre de son bon droit ». Correspond au masque d'Attaquant de la phase Persévérant.

Esméralda *(en insistant sur chaque mot)* – On dit ce qui s'est passé au conseil de classe.

Renforce la pression sur François.

François – Bien sûr. Ouais. Moi je n'avais pas cette impression. Quand je vous ai vu ricaner pendant le conseil, j'ai eu un peu mal, ça m'a fait un peu mal pour vous *(un petit coup de démagogie à nouveau)* et j'ai pensé que ce n'était ni le lieu ni le moment de le faire pour tout dire et que ça faisait pas très sérieux, d'accord ?

Esméralda – Ça n'a dérangé personne en tout cas.

François – Ah ben si, si. Moi ça me dérangeait et je pense pouvoir dire que ça dérangeait les autres aussi.

Esméralda – Non, non, ça dérangeait que vous.

Option : Bravo Esméralda *(ludique)*. Tu reconnais que ça dérangeait au moins une personne !

François – Mais je suis désolé, hein, mais rire comme ça en conseil de classe, j'appelle ça une attitude de pétasse.

Masque d'Attaquant (teinté par la phase Rebelle). Mécanisme d'échec : Surcontrôle.

Louise – Quoi ?

Réaction indignée de la classe

Esméralda – Mais là, vous pétez un câble ou quoi ?

Louise – Mais, mais ça s'fait pas de traiter ses élèves.

Opinion, base Persévérant ?

François – On dit pas traiter, on dit insulter.

Masque d'Attaquant, mécanisme d'échec Surcontrôle.

Esméralda – Vous pétez un câble de nous insulter de pétasse ou quoi ?

François – Non, non, on dit traiter de ou insulter. Je vous ai traité de pétasses ou je vous ai insulté mais pas les deux à la fois. D'accord ? Et d'ailleurs j'ai insulté personne ici, j'ai pas dit que vous étiez des pétasses, j'ai dit « à un moment donné du conseil de classe, précisément, vous avez eu une attitude de pétasses » Vous voyez la différence ou pas ?

Masque d'Attaquant, mécanisme d'échec Surcontrôle.

Carl – Hé là m'sieur, arrêtez d'embrouiller les gens. Vous avez dit pétasse, c'est tout, c'est trop facile.

Masque d'Attaquant, mécanisme d'échec Part en croisade.

François – Je ne suis pas en train de vous embrouiller, je suis en train de faire passer une nuance. Tu comprends ce que ça veut dire, une nuance ?

Masque d'Attaquant, mécanisme d'échec Surcontrôle.

Souleymane – Faut pas parler comme ça aux filles, m'sieur.

Masque d'Attaquant, mécanisme d'échec Part en croisade.
Option : Oui, t'as raison, merci Souleymane. Comme tu dis, Esméralda, j'ai pété un câble. Pétasse, c'est même pas français en fait pour tout vous dire. Je vous ai trouvé vraiment pénibles toutes deux au conseil de classe hier. Pas vous (dédramatisant) ?

François – Attends, toi, tu vas nous expliquer comment on parle aux filles alors que tu insultes tout le monde en permanence !

Masque d'Attaquant, mécanisme d'échec Part en croisade.

Souleymane – D'abord tu me parles pas comme ça.

Masque de Blâmeur (base Rebelle).

François – Et je t'ai déjà dit, arrête de tutoyer tes profs.
Masque d'Attaquant, mécanisme d'échec Surcontrôle.

Souleymane – Je tutoie quand j'veux, si j'veux.
Masque de Blâmeur (base Rebelle)

François – Tu sais très bien que si tu continues à me tutoyer, tu auras de graves ennuis.

Masque d'Attaquant, mécanisme d'échec Surcontrôle.

Souleymane – Tu t'crois fort là ?
Masque de Blâmeur (base Rebelle).

François – C'est pas une question de force, c'est une question de discipline.

Masque d'Attaquant, mécanisme d'échec Surcontrôle.

La classe s'en mêle, la colère de Souleymane monte, il prend son sac à dos et s'apprête à sortir.

François (plus calme) – Non, non, non, non, là, où tu vas ?

Souleymane – Je me tire d'ici.

Masque de Blâmeur (base Rebelle).

François – Tu crois que tu peux partir comme ça de mon cours ?

Masque d'Attaquant, mécanisme d'échec Surcontrôle.

Souleymane empoigne François pour l'écarter de son chemin.

Carl (le ceinturant) – Calme-toi, calme-toi.

François – Arrêtez, là, maintenant, ça va *(en criant).*

Masque d'Attaquant, mécanisme d'échec Surcontrôle.

Souleymane en se débattant envoie son sac sur le visage de Khoumba qui pousse un cri, elle a l'arcade sourcilière en sang.

Souleymane – Lâche-moi, enculé *(à François).*

Masque de Blâmeur (base Rebelle).

Il sort.

François – N'importe quoi.

Masque de Blâmeur (phase Rebelle).

Le film se termine sur le renvoi de Souleymane, aboutissement du scénario d'échec.

Nous, adultes, sommes interpellés tout au long de ce film, que l'on soit dans un rôle d'enseignant, de parent, ou simplement d'ami. En effet, les ados nous imposent d'être conscients de nos émotions, de savoir les gérer positivement afin de leur offrir un canal de communication plutôt qu'un masque qui ne leur permettra de répondre que par le masque de même niveau. Les protagonistes de l'échange activent alors chacun leur propre mécanisme d'échec.

Combien de « cas Souleymane » pourraient être évités si l'Éducation nationale offrait aux enseignants des techniques puissantes de gestion de soi et de gestion de la relation !

13

GESTION DU STRESS ET QUESTIONS EXISTENTIELLES

Il est habituel en Process Com d'expliquer à nos clients[1], lors d'une formation ou d'un coaching, que :

- sous stress « léger ou moyen », nous pouvons montrer un masque du premier degré (*driver*), puis un masque du deuxième degré (mécanisme d'échec) de notre phase actuelle ;
- sous stress « sévère », nous pouvons mettre un masque du deuxième degré, puis du troisième degré de notre base.

Il arrive parfois qu'un client me demande s'il est possible d'entrer en stress sévère, avec un masque du deuxième degré de la base, sans passer par une séquence de mécommunication de la phase actuelle. Je réponds par l'affirmative et je cite des facteurs stressants de type :

- deuil,
- licenciement brutal,
- séparation difficile,
- conflit de forte intensité,
- forte charge émotionnelle.

Depuis peu, j'ajoute qu'il existe une cause d'entrée en stress sévère immédiat : lorsque nous percevons une menace à la question existentielle de notre base.

1. Ce chapitre a été écrit par Pascal Legrand.

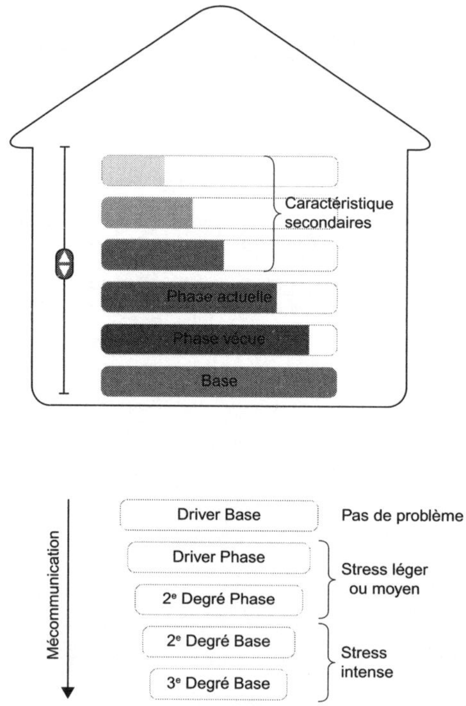

Figure 13.1 : Schéma général de la mécommunication

QU'EST-CE QU'UNE QUESTION EXISTENTIELLE ?

Selon Taibi Kahler[1], chaque type de personnalité a un thème récurrent qu'il a nommé « Question existentielle » :

- Empathique : « Suis-je aimable ? »
- Travaillomane : « Suis-je compétent ? »
- Persévérant : « Suis-je digne de confiance ? »
- Rêveur : « Suis-je voulu ? »
- Promoteur : « Suis-je vivant ? »
- Rebelle : « Suis-je acceptable ? »

1. Spencer/Shenk/Capers and Taibi Kahler Associates, séminaire Process Communication, Gardena California, 1989 ; Taibi Kahler, Building Quality Teams, Little Rock, Arkansas, 1990, 1996.

Christian Becquereau[1] la définit comme : *« une question qui tenaille, trotte dans la tête, consciemment et inconsciemment »* ; et d'ajouter : *« si notre environnement répond favorablement à notre question existentielle, cela nous rapproche du bonheur. Dans le cas inverse, cela nous en éloigne ».*

Comme nous avons vu, il y a un lien entre « Question existentielle » et « Besoins psychologiques » :

- Pour le type Empathique, *« Suis-je aimable »* renvoie au besoin psychologique *« d'être reconnu en tant que personne ».*
- Pour le type Travaillomane, *« Suis-je compétent »* renvoie au besoin *« d'être reconnu pour le travail »,* notamment pour la quantité et la qualité du travail effectué et aussi pour ses compétences d'analyse et de synthèse.
- Pour le type Persévérant, *« Suis-je digne de confiance »* renvoie au besoin *« d'être reconnu pour ses convictions »,* en l'occurrence : être reconnu pour son implication dans la mission confiée ou pilotée, en cohérence avec son système de valeurs et d'opinions.
- Pour le type Rêveur, il n'est pas évident de connecter la question existentielle *« Suis-je voulu »* avec le besoin de *solitude.* Toutefois, la question *« Suis-je voulu »* renvoie au fait que le type Rêveur apprécie de recevoir des directives, dans le cadre d'un management autocratique. Bruno Dusollier, lors d'un groupe d'échanges et de recherche qui réunit les formateurs Process Com évoque que le type Rêveur aurait un besoin psychologique *« d'être appelé »,* c'est-à-dire *« d'être choisi »* par une personne…
- Pour le type Promoteur, *« Suis-je vivant »* renvoie au besoin *« d'excitation ».*
- Pour le type Rebelle, *« Suis-je acceptable »,* renvoie au besoin de *contacts positifs,* basé sur la créativité et les échanges ludiques.

En résumé, nous pourrions dire que la satisfaction positive des besoins psychologiques sous-tend la question existentielle.

Toutefois, la question existentielle va très au-delà de la satisfaction de nos besoins psychologiques. Elle est « existentielle » car elle touche au fondement de notre équilibre psychique, surtout pour la question existentielle de la base. *« C'est à la fois une ligne de force qui oriente notre façon d'être au monde et notre ligne de fracture, étant également notre principale source de vulnérabilité ».*

1. *Process Com pour les managers,* InterEditions, 2008.

La question existentielle est une condition *sine qua non* de notre *« équilibre existentiel »* (émo-tionnel + mental + spirituel) : *« Nous sommes pour ainsi dire "habité" par la peur d'une réponse Non à la question de notre base. C'est notre premier moteur vers l'action et la décision, loin devant les besoins psychologiques, lesquels seraient plutôt le carburant »*.

En conclusion, on comprendra aisément que nous pouvons entrer rapidement en stress sévère, lorsque nous percevons une menace à la question existentielle de notre base.

ATTENTION AUX ICEBERGS !

Voici un exemple de stress sévère présenté par un de mes clients lors d'une séance de coaching individuel.

> Didier, 45 ans, est ingénieur technico-commercial depuis 4 ans dans une PME de services informatiques. Ses résultats commerciaux sont excellents (60 % supérieurs à la moyenne des autres commerciaux), ses prestations techniques et son sens des relations sont particulièrement appréciées par les clients. Didier a une base Travaillomane et une phase actuelle Empathique. Lors d'une réunion commerciale trimestrielle, Didier se sent frustré de ne pas être reconnu pour ses résultats exceptionnels de l'année en cours. D'autant que Laurent, PDG de l'entreprise, semble mettre Patrice, un autre commercial, sur un piédestal, alors que ses résultats et ses compétences techniques sont de loin inférieurs à ceux de Didier. Lors de la pause café, Didier, très remonté, aborde Laurent pour lui demander de s'expliquer sur « son interprétation subjective et erronée des tableaux de bord ». Laurent, indisposé par l'attitude agressive et sur-contrôlante de Didier, lui rétorque sèchement que, d'une part, son collègue Patrice a besoin d'être encouragé et que, d'autre part, ses résultats sont en progression. Or, chiffres en main, Didier réalise un chiffre d'affaires deux fois supérieur à celui de Patrice. Face à ce qu'il interprète comme de la mauvaise foi et de l'incompétence managériale de la part de son patron, Didier s'emporte alors et s'écrie « en avoir marre de cette boîte de m... ! ». Le lendemain de la réunion, Didier reçoit une lettre d'avertissement...

Analysons la situation à l'aide de « l'iceberg du stress » créé par Gérard Collignon[1] (figure 13.2). Le comportement observable de Didier donne :

1. Gérard Collignon et Pascal Legrand, *Coacher avec la Process Communication*, Inter-Editions, 2006.

- masque d'Attaquant et mécanisme d'échec Surcontrôle (deuxième degré de la base Travaillomane) ;
- émotion négative : colère frustrée ;
- position de Vie : +/- ;
- rôle dans le triangle de Karpman : Persécuteur.

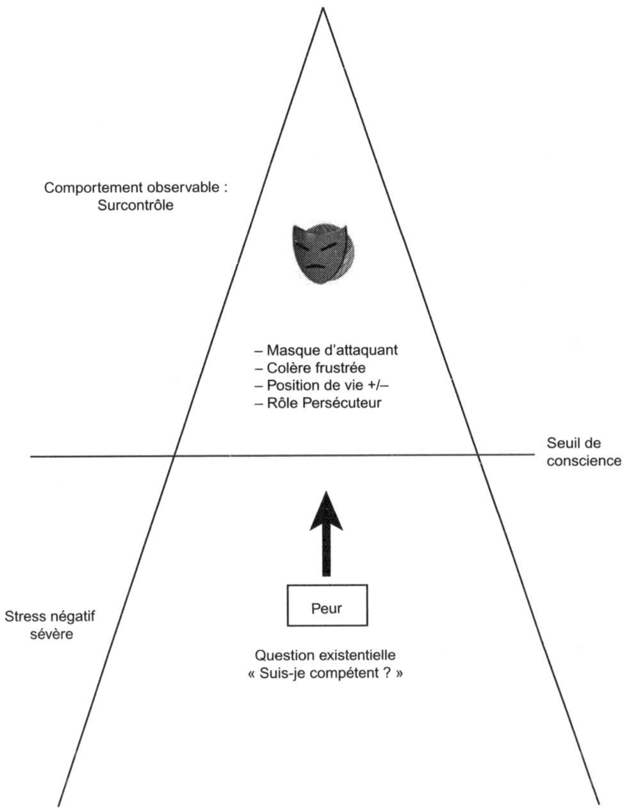

Figure 13.2 : L'iceberg du stress

Ce comportement observable nous indique que Didier subit un stress sévère et est en proie à « un putsch émotionnel »[1]. Ce stress est provoqué par une émotion et une seule : la **peur**. Celle-ci est déclenchée par la menace perçue à la question existentielle de sa base : *« Suis-je compétent ? »*

Le croquis, en forme d'iceberg, nous montre que la partie visible est séparée de la partie invisible par notre *seuil de conscience*. Didier, qui est dans le

1. Daniel Goleman, *L'intelligence émotionnelle*, J'ai lu, 2001.

mécanisme d'échec de surcontrôle et ressent de la colère frustrée (colère attaquante), n'est pas en contact avec sa peur : ne pas être compétent... et reconnu comme tel par son patron. Lors de son coaching, Didier m'apprendra :

- qu'il a vécu très douloureusement et brutalement les commentaires de son patron. J'appelle ça une « piqûre de guêpe » quand une personne menace ou frustre, par ses signes de reconnaissance négatifs, la question existentielle de la base de son interlocuteur. Par exemple, *dire à une personne Empathique que son équipe ne l'aime pas !*
- que, toute sa vie durant, il a cherché à obtenir cette compétence, en travaillant dur et en obtenant de bons résultats professionnels.

On voit bien dans cet exemple que la question existentielle est :

- une ligne de force : Didier est devenu un excellent professionnel par sa recherche continue de la compétence ;
- une ligne de fracture quand Didier, en stress sévère, entre en conflit destructeur avec son patron.

QUESTION EXISTENTIELLE DE LA BASE OU DE LA PHASE ?

Une question se pose : une personne peut-elle être confrontée à la question existentielle de sa phase actuelle ?

Pour répondre à cette question, voici une anecdote :

Blandine a une base Rêveur et une phase Persévérant. Elle apprend par inadvertance qu'elle n'a pas été invitée à une soirée organisée par l'une de ses relations amicales. Blandine se sent très en colère, elle a l'impression d'avoir été « trahie » et se dit que ça ne va pas se passer comme ça !... Prostrée, elle ne répond plus au téléphone pendant plusieurs jours.

Nous voyons ici que Blandine montre à la fois :

- un mécanisme du deuxième degré de la base : *« Attend passivement ».* La question existentielle *« Suis-je voulue »* est malmenée, car elle n'a pas été invitée à cette soirée ;
- un mécanisme d'échec de la phase actuelle : *« Part en croisade ».* La question existentielle *« Suis-je digne de confiance »* est malmenée également avec l'impression d'avoir été trahie.

En conclusion :

- une personne, dont les questions existentielles de la base **et** de la phase actuelle sont attaquées ou frustrées, pourra montrer « un cocktail » de deuxième degré de la phase + de deuxième et troisième degré de la base... ;
- une personne pourra également être confrontée à la menace de la question existentielle de sa phase actuelle et montrer uniquement un masque du deuxième degré de sa phase actuelle ;
- ... et la principale zone de vulnérabilité, et donc de souffrance possible, reste inhérente à la question existentielle de la base.

QUE FAIRE LORSQUE LA QUESTION EXISTENTIELLE EST ÉBRANLÉE ?

Comment aider le client à gérer son stress déclenché par le doute quant à la réponse à sa question existentielle ?

Connaissance et conscience de soi

La toute première étape consistant, selon Daniel Goleman, à développer la connaissance et la conscience de soi, le coach pourra, à l'aide de l'inventaire de personnalité Process Com, aider son client à connaître et à prendre conscience de cette zone de vulnérabilité, représentée par la menace de la question existentielle de la phase actuelle et surtout de la base.

Gestion de soi

La deuxième étape consistera à aider le client à analyser la situation. Cette introspection, guidée par le coach, pourra comprendre les questions suivantes :

- *Est-ce que je peux te poser une question ?* Cette question fermée a pour avantage d'obtenir l'accord du client pour la question clé suivante.
- *Dans cette situation, as-tu une crainte ?* Évitons d'utiliser le terme de « peur » pouvant déclencher, notamment chez les personnes de type Travaillomane ou Persévérant, une réaction agressive de type « Je n'ai pas peur, je suis en colère ! ».

- *Veux-tu qu'on en parle ?* Il s'agit ici de demander l'accord de la personne pour un échange sur un sujet sensible pour elle. À cette occasion, le client sera invité à s'exprimer librement sur la situation sur un plan factuel et émotionnel.
- *De quoi as-tu besoin pour être rassuré(e) ?* Tout être humain ressentant de la peur face à un danger, réel ou imaginaire, a besoin de réassurance. Cette dernière étape a pour objectif que la personne trouve ses propres options.

Notons que ce processus d'accompagnement fonctionne avec la *bienveillance* et la position de vie +/+.

Ces deux étapes sont synthétisées dans la figure 13.3.

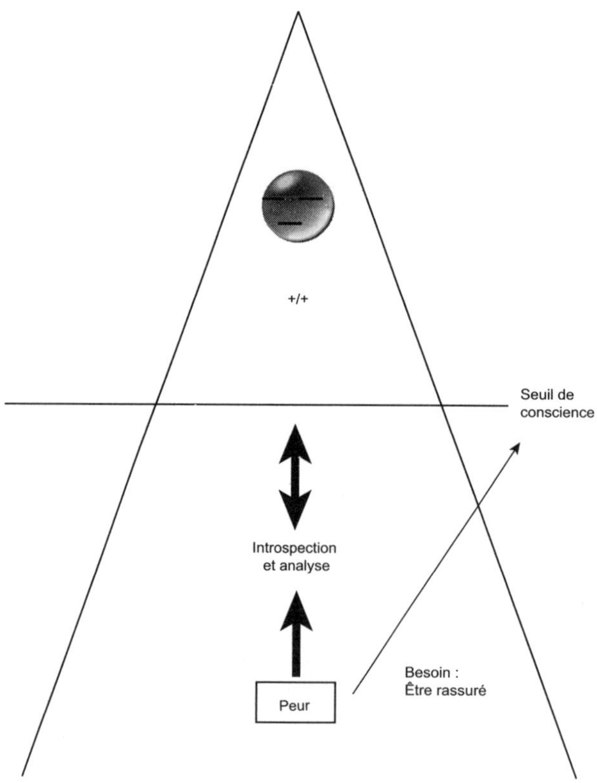

Figure 13.3 : Gérer son stress lié à la menace sur sa question existentielle

Gestion de la relation

Un point complémentaire aux deux étapes précédentes consiste à aider le client à gérer la relation à l'autre de façon +/+.

À titre d'option, l'approche de *« l'économie des strokes »* développée par Claude Steiner en Analyse Transactionnelle[1] apprendra au client qu'il est possible :

- de demander un signe de reconnaissance (satisfaire un besoin psychologique) dont il a besoin ;
- d'accepter le signe de reconnaissance désiré (et de ne pas le filtrer en le minimisant ou en l'interprétant) ;
- de refuser un signe de reconnaissance non voulu ;
- de se donner un signe de reconnaissance à lui-même.

Par exemple, Didier, dans sa situation, pourra :

- demander à son patron s'il est satisfait de ses résultats ;
- entendre son patron quand celui-ci lui dit que c'est un bon professionnel ; se souvenir qu'il est très apprécié par ses clients (« *stroke* en conserve ») ;
- refuser d'entrer dans un « jeu de comparaison » avec son collègue Patrice ;
- se dire à lui-même, à l'aide des tableaux de bord de l'entreprise, qu'il est un bon professionnel.

En conclusion, nous disposons maintenant d'une autre « clé » pour gérer notre stress et celui de nos clients :

- Être conscient que la **question existentielle** de notre **base** oriente « notre façon d'être au monde ».
- Être conscient que cette même **question existentielle** est notre principale source de vulnérabilité. Auquel cas, nous savons maintenant que la **peur** est à la source du problème.
- Analyser avec quoi « nous nous faisons peur » et identifier de quoi nous avons besoin pour **être rassuré**.

1. Ian Stewart et Vann Joines, *Manuel d'Analyse Transactionnelle*, InterEditions, 2000.

Conclusion

24 ANS DÉJÀ !

Hélène de Castilla, ma merveilleuse éditrice, m'a pressé en toute amitié de mettre à jour à nouveau *Comment leur dire*. Après avoir relu l'ensemble de cet ouvrage, j'ai constaté que j'aurais peu de travail, l'essentiel étant déjà dans la précédente version.

J'y ai laissé le chapitre sur l'analyse d'*Entre les Murs*, film merveilleux avec l'espoir qu'un jour l'Éducation nationale s'intéresse à la Process Communication, ce qui, j'en suis convaincu, réduirait de façon significative le nombre d'enfants et d'adolescents en situation d'échec scolaire.

J'y ai ajouté les derniers travaux d'un de mes plus ancien et fidèle collaborateur, Jérôme Lefeuvre, qui a développé une application très pratique et complète de l'inventaire de personnalité dans le cadre du recrutement et deux témoignages de collègues illustrant le rôle de la base et de la phase dans la prise de décision, la seconde de type Rêveur, battant en brèche nombre de clichés sur ce type de personnalité.

Rédigeant ces quelques lignes de conclusion à l'aube de mes 70 ans, je passe le flambeau de l'entreprise à mon fils Cyril, ma fille Delphine s'apprêtant à devenir Master Trainer.

Je suis fier du chemin que nous avons parcouru tous ensemble.

Tous ensemble, c'est aujourd'hui plus de 1,3 millions de personnes qui, dans le monde, se sont formés dans 52 pays à un modèle traduit dans 22 langues et transmis par plus de 3 000 professionnels certifiés en Process Communication. En France la formation (ainsi que celle de formateurs) est désormais éligible au CPF afin de permettre à toute personne le souhaitant de pouvoir accéder à celle-ci.

Il me reste un rêve à accomplir : faire le pont entre la Process Communication et les neurosciences qui, j'en suis convaincu, démontreront scientifiquement en quoi l'utilisation de la formule « magique » Canal + Perception + Besoin Psychologique correspondant à un individu a un impact déterminant sur le bien-être et la performance et comment les masques si fréquents du second degré génèrent démotivation, souffrance au travail et perte d'efficacité.

Bibliographie

BERNE E., *Analyse Transactionnelle et psychothérapie*, Payot, 1990.

BERNE E., *Des jeux et des hommes*, Stock, 1984.

BERNE E., *Que dites-vous après avoir dit bonjour ?*, Sand, 1991.

BOYATZIS, MCKEE, *Les nouveaux défis du leadership*, Village Mondial, 2006.

COLLIGNON G., LEGRAND P., *Coacher avec la Process Communication*, InterEditions, 2006.

CYRULNIK B. et al, *Votre cerveau n'a pas fini de vous étonner*, Albin Michel, 2012

CROZIER M., *L'Entreprise à l'écoute*, InterEditions, 1989.

DAMASIO M., *Spinoza avait raison*, Odile Jacob, 2003.

DAVIDSON R., *Les profils émotionnels*, Les Arènes, 2016.

GOLEMAN D., BOYATZIS, MCKEE, *L'Intelligence émotionnelle au travail*, Village mondial, 2002.

GOLEMAN D., *Cultiver l'Intelligence relationnelle*, Robert Laffont, 2009.

HOUDE, *Les temps de la vie*, Gaëtan Morin, 1999.

KAHLER T., *Manager en personne, 2e édition*, InterEditions, 2003.

KAHLER T., *Le grand livre de la Process Thérapie*, Eyrolles, 2009.

KARPMANN S., « Conte de fée et analyse dramatique du scénario », *Actualités en Analyse Transcationnelle*, n° 9.

LABORIT H., *La nouvelle grille*, Laffont, 1985.

LEDOUX J., *Le cerveau des émotions*, Odile Jacob, 2005.

LEFEUVRE J., *Découvrir la Process Com*, InterEditions, 2007.

LEFEUVRE J. *S'entraîner à la Process Communication au quotidien*, Inter-Editions, 2009.

LE SAGET M., *Le Manager Intuitif*, Dunod, 1993.

MINTZBERG H., *Le Manager au quotidien*, Éditions d'Organisation, 1984.

MOÏSI D., *La géopolitique de l'émotion*, Flammarion, 2008.

RAMANANTSOA, *L'art du management*, Village mondial, 2008.

SHAPIRO D., Les styles névrotiques, PUF, 1986.

WATZLAWICK P., *Changements*, Seuil, 1981.

WATZLAWICK P., BEAVIN J., JACKSON D., *Une logique de la communication,* Seuil, 1979.

Éléments sous copyright de KCI

1. Les six types de personnalité : travaillomane, empathique, persévérant, rêveur, rebelle, promoteur. Taibi Kahler, Ph.D., *Manager en Personne*, Kahler Communication, Inc., Little Rock, Arkansas, 1988, 1992, 2000, 2004.

2. La structure de personnalité est constituée des six types de personnalité. L'immeuble de personnalité. Taibi Kahler, Ph.D. Séminaire Process Communication Management, Taibi Kahler Associates, Inc., Little Rock, Arkansas, October 1982, 1996.

3. Chaque type de personnalité présente trois points forts : travaillomane (responsable, logique, organisé) ; empathique (compatissant, sensible, chaleureux) ; persévérant (observateur, dévoué, consciencieux) ; rêveur (imaginatif, introspectif, calm)e ; rebelle (spontané, créatif, ludique) ; promoteur (adaptable, charmeur, plein de ressources). Taibi Kahler, Ph.D., *Manager en Personne*, Kahler Communication, Inc., Little Rock, Arkansas, 1988, 1992, 2000, 2004.

4. Ces six types de personnalité sont en chacun de nous avec un séquencement différent des points forts dès l'âge de sept ans lequel habituellement ne change plus. Stansbury, Pat, *Report of Adherence,* selon les observations faites sur le même sujet à l'aide de l'Inventaire de Personnalité passé deux fois. Kahler Commu-nications, Inc., Little Rock, Arkansas, 1990.

5. Chaque type de personnalité a un style de management et de relations qui lui est propre : travaillo-mane et persévérant utilisent le style démocratique, empathique le style démocratique, rebelle utilise le style laisser-faire ; travaillomane et persévérant utilisent le style démocratique, empathique le style démocratique, rebelle utilise le style laisser-faire, promoteur utilise et rêveur accepte le style autocratique. Taibi Kahler, Ph.D., *Manager en Personne*, Kahler Communication, Inc., Little Rock, Arkansas, 1988, 1992, 2000, 2004.

6. Les parties de personnalité identifiées sont : protecteur, senseur, réconforteur, directeur, ordinateur, réconforteur ; et émoteur. Taibi Kahler, Ph.D. *Séminaire Process Communication Management*, Taibi Kahler Associates, Inc., Little Rock, Arkansas, October 1982, 1996.

7. Chaque type de personnalité a une partie de personnalité correspondante : travaillomane, persévé-rant et rêveur utilisent l'ordinateur ; empathique utilise le réconforteur ;

rebelle utilise l'émoteur; promoteur utilise le directeur. Taibi Kahler, Ph.D., *Séminaire Process Communication Management*, Taibi Kahler Associates, Inc., Little Rock, Arkansas, October 1982, 1996.

8. Cinq canaux sont identifiées : le canal interruptif (1) fait une offre depuis le protecteur qui est – acceptée depuis le senseur ; le canal directif (2) fait une offre depuis le directeur qui est acceptée depuis l'ordinateur ; le canal interrogatif (3) fait une offre depuis l'ordinateur qui est acceptée depuis l'ordinateur ; le canal nourricier (4) fait une offre depuis le réconforteur qui est acceptée depuis l'émoteur ; le canal émotif (5) fait une offre depuis l'émoteur qui est acceptée depuis l'émoteur. Taibi Kahler, Ph.D., *Séminaire Process Communication Management*, Taibi Kahler Associates, Inc., Little Rock, Arkansas, October 1982, 1996.

9. Les types persévérant et travaillomane utilisent le canal interrogatif (3) ensemble. Promoteur émet sur le canal directif (2) vers le rêveur ; rebelle utilise le canal émotif (5) ensemble : empathique utilise le canal nourri-cier ensemble et vers le rebelle.
Taibi Kahler, Ph. D., *Séminaire Process Communication Management*, Taibi Kahler Associates, Inc., Little Rock, Arkansas, October 1982, 1996.

10. Les perceptions suivantes correspondent aux types de personnalité indiqués :
– Travaillomane : pensées
– Persévérant : opinions
– Empathique : émotions
– Rêveur : inactions
– Rebelle : réactions (« J'aime », « J'aime pas »)
– Promoteur : actions

Taibi Kahler, Ph.D., *Manager en personne*, Kahler Communication, Inc., Little Rock, Arkansas, 1988, 1992, 2000, 2004.

11. Chaque type de personnalité a un environnement préférentiel, selon la matrice suivante : la ligne verticale est l'axe des buts, la ligne horizontale est l'axe des relations. Le point supérieur est appelé motiva-tion interne, le point inférieur est appelé motivation externe. Le point de gauche est appelé engagé, le point de droite est appelé en retrait. Ceci forme les quatre quadrants. Le quadrant haut gauche abrite le type empathique qui préfère les groupes, le quadrant haut droite abrite les types persévérant et travaillomane qui préfère la relation un à un. le quadrant bas droite abrite le type rêveur qui préfère être seul et le quadrant bas gauche abrite les types rebelle et promoteur qui préfèrent aller de groupe en groupe ou rester en bordure de groupes variés.
Taibi Kahler, Ph.D. *Séminaire Process Communication Management*, Taibi Kahler Associates, Inc., Little Rock, Arkansas, October 1982, 1996.

12. Chaque type de personnalité a reçu un thème récurrent (alias « la question existentielle ») :
– Travaillomane : « Suis-je compétent ? »
– Persévérant : « Suis-je digne de confiance ? »
– Promoteur : « Suis-je vivant ? »
– Rêveur : « Suis-je voulu ? »
– Rebelle : « Suis-je acceptable ? »
– Empathique : « Suis-je aimable ? »

Spencer/Shenk/Capers and Taibi Kahler Associates. *Séminaire Process Communication*, Gardena, Cali-
fornia, 1989 ; Taibi Kahler, Ph.D., Building Quality Teams, Kahler Communications, Inc., Little Rock, Arkansas. 1990,1996.

13. Phases des types de personnalité et besoins psychologiques :
– Travaillomane [phase] : besoin de reconnaissance du travail et de structuration du temps.
– Persévérant [phase] : besoin de reconnaissance du travail et des convictions.
– Empathique [phase] : besoin de reconnaissance en tant que personne, satisfactions sensorielles.
– Rebelle [phase] : besoin de contacts.
– Rêveur [phase] : besoin de solitude.
– Promoteur [phase] : besoin d'excitation.
Taibi Kahler, Ph.D., *Manager en Personne*, Kahler Communication, Inc., Little Rock, Arkansas, 1988, 1992, 2000, 2004.

14. Trois degrés de stress : Premier degré-porte d'entrée ; deuxième degré-la cave ; troisième degré-les

14. oubliettes. Taibi Kahler, Ph.D. *Séminaire Process Communication Management*, Taibi Kahler Associates, Inc., Little Rock, Arkansas, October 1982, 1996.

15. Les *drivers* sont « la manifestation comportementale de scénarios négatifs structurels ». Taibi Kahler a découvert les cinq *drivers* de base : « Fais plaisir », « Fais des efforts », « Sois parfait », « Sois fort », et « Dépêche-toi », auxquels correspondent des mots, tons de voix, gestes, postures, et expressions faciales. Taibi Kahler, Ph.D., avec Hedges Capers, Div. M, LHD. « Le mini-scénario », *Transactional Analysis Journal*, 4 : 1, pp. 26-42, January 1974.

16. Chaque type de personnalité a un *driver* primaire : travaillomane – sois parfait (je dois être parfait pour les autres) ; persévérant – sois parfait (pour moi) ; empathique – fais plaisir ; rebelle – fais des efforts (je dois faire des efforts pour les autres) ; rêveur – sois fort (je dois être fort pour les autres) ; promoteur – sois fort (pour moi). Taibi Kahler, Ph.D. *Séminaire Process Communication Management*, Taibi Kahler Associates, Inc., Little Rock, Arkansas, October 1982, 1996.

17. Un premier degré de comportements de « dysmanagement » est associé avec chaque *driver* de type de personnalité :
– travaillomane – « Sois parfait » : le manager ne délègue pas bien ;
– persévérant – « Sois parfait (pour moi) » : le manager se concentre sur ce qui ne va pas et qui n'est pas bien ;
– empathique – « Fais plaisir » : le manager est trop attaché au bien-être des gens et a du mal à prendre des décisions ;
– rebelle – « Fais des efforts (je dois faire des efforts pour les autres) » : le manager a du mal à savoir comment faire quoi et délègue mal ;
– rêveur – « Sois fort (je dois être fort pour les autres) » : le manager attend que les choses se résolvent seules et ne prend pas de décisions ;
– promoteur – « Sois fort (pour moi) » : le manager n'apporte pas de soutien (« débrouille-toi ! »)
Taibi Kahler, Ph.D., *Manager en Personne*, Kahler Communication, Inc., Little Rock, Arkansas, 1988, 1992, 2000, 2004.

18. Au deuxième degré de stress chaque type de personnalité montre un mécanisme d'échec : le travaillomane surcontrôle ; le persévérant impose ses croyances ; l'empathique fait des erreurs ; le rebelle blâme ; le rêveur attend passivement ; le promoteur manipule. Taibi Kahler, Ph.D., *Manager en Personne*, Kahler Communication, Inc., Little Rock, Arkansas, 1988, 1992, 2000, 2004.

19. Au deuxième degré de stress chaque type de personnalité montre un masque : le travaillomane et le persévérant montrent un masque d'attaquant ; l'empathique et le rêveur montrent un masque de victime ; le rebelle et le promoteur montrent un masque de blâmeur. Les masques sont tous identifiés avec des mots, tons de voix, gestes, postures, et expressions faciales.
Taibi Kahler, Ph.D. *Process Communication Management Seminar*, Taibi Kahler Associates, Inc., Little Rock, Arkansas, October 1982, 1996.

20. Au deuxième degré de stress chaque type de personnalité montre des signaux d'avertissement :
– Travaillomane : frustré par ceux qui ne pensent pas logiquement, devient obsessionnel sur le timing, l'argent, l'ordre, la propreté ;
– Persévérant : extrêmement sensible aux critiques, devient suspicieux et donneur de leçons. Croit que seules ses opinions sont les bonnes ;
– Empathique : plus de confiance en soi, rit de soi de manière inappropriée, et invite la critique ;
– Rebelle : se montre négatif se plaint. Adresse des « oui mais » aux autres et se met à blâmer les autres, les événements, les situations ;
– Rêveur : retrait long dans la passivité, plus d'initiative et projets qui ne finissent pas ;
– Promoteur : provoque des bagarres, ignore ou casse les règles et manipule les autres.
Taibi Kahler, Ph.D. *Process Communication Management Seminar*, Taibi Kahler Associates, Inc., Little Rock, Arkansas, October 1982, 1996.

21. Au deuxième degré de stress, chaque type de personnalité montre une position de vie comportementale :
– Travaillomane et persévérant montrent :, « Je suis OK – Tu n'es pas OK » ;
– Empathique et rêveur montrent, « Je ne suis pas OK – Tu es OK » ;
– Rebelle et promoteur montrent, « Je suis OK – Tu n'es pas OK ».
Taibi Kahler, Ph.D., *Séminaire Process Communication Management*, Taibi Kahler Associates, Inc., Little Rock, Arkansas, October 1982, 1996.

22. Au troisième degré de stress chaque type de personnalité envisage un bénéfice négatif final :
– Travaillomane : veut exclure ceux qui ne pensent pas clairement ;
– Persévérant : veut exclure ceux qui ne sont pas fiables ;
– Empathique : sent bien qu'on va l'exclure parce qu'on ne l'aime plus ;
– Rebelle : réagit avec : « Si tu me rejettes, je vais te montrer ! » ;
– Rêveur : attend qu'on lui dise quoi faire et se montre surpris quand il est exclu ;
– Promoteur : veut exclure ceux qui n'encaissent pas.

23. Quand une personne montre un *driver*, l'intervention efficace est d'utiliser le canal et la perception associés au type décelé dans le *driver*.
– avec « Sois parfait (pour toi) », utiliser le canal interrogatif et les pensées ;

– avec « Sois parfait (pour moi) », utiliser le canal interrogatif et les opinions ;
– avec « Fais plaisir (pour toi) », utiliser le canal nourricier et les émotions ;
– avec « Fais des efforts (pour toi) », utiliser le canal émotif et les réactions [j'aime/j'aime pas] ;
– avec « Sois fort (pour toi) » utiliser le canal directif et les inactions ;
– avec « Sois fort (pour moi) » utiliser le canal directif et les actions.
Taibi Kahler, Ph.D., *The Advanced PCM Seminar*, Kahler Communications, Inc., Little Rock, Arkansas, 1997.

24. Chaque phase de type de personnalité type a une problématique potentielle qui détermine si une personne changera ou pas de phase dans le cours de sa vie :
– Travaillomane : le chagrin lié à la perte ;
– Persévérant : la peur ;
– Empathique : la colère ;
– Rebelle : la responsabilité ;
– Rêveur : l'autonomie ;
– Promoteur : le lien.
Taibi Kahler, Ph.D., *The Advanced PCM Seminar*, Kahler Communications, Inc., Little Rock, Arkansas, 1997.

25. Chaque type de personnalité de base a un scénario avec une séquence d'échec observable dans les structures de phrases :
– Travaillomane et persévérant : « Jusqu'à » ;
– Empathique : « Après » ;
– Rebelle et promoteur : « Toujours » ;
– Rêveur : « Jamais ».
Certaines combinaisons de types depPersonnalité produisent les scénarios « Presque 1 » et « Presque 2 » pro et perso.
Taibi Kahler, Ph.D., *Séminaire Process Communication Management*, Taibi Kahler Associates, Inc., Little
Rock, Arkansas, October 1982 ; Taibi Kahler, Ph.D., *The Advanced PCM Seminar*, Kahler Communications, Inc., Little Rock, Arkansas, 1997.

26. Les quatre mythes sont : « J'ai le pouvoir de te faire te sentir bien » ; « J'ai le pouvoir de te faire te sentir mal » ; « Je crois que tu as le pouvoir de me faire me sentir bien » ; « Je crois que tu as le pouvoir de me faire me sentir mal. » Taibi Kahler, *Transactional Analysis Revisited*, Human development Publications, Little Rock Arkansas, 1978.

27. Le PTM (*Process Therapy Model*®) présente les mécanismes de défense du premier degré de chaque type :
– Travaillomane : rationalisation ;
– Persévérant : projection ;
– Empathique : internalisation ;
– Rebelle : déplacement ;
– Rêveur : dépersonnalisation ;
– Promoteur : séduction.
Taibi Kahler, Ph.D., *Transactional Analysis Script Profile (Guide for the Therapist)*, Taibi Kahler Associates, Inc., Little Rock, Arkansas, 1997.

28. Le PTM (*Process Therapy Model*®) présente les rackets, jeux, et injonctions pour chaque type de personnalité, basé sur la recherche et produit à partir d'un inventaire informatisé. Taibi Kahler, Ph.D., *The Transactional Analysis Script Profile*, Taibi Kahler Associates, Inc., Little Rock, Arkansas, 1997.

Pour en savoir plus

Kahler Communication France
Le moulin du Béchet
Impasse du Béchet
27120 Croisy-sur-Eure
www.kcf.fr

Téléphoner au 02 32 22 22 50

Consulter sur Internet :
Sites

Afrique du Sud	kahlerafrica.com
Algérie	Djamel Benkanoun : djamel.benkanoun@kahlerafrica.com
Allemagne	kcg-pcm.de
Arménie	processcommunication.ru
Arabie Saoudite	kahlercommunications.com
Autriche	kcg-pcm.de
Australie	kahleroceania.com
Belgique	processcommunication.be
Bénin	kahlerafrica.com
Brésil	kahlercommunications.com
Bosnie Herzegovine	Atria Group : milica.malesevic@atriagroup.org
Cameroun	kahlerafrica.com
Canada	kahlercommunications.com
Chine	kahlercommunications.com
Côte d'Ivoire	kahlerafrica.com
Croatia	Atria Group : milica.malesevic@atriagroup.org
Danemark	processcommunication.eu
Espagne	processcommunication.eu
Etats Unis	kahlercommunications.com
Finlande	processcommunication.eu
France	kcf.fr

Gabon	kahlerafrica.com
Grande-Bretagne	processcommunication.eu
Hong Kong	kahlercommunications.com
Hongrie	processcommunication.hu
Ile Maurice	kahlerafrica.com
Inde	kahlercommunications.com
Italie	processcommunication.eu
Japon	kcj-pcm.com
Kazakhstan	processcommunication.ru
Liechtenstein	kcg-pcm.de
Luxembourg	processcommunication.eu
Maroc	convergencefield.com
Mexique	kahlercommunications.com
Moldavie	Dana Tudor Tanase : dana@creativebright.ro
Montenegro	Atria Group : milica.malesevic@atriagroup.org
Norvège	processcommunication.eu
Nouvelle Zélande	kahleroceania.com
Pays Bas	processcommunication.nl
Pologne	Agnieszka Woś-Szymanowska : agnieszka.wos@outlook.com
Portugal	processcommunication.eu
République Démocratique du Congo	kahlerafrica.com
République Tchèque	processcommunication.sk
Réunion	kcf.fr
Roumanie	processcommunication.ro
Russie	processcommunication.ru
Sénégal	kahlerafrica.com
Serbie	pcm.rs
Singapour	kahlercommunications.com
Slovénie	academiauspeha.si
Suisse	kcg-pcm.de
Suisse Romande	processcommunication.eu
Slovaquie	processcommunication.sk
Thaïlande	kahlercommunications.com
Togo	kahlerafrica.com
Turquie	processcommunication.eu
Ukraine	processcommunication.ru

Table des matières

Seconde partie
Appliquer les concepts de la Process Communication (ou Process Com)

pca
cmb
édition pré-presse
livres numériques

44400 Rezé

901798 - (I) - OSB 90° - PCA - API

JOUVE
1, rue du Docteur Sauvé, 53100 MAYENNE
N° 2866119A
Dépôt légal : avril 2019

Imprimé en France